上海财经大学富国ESG系列教材

ESG概论

ESG GAILUN

主　编　范子英　郭　峰
副主编　张　航　郭光远　孙俊秀　宋程成

中国教育出版传媒集团
高等教育出版社·北京

内容提要

本书是上海财经大学富国ESG系列教材之一。主要内容包括：中国式现代化视域下的ESG，ESG理论基础与研究进展，ESG：公司治理，ESG：社会责任，ESG：环境保护，ESG信息披露，ESG评级体系，ESG投资，ESG协同社会治理。本书可作为高等学校ESG相关课程教材，也可作为社会人士自学用书。

图书在版编目(CIP)数据

ESG概论 / 范子英，郭峰主编. -- 北京 : 高等教育出版社，2025. 9. -- ISBN 978-7-04-065406-6

Ⅰ. X322.2

中国国家版本馆CIP数据核字第2025QB9346号

策划编辑 刘自挥 林 荫　**责任编辑** 林 荫　**封面设计** 张文豪　**责任印制** 高忠富

出版发行	高等教育出版社	**网　址**	http://www.hep.edu.cn
社　址	北京市西城区德外大街4号		http://www.hep.com.cn
邮政编码	100120	**网上订购**	http://www.hepmall.com.cn
印　刷	浙江天地海印刷有限公司		http://www.hepmall.com
开　本	787 mm×1092 mm　1/16		http://www.hepmall.cn
印　张	15.25		
字　数	311千字	**版　次**	2025年9月第1版
购书热线	010－58581118	**印　次**	2025年9月第1次印刷
咨询电话	400－810－0598	**定　价**	35.00元

本书如有缺页、倒页、脱页等质量问题，请到所购图书销售部门联系调换

物 料 号　65406-00

上海财经大学富国 ESG 系列教材
编委会

总　序

ESG，即环境（Environmental）、社会（Social）和公司治理（Governance），代表了一种以企业环境、社会、治理绩效为关注重点的投资理念和企业评价标准。ESG 的提出具有革命性意义，它要求企业和资本不仅关注传统盈利性，更需关注环境、社会责任和治理体系。ESG 的里程碑意义在于它通过资本市场的定价功能，描绘了企业在与社会长期友好共存的基础上追求价值的轨迹。

关于 ESG 理念的革命性意义，从经济学说史的角度，它解决了个体道德和宏观向善之间的关系，使得微观个体在看不见的手引导下也能够实现宏观的善。因此市场经济的伦理基础与传统中实际整体社会的伦理基础发生了革命性的变化。这种变革引发了"斯密之问"，即市场经济是否需要一个传统意义上的道德基础。马克斯·韦伯在《新教伦理与资本主义精神》中企图解决这一冲突，认为现代市场经济，尤其是资本主义市场经济，它很重要的伦理基础来源于新教。但它依然存在着未解之谜：如何协调整体社会目标与个体经济目标之间的冲突。

ESG 之所以具有如此深刻的影响，关键在于价值体系的重塑。与传统的企业社会责任不同，ESG 将企业的可持续发展与其价值实现有机结合起来，不再是简单呼吁企业履行社会责任，而是充分发挥了企业的价值驱动，从而实现了企业和社会的"双赢"。资本市场在此过程中发挥了核心作用，将 ESG 引入到资产定价模型之中，综合评估企业的长期价值，既对可持续发展的企业给予了合理回报，更引导了其他企业积极践行可持续发展理念。资本市场的"用脚投票"展现长期主义，使资本向善与宏观资源配置最优相一致，彻底解决了伦理、社会与经济价值之间的根本冲突。

然而，推进 ESG 理论需要解决多个问题。在协调长期主义方面，需要从经济学基础原理构建一致的 ESG 理论体系，但目前进展仍不理想。经济的全球化与各种制度、伦理、文化的全球化发生剧烈的碰撞，由此产生了不同市场、不同文化、不同发展阶段，对于 ESG 的标准产生了各自不同的理解。但事实上，资本是最具有全球主义的要素，是所有要素里面流通性最大的一种要素，它所谋求的全球性与文化的区域性、与环境的公共属性之间产生了剧烈的冲突。这种冲突就导致 ESG 在南美、欧洲、亚太产生一系列差异。与传统经济标准、经济制度中的冲突相比，这种问题还要更深层次一些。

在 2024 年，以中国特色为底蕴构建 ESG 的中国标准取得了长足进步，财政部和三大证券交易所都发布了各自的可持续披露标准，引起了全球各国的重点关注，在政策和实践快速发展和迭代的同时，ESG 的理论研究还相对较为缓慢。我们需要坚持高质量的学术研究，才能从最基本的一些规律中引申出我们在应对和解决全球冲突中最为坚实的理论基础。所以，在目前全球 ESG 大行其道之时，研究 ESG 毫无疑问是要推进 ESG 理论的进步，推进我们原来所讲的资本向善与宏观资源配置之间的弥合。当然，从政治经济学的角度讲，我们也确实需要使我们这个市场、我们这样一个文化共同体所倡导的制度体系能够得到世界的承认。

在考虑到 ESG 理念的重要性、实践中的问题以及人才培养需求的基础上，为了更好地推动 ESG 相关领域的学术和政策研究，同时培养更多的 ESG 人才，2022 年 11 月上海财经大学和富国基金联合发起成立了“上海财经大学富国 ESG 研究院”。这是一个跨学科的研究平台，通过汇聚各方研究力量，共同推动 ESG 相关领域的理论研究、规则制定和实践应用，为全球绿色、低碳、可持续发展贡献力量，积极服务于中国的“双碳”目标。我们的目标是成为 ESG 领域“产、学、研”合作的重要基地，通过一流的学科建设和学术研究，产出顶尖成果，促进实践转化，支持一流人才的培养和社会服务。在短短的两年多时间里，研究院在科学研究、人才培养和平台建设等方面都取得了突破进展，开设 ESG 系列课程和新设了 ESG 培养方向，组织了系列课题研究攻关，举办了一系列的学术会议、论坛和讲座，在国内外产生了广泛的影响。

特别是从 2023 年 9 月开始，研究院协调全校师资力量，开设了多门 ESG 课程，并组建 ESG 奖学金班，探索跨学科人才培养的新模式。为更好发挥 ESG 人才培养的溢出效应，研究院在校内外征调相关师资，推出了这套“上海财经大学富国 ESG 系列教材”。通过这一系列教材，我们期望为全国 ESG 人才培养贡献绵薄力量。

刘元春

2025 年 7 月 15 日

前言

ESG是环境(Environmental)、社会(Social)和公司治理(Governance)的缩写,是一种关注企业环境、社会、治理绩效的投资理念和企业评价标准。作为一种全新理念,ESG将环境、社会和治理因素纳入投资决策的考虑因素之中,目的是在获得资本增值的同时,促进企业可持续发展。经过20多年的发展,ESG作为衡量企业在可持续发展方面表现的重要指标,已经从一个边缘概念,逐渐成为全球投资决策的核心要素。它不仅关乎企业的长期发展,更是我们共同应对环境挑战、社会责任和良好治理的实践指南。在中国,ESG的实践虽然起步较晚,但发展很快,特别是2024年以来,三大交易所(上海证券交易所、深圳证券交易所和北京证券交易所)和财政部,接连发布《上市公司可持续发展报告指引》和《企业可持续披露准则——基本准则(试行)》,这标志着中国的ESG实践已经全面启动。

为了汇集ESG研究的各方力量,共同推动可持续发展领域的理论研究、规则制定和人才培养,2022年11月上海财经大学与富国基金共同发起成立了上海财经大学富国ESG研究院(以下简称研究院)。研究院是上海财经大学校级研究机构,在上海财经大学的指导下,联合校内多个部门和学院,统筹推进在ESG科学研究、人才培养、社会服务等方面的深入合作。研究院已打造"科学研究体系""学术论坛体系""人才培养体系""社会服务体系"四大品牌性项目。自2023年起,研究院发起成立了"ESG奖学金班",资助立项了"ESG概论"等六门课程建设项目,以全校公选课的形式,面向不同学科、不同层级的学生授课。2024年6月,全校本硕博不同层级的同学45人获得首届ESG奖学金班的结业证书,其中19人获得ESG奖学金。这是对ESG人才培养的一次重要探索。

为了更好地发挥ESG人才培养的溢出效应,研究院自2024年开始又陆续资助了多本ESG系列教材的编写。本教材就是在ESG奖学金班两学年授课课程的基础上,由研究院核心授课团队集体编撰完成的。本教材有以下几个鲜明的特色:

第一,注重对ESG理论基础和历史脉络的考察,无论是前两章对ESG时代背景和理论基础的总结,还是后续对ESG涉及的各领域的具体阐述,各章都非常注重对 ESG 背后经济学理论基础的阐述，这有助于读者突破对 ESG“只知其然，而不知其所以然”的局限。

第二，在厚植 ESG 理论基础的同时，本教材也注重对 ESG 实践的指导性、引领性，通过全书十余个实践案例，加强读者理解如何将从本教材学习到的理论，应用到 ESG 实务当中。

本教材各个章节的内容要点和分工安排具体如下：上海财经大学富国 ESG 研究院院长、财税投资学院院长范子英教授和博士生王帅合作撰写了第一章，在中国式现代化和“双碳”目标的大背景下，介绍了 ESG 的内涵和基本要素；上海财经大学财税投资学院郭光远讲师撰写了第二章，系统梳理总结了 ESG 的经济学理论基础及其在国际国内的理念演进脉络；第三章到第五章由上海财经大学财税投资学院张航副教授撰写，按照由近到远的原则，分别从公司治理、社会责任、环境保护三个维度来阐述 ESG 理念的理论依据、主要政策和关键议题；上海财经大学财税投资学院郭峰教授和西北大学经济管理学院郑建东讲师合作撰写了第六章，总结了 ESG 信息披露的概念内涵、国内外准则和 ESG 报告的主要载体与形式；第七章由郭峰教授和上海财经大学财税投资学院博士生任昱昭合作撰写，对 ESG 评级体系的概念作用、构建和国内外代表性评级机构进行了系统阐述；上海财经大学财税投资学院孙俊秀副教授撰写了第八章，提纲挈领地介绍了 ESG 投资的概念内涵、基本策略和主要产品类型；第九章由复旦大学国际关系与公共事务学院宋程成青年研究员撰写，跳出传统的企业主体视角，从更宽泛的视野探讨了 ESG 协同治理理论，特别是 ESG 融入社会治理的分析框架和实现路径，从而助力读者理解 ESG 理念深入推进后所引发的经济社会变革。本教材在撰写中，部分内容也参考了上海财经大学富国 ESG 研究院研究团队集体完成的《中国 ESG 发展报告 · 2023》和《中国 ESG 发展报告 · 2024》，对参与这两个报告撰写的其他老师和同学表示感谢，但本教材各章可能存在的错误，均由各章的主笔人负责。

作为系列教材中的第一本教材，本教材比较适合对 ESG 感兴趣的本科生或研究生阅读，用来了解 ESG 的基本内涵、时代背景和关键议题；具备一定 ESG 实践基础的从业人士，也可以通过本教材的学习，加深对 ESG 理论基础的认识。除这本教材外，上海财经大学富国 ESG 研究院还组织撰写了其他几本 ESG 教材，读者如果能搭配阅读，则可以强化对 ESG 理论与实践中遇到的各类问题的全面理解。

在撰写本教材过程中，虽然团队成员精益求精，反复几轮讨论修改，但 ESG 是一个快速发展的领域，书稿中难免会有一些团队不成熟的见解，甚至错漏之处，欢迎读者与我们联系指正（esg@mail.sufe.edu.cn），以便我们在未来再版时能及时更正。

主编团队
2025 年 7 月

目　录

案例目录

第一章
中国式现代化视域下的 ESG

本章导读：

由于资源、环境和不平等的约束日益增强，可持续发展成为全球各国共同秉持的发展理念。但与 20 世纪中期的呼吁不同，到了 21 世纪，可持续发展开始走向实操层面，在资本市场融入了可持续发展的定价，利用资本市场的力量引导企业向善，形成“义利并举”的双赢格局。更为重要的是，这种以 ESG 为表征的可持续发展，不仅是全球的浪潮和趋势，更与中国的经济社会发展路径高度契合，特别是与中国式现代化的特征高度一致。

本章将结合国际与国内两个市场，重点阐述如下内容：首先是如何准确理解 ESG，这既包括 ESG 的基本内涵，也包括理解 ESG 的关键要点，同时还有 ESG 生态中的多个参与主体。其次是如何在中国式现代化的大背景之下理解 ESG，ESG 是与创新、协调、绿色、开放、共享的新发展理念高度一致的，同时更是新质生产力的重要表现。最后是在“双碳”目标下的 ESG，碳达峰、碳中和为 ESG 的发展带来了前所未有的机遇，企业的降碳行为不仅促进了“双碳”目标的落地，更会在资本市场的定价和估值中得到体现。通过本章学习，读者将能对 ESG 的基本概念以及 ESG 理念的理论基础与时代背景形成初步的认识。

第一节 ESG 的概念与内涵

一、ESG 的起源

20 世纪六七十年代，随着西方国家人权运动、公众环保运动和反种族隔离运动的兴起，在资产管理行业催生了相应的投资理念，并应投资者和社会公众的需求，在投资选择中开始强调劳工权益、性别平等、商业道德、环境保护等问题。到了 20 世纪

90 年代，社会责任投资开始由道德层面转向投资策略层面，在投资决策中综合考量公司的社会责任表现，衡量这种主动投资策略对投资风险和投资收益的影响。联合国环境规划署在 1992 年里约热内卢的“地球峰会”上发布了金融倡议，希望金融机构能把环境、社会和治理因素纳入决策考虑因素，发挥金融投资的力量促进可持续发展。为了将可持续发展理念贯彻到商业实践，1997 年，由美国非营利环境经济组织（Coalition for Environmentally Responsible Economies，CERES）和联合国环境规划署（United Nations Environment Programme，UNEP）共同发起，成立了全球报告倡议组织（Global Reporting Initiative，GRI），并分别于 2000 年、2002 年、2006 年和 2013 年发布了四个版本的《可持续发展报告指南》，其中提出的可持续发展报告编制标准，为信息披露提供了相应的标准和内容建议，从而为可持续发展提供了必要的基础设施。

ESG 的真正出现是在 2000 年之后。2004 年，联合国发布了 *Who Cares Wins—Connecting Financial Markets to a Changing World*（《在乎者赢：将金融市场与变化的世界连结起来》）报告，首次正式提出 ESG 概念，时任联合国秘书长科菲 · 安南，发起了一项宏伟的倡议：提倡在资产管理和价值投资中融入环境、社会和公司治理（ESG）因素。该倡议还孵化出了全球最大的 ESG 投资联盟——责任投资原则组织（UN-PRI），该组织于 2006 年发起，并由联合国环境规划署金融倡议组织（UNEP-FI）和联合国全球契约组织（UN-GC）协作成立的一家联合国背书的非营利组织。UN-PRI 提出的“责任投资原则（PRI）”将社会责任、公司治理与环境保护相结合，首次提出 ESG 理念和评价体系，旨在帮助投资者理解环境、社会责任和公司治理对投资价值的影响，鼓励各成员机构将 ESG 因素纳入公司经营中，以降低风险、提高投资价值并创造长期收益，最终实现全社会的可持续性发展。在联合国责任投资原则组织（UN-PRI）的推动下，ESG 在全球得到快速发展。

二、ESG 具体内容

（一）ESG 具体概念

ESG 是环境（Environment）、社会（Social）和公司治理（Governance）首字母的缩写，是近年来金融市场兴起的重要理念和企业行动指南，亦是可持续发展理念在金融市场和微观企业层面的具象投影。该理念的核心观点为：企业经营活动和金融行为不应仅追求经济绩效，而应同时考虑环境责任、社会责任和公司治理等多方面因素，从而实现企业可持续发展。如果要给 ESG 下一个定义，那么我们认为这是在传统财务指标之外，将企业在环境、社会和公司治理等方面的表现纳入评价体系，从而识别出企业可持续发展的风险和机遇。

1. 环境

环境是企业在环保方面的实践和表现的重要维度，如资源利用、废弃物排放、环境创新、资源管理等，并着重强调以下几个关键点：第一，资源利用应确保长期的生态平衡和资源的再生能力，避免过度开采或消耗不可再生资源；第二，提高资源的利用效率，减少浪费，通过技术创新和管理改进来优化资源的使用；第三，推动循环经济的发展，即通过再利用、再回收和再制造来减少资源的消耗和废弃物的产生；第四，优先使用清洁能源，如太阳能、风能、水能等，减少对化石燃料的依赖，降低温室气体排放；第五，在资源开发和利用过程中，注意保护生态环境，避免对生物多样性和自然景观造成破坏；第六，在全球范围内加强环境保护和资源利用的国际合作，共同应对气候变化、生物多样性丧失等全球性环境问题；第七，利用科技创新来开发新的资源利用技术，提高资源的循环利用效率，减少对环境的负面影响。这些原则和措施有助于实现资源的可持续利用，保护环境，促进经济和社会的长期发展。

2. 社会

社会是考察企业社会责任履行的重要标准，包括健康和安全、员工关系、供应链和消费者影响等议题，通常关注以下几个关键领域：第一，确保公平的工作条件，包括合理的工资、工作时间、健康和安全的工作环境以及禁止强制劳动；第二，尊重和保护所有利益相关者的人权，包括员工、客户、供应商和社区成员；第三，注重多样性与包容性，推动工作场所的多样性，包括性别、年龄和文化背景的多样性以及创建一个包容性的环境；第四，企业应积极与当地社区互动，参与社区发展项目，支持教育、健康和其他社会服务；第五，确保产品和服务的安全性，提供准确的信息，保护消费者权益；第六，确保供应链的透明度和责任，避免使用不道德的供应商，如涉及环境破坏的供应商；第七，保护消费者的个人数据，遵守数据保护法规，防止数据泄露和滥用；第八，关注员工和消费者的健康，提供健康和福利计划，促进健康的生活方式。通过在这些领域采取行动，企业可以提高其社会责任感，建立良好的企业形象，并在长期内实现可持续发展。

3. 公司治理

公司治理是评估公司非财务风险和价值的重要方面，包括治理结构、信息透明度、董事会独立性、董事会多样性、管理层薪酬和股东权利等议题，通常关注以下几个关键领域：第一，董事会独立性，评估董事会成员中独立董事的比例以及他们对公司决策的影响；第二，管理层薪酬，考察高管薪酬结构是否与公司长期业绩挂钩，是否存在过度激励的问题；第三，股权结构，分析公司的股权分布，是否存在控股股东对公司的过度控制；第四，信息透明度，公司是否公开透明地披露财务和非财务信息，包括环境影响、社会责任和公司治理实践；第五，内部控制和合规性，公司是否有健全的内部控制体系和合规程序，以防止违规行为；第六，风险管理，公司是否有有效的风险管理机制，包括识别、评估和应对各种风险；第七，环境和社会责任政策，公司是否有明确的环境和社会责任政策，并在治理中予以体现；第八，道德和行为准则，公司是否有明确的道德和行为准则，并要求所有员工遵守。公司治理是企业的内部责任，其本质是通过各种制度或机制协调和维护公司所有利益相关者之间的关系，同时也是指从主权的决策到公司不同参与者（包括董事会、经理、股东和利益相关者）之间的权利和义务分配。公司应当着眼于企业的制度设计，这种制度可以协调公司与所有利益相关者之间的利益关系，而利益相关者对公司在环境和社会方面的诉求会要求公司进行科学决策，以维护各方面的利益。因此，完善的公司治理是支撑企业更好地承担环境和社会责任的内在基础，而外部责任的履行是公司治理的约束机制。

（二）ESG核心要点

1. 非财务指标

现代公司绩效评价理论指出，对知识经济时代的公司进行绩效评价必须引进全面业绩评价指标，即在传统的财务指标的基础上增加各类非财务指标。原因在于，财务指标存在一个很大的缺陷——面向过去。换言之，财务指标反映的只是过去的经营绩效，并不能提供创造未来价值的动因。但是，非财务指标则恰恰相反，是衡量公司绩效的一系列标准，它们不直接反映在传统的财务报表中，但对公司的长期价值和可持续性有着重要影响。瓦顿（Wharton）在1995年出版的《年度红利契约中业绩评价标杆的选择》一文中指出，非财务指标是体现管理层绩效和公司发展前景的更好指示器。

ESG通过纳入非财务指标的重要性体现在以下几个方面：一是全面评估企业价值，ESG非财务指标提供了对企业价值的全面评估，不仅考虑财务绩效，还包括环境影响、社会责任和公司治理结构；二是推动企业跟随市场趋势，随着社会对环境和社会责任的意识增强，企业需要展示其在这些领域的承诺和表现；三是促进可持续发展，ESG指标鼓励企业采取行动，促进环境和社会的可持续发展。ESG通过纳入多维度的非财务指标，去审视企业应对风险、长期发展的能力，更全面地评价企业经营表现，倡导企业在创造商业价值的同时，达成环境保护、履行社会责任以及科学高效治理的一系列企业管理活动。因此，ESG被称为企业的非财务绩效，更被定义为“公司第四张表”，已成为影响投资决策的重要因素。

2. 义利并举

与社会责任或公益事业的实践相比，企业社会责任所强调的理念和意识侧重于道德义务，而ESG在坚守道德义务的同时，还强调经济效益，是一种长期的投资，实现了道德与经济价值的双重考量。因此，义利并举在ESG领域的理解，可以看作企业在追求经济利益的同时，也要承担相应的社会责任和环境责任。这种理念强调企业不仅要关注自身的营利能力，还要注重道德、伦理和社会价值的实现。

ESG中的义利并举主要体现在风险管理和可持续发展两个维度。

在风险管理方面，企业在追求经济效益的同时，需要考虑其对环境和社会的影响以及这些影响可能带来的风险。例如，环境污染可能导致法律诉讼、罚款或声誉损失，社会问题如劳工权益争议可能影响企业的品牌形象和消费者信任。通过ESG实践，企业可以更好地识别和管理这些风险，实现长期的稳定发展。

在可持续发展方面，企业在追求利润的同时，也应关注其对环境的保护、社会责任的履行以及良好的公司治理结构的构建。这包括但不限于减少温室气体排放、提高能源效率、确保供应链的可持续性、尊重人权、提供公平的劳动条件、实施透明的决策过程等。通过 ESG 实践，企业不仅能够提升自身的社会形象和品牌价值，还能够为社会的可持续发展作出贡献。总的来说，ESG 中的义利并举强调的是在追求经济利益的同时，也要考虑企业的社会责任和环境责任，通过平衡短期利益和长期可持续性，实现企业的全面发展。

3. 道德与法律

ESG 涉及环境、社会和公司治理方面的多重考量，这些考量不仅包括法律方面的合规要求，也涵盖了道德层面的责任。从时间发展趋势来看，法律合规一直内嵌于环境(E)、社会(S)和公司治理(G)的每一个方面，企业必须遵守国家和地方的环境保护法律法规，如排放标准、污染控制、废物管理等；企业必须遵守劳动法律法规，保障员工的合法权益，确保招聘的公平，同时需确保产品和服务符合相关标准，保障消费者的合法权益，不得欺诈和误导消费者；上市公司还要按照公司法的相关规定设立董事会、监事会等内部治理机构。

与法律合规相比，ESG 更加强调道德责任。在环境道德方面，企业不仅有责任保护自然环境，减少对生态系统的破坏和资源的浪费，还应追求可持续发展，平衡经济增长与环境保护的关系，确保资源的合理利用和长久发展，一些 ESG 的环境指标早已超越了法律规定，如碳排放、生物多样性等。在社会道德方面，企业应尊重和保护员工的基本权益，包括公平薪酬、安全工作环境、职业发展机会，同时也应积极参与社区建设，回馈社会，支持公益事业和社区发展。在治理道德方面，企业应建立透明、公正、多元化的治理结构，确保财务和运营信息的公开和准确，并且管理层应以身作则，树立道德榜样，推动企业内部的道德文化建设。

在 ESG 实践中，道德和法律是相辅相成的。法律为企业的行为设定了最低标准，而道德则推动企业在法律要求之外，追求更高的责任和标准。遵守法律和道德规范可以帮助企业识别和管理潜在的法律和道德风险，减少诉讼和负面舆论的可能性。良好的道德实践和法律合规可以提升企业的品牌形象和声誉，增强消费者和投资者的信任。道德和法律的结合促进企业的可持续发展，帮助企业在不断变化的市场和监管环境中保持竞争力和创新力。

ESG 的道德和法律要求共同构成了企业在环境、社会和公司治理方面的责任框架。企业在追求经济利益的同时，应当自觉履行环境和社会责任，遵守相关法律法规，并以高标准的道德规范来指导其行为。这不仅有助于企业自身的发展，也为社会和环境的可持续发展贡献力量。

三、ESG 参与主体

ESG 的参与主体主要包括政府、企业、标准制定机构、评级机构、投资者和高校和智库等非营利性组织，如图 1-1 所示。

(一) 政府

政府在推动 ESG 发展中发挥着核心作用，其策略和行动构成了可持续发展的基

图 1-1　ESG 的利益相关者

石。通过制定和实施环境保护法律法规、企业社会责任指南等政策法规，政府确立了 ESG 实践的法律框架，为各类组织提供了明确的行动方向。监管机构的监督职能不仅确保了企业对法律法规的遵守，而且通过参与制定 ESG 信息披露标准，增强了企业透明度，赢得了公众的信任。政府还通过税收优惠、补贴和绿色信贷等激励措施，鼓励企业采纳 ESG 原则，同时对 ESG 相关的研究和创新给予支持，推动了技术发展和知识积累。在国际层面，政府通过参与全球治理，促进了国际标准的制定，确保国内 ESG 实践与全球趋势保持一致。此外，政府建立的风险管理和应急机制，可以帮助社会有效应对 ESG 相关风险，保障了可持续发展的稳定性。目前，我国政府正致力于构建具有中国特色的 ESG 体系，这一体系既符合中国的国情和发展阶段，也增强了中国在全球 ESG 领域中的竞争力和影响力。总而言之，政府的支持不仅促进了企业和社会的可持续发展，也为实现长远的环境、社会和治理目标打下了坚实的制度基础。

（二）企业

企业在 ESG 发展中的作用至关重要，体现为制定战略、实施措施、信息披露、创新实践和引领变革等方面。首先，企业需制定涵盖环境保护、社会责任和公司治理的 ESG 战略，明确目标和行动计划。其次，企业应积极实施具体措施，如减少碳排放、提升员工福利和加强透明治理，以实际行动履行其承诺。例如，诺贝尔经济学奖获得者埃莉诺·奥斯特罗姆（Elinor Ostrom）提出，处理气候变化问题需要采用多中心策略。在多中心策略中，企业应对气候变化的方式方法起到至关重要的作用。此外，企业必须透明地披露 ESG 数据和进展，满足利益相关者的信息需求，增强信任度。创新是企业在 ESG 发展中的重要驱动力，通过技术和管理创新，企业可以实现经济效益和社会效益的双赢。最后，作为市场主体，企业在推动行业标准和引领社会变革中起着示范作用，其成功经验和最佳实践可以激励更多企业加入 ESG 投资行列，共同促进可持续发展。通过以上多方面的努力，企业不仅能够提升自身的长期竞争力，还能为社会和环境的可持续发展做出积极贡献。

（三）标准制定机构

标准制定机构在 ESG 发展过程中扮演着至关重要的角色，它们通过制定和推广一系列标准和指南，为企业提供明确的行动方向和衡量自身 ESG 绩效的尺度。这些机构通常由行业专家、学者、政策制定者和利益相关者等组成，他们共同协作，确保所制定的标准既科学合理，又具有广泛的适用性和认可度。首先，标准制定机构通过确立一系列量化指标和评估方法，帮助企业识别和管理 ESG 相关风险与机遇。这些指标覆盖环境影响、社会责任履行和公司治理结构等多个维度，为企业提供了一套系统化的自我评估和改进工具。其次，标准制定机构推动了 ESG 信息披露的标准化和透明化。通过制定统一的信息披露框架和报告指南，它们降低了信息收集和分析的成本，提高了信息的可靠性和可比性，从而增强了投资者和公众对企业 ESG 表现的信心。此外，标准制定机构还通过与政府、投资者和其他利益相关者的合作，促进了 ESG 理念的普及和深化。它们通过培训、研讨会和宣传活动，提高了社会各界对 ESG 重要性的认识，激发了更多的组织和个人参与可持续发展的实践中来。最后，标准制定机构在全球范围内推动了 ESG 标准的协调和一致性。通过参与国际标准的制定和修订，它们确保了不同国家和地区的 ESG 实践能够相互衔接，促进了全球可持续发展目标的实现。总体来看，标准制定机构在 ESG 发展中发挥着不可或缺的作用。标准制定机构不仅为企业提供了行动的蓝图，也为整个社会营造了一个更加可持续、公正和透明的商业环境。通过不断优化和更新标准，这些机构确保了 ESG 实践能够与时俱进，满足不断变化的社会需求和期望。当前，具有较大影响力的 ESG 标准制定机构包括全球报告倡议组织（Global Reporting Initiative，GRI）、可持续发展会计准则委员会（Sustainability Accounting Standards Board，SASB）、国际综合报告委员会（International Integrated Reporting Council，IIRC）、国际可持续发展准则理事会（International Sustainability Standards Board，ISSB）、气候相关财务信息披露小组（Task Force on Climate-related Financial Disclosures，TCFD）等。

（四）评级机构

企业 ESG 信息披露的非结构化，因此需要评级机构在 ESG 发展中通过标准制定、独立评估和市场推动等方面发挥作用。首先，评级机构通过制定和完善 ESG 评估标准，为企业和投资者提供统一的衡量基准，确保评估的科学性和公正性。这些评级结果不仅帮助企业识别自身在 ESG 实践中的劣势和不足，而且也为企业提供了改进和提升的方向。其次，评级机构要求企业进行详细的 ESG 信息披露，提升透明度，使利益相关者能够获取全面、准确的信息。独立评估是评级机构的重要职责，通过对企业 ESG 表现的客观分析和评级，评级机构能够揭示企业在环境、社会和治理方面的真实状况，帮助投资者做出明智的决策，从而推动资本向更可持续的商业模式和项目流动。最后，评级机构通过发布 ESG 评级和报告，引导资本市场资源向 ESG 表现优异的企业倾斜，促进企业改进其ESG实践，推动整体市场向可持续发展方向转变。通过这些方式，评级机构在ESG发展中不仅起到监督和指导作用，还能显著提升市场对ESG重要性的认识，推动企业和社会的可持续发展。目前主导全球市场的ESG评级机构主要有明晟(MSCI)、汤森路透(Thomson Reuters)、富时罗素(FTSE Russell)、路孚特(Refinitiv)、晨星(Mormingstar)下辖的Sustainalystics等。近几年，全球公认的三大信用评级机构标准普尔(Standard & Poor's, S&P)、穆迪公司(Moody's Investors Service, Moody's)和惠誉国际信用评级公司(Fitch Ratings, Fitch)也通过收购方式进入ESG评级领域。

(五)投资者

投资者作为践行和推广ESG理念的主要力量，在ESG发展过程中具有重要作用。这种重要性体现为推动企业实践、引导市场行为、提升透明度、推动政策制定和提升公众意识等多个方面。首先，投资者在投资决策中纳入ESG因素，通过选择在环境保护、社会责任和治理结构方面表现突出的企业进行投资。这种行为不仅促进了这些企业获得更多的资本支持，增强其市场竞争力，还能鼓励其他企业改善其ESG表现，以吸引更多的投资。这种资本流动机制使得ESG表现优异的企业能够更快地发展和扩展，形成良性循环。其次，投资者通过股东提案、投票和直接对话等方式，积极推动企业改进其ESG实践。作为股东，投资者拥有参与公司治理的权力和机会，他们可以通过提出议案、投票和参与董事会等形式，影响企业决策，促进企业在环境保护、社会责任和治理结构方面进行改进。此外，投资者的ESG投资行为对市场具有导向作用。随着越来越多的投资者将ESG因素纳入其投资策略，市场上对ESG表现优异的企业需求增加，促使更多的企业认识到ESG的重要性，并采取相应措施以吸引投资者的关注和资金。这种市场导向作用不仅促进了企业的ESG实践，也推动了整个市场向可持续发展方向的转变，形成了一个以ESG为导向的投资生态系统。另外，投资者还在提升透明度方面发挥重要作用。通过要求企业披露其ESG表现，投资者推动了企业信息透明化，提升了市场信息对称性。透明的信息披露使得投资者和其他利益相关者能够更全面地了解企业在环境、社会和治理方面的表现，作出更为明智的投资决策。这不仅有助于降低投资风险，还提升了企业的社会责任感和公众形象。在推动政策制定方面，投资者的作用也不可忽视。投资者通过与监管机构和政策制定者的对话，能够影响政策的制定和实施。例如，通过倡导和支持绿色金融政策、可持续发展目标和相关法规，投资者可以推动政府和标准制定机构制定更加有利于ESG发展的政策框架，营造有利的外部环境，进一步推动ESG理念的实施和推广。最后，投资者作为责任倡导者，通过宣传和教育活动提高市场和公众对ESG理念的认知。通过发布报告、举办论坛和开展培训等活动，投资者可以向市场传递ESG投资的价值和重要性，鼓励更多的市场参与者关注和践行ESG原则。这不仅有助于提升公众对可持续发展的认知和支持，还促进了整个社会对环境保护、社会公平和公司治理结构的重视。

（六）高校和智库等非营利性组织

高校和智库等非营利性组织在 ESG 发展过程中扮演着关键角色。首先，这些机构通过深入的研究和分析，为 ESG 理论的发展和实践提供坚实的学术基础。高校和智库等非营利性机构具备强大的科研能力，通过系统的研究和数据分析，能够揭示 ESG 在不同领域中的应用价值和影响，提供科学依据和理论支持。这些研究成果不仅丰富了 ESG 的理论体系，也为企业和政策制定者提供了宝贵的参考。其次，高校和智库等非营利性机构在 ESG 人才培养方面发挥重要作用。通过开设相关课程和举办研讨会，可以培养一大批具备 ESG 知识和实践能力的专业人才。这些人才进入企业、政府和非政府组织，成为推动 ESG 实践的中坚力量。此外，高校和智库等非营利性组织在信息传播和公众教育方面也发挥着重要作用。通过发布研究报告、举办公开讲座和论坛，高校和智库提高了社会各界对 ESG 的认知和理解，促进了公众对可持续发展的关注。信息的广泛传播不仅推动了社会舆论的形成，也增强了企业和政府在 ESG 实践中的透明度和责任感。高校和智库等非营利性组织还通过跨学科和跨领域的合作，推动 ESG 的系统性和综合性的发展。ESG 涉及环境、社会和治理等多个领域，只有通过多学科的合作研究，才能全面理解和解决复杂的 ESG 问题。高校和智库等非营利性组织通过联合研究项目和跨领域合作，整合不同学科的知识和方法，推动 ESG 理论的创新与发展，为 ESG 理念的推广和实践提供了有力支撑。

第二节　ESG 与中国式现代化

党的二十大报告深刻阐释了中国式现代化的基本内涵和本质要求，以中国式现代化全面推进中华民族伟大复兴将成为新征程上的中心任务。企业作为将中国式现代化的宏观愿景转化为具体行动的微观主体，在推动现代化建设中发挥着重要作用。从发达国家经验看，在提升企业可持续发展能力过程中，把环境、社会责任和治理能力结合在一起的生态建设，是国家现代化建设的重要体现。

一、ESG 理念的全球行动

（一）欧盟 ESG 行动

欧盟在 ESG 实践方面走在全球前列，其通过一系列具体举措和政策法规，推动了企业和金融机构提升 ESG 表现，促进了可持续发展。这些做法不仅包括严格的法律法规制定和实施，还涵盖了标准的建立、资金的引导、市场的监督以及国际合作等方面。

欧盟在 ESG 实践方面的核心是通过立法来推动市场行为的转变。2021 年 3 月，欧盟正式实施了《可持续金融披露条例》(Sustainable Finance Disclosure Regulation, SFDR),这是全球范围内首部系统性可持续金融法规。SFDR 要求资产管理公司、保险公司和其他金融市场参与者在其投资活动中披露 ESG 信息。这一法规的目的是增加市场透明度,防止“漂绿”现象,并为投资者提供可靠的信息,帮助他们作出明智的投资决策。此外,欧盟还通过了《欧盟分类法》(EU Taxonomy),为绿色经济活动制定了明确的标准和分类。该分类法定义了哪些经济活动可以被归类为环境可持续,并提供了详细的技术筛选标准。例如,其规定了在能源、交通、建筑等关键领域的具体环保标准和要求。通过这种标准化,欧盟旨在引导资本流向真正具有环境可持续性的项目和企业。

为了进一步规范和推动 ESG 实践,欧盟制定了一系列相关标准和指南。例如,欧盟发布了《非财务报告指令》(Non-Financial Reporting Directive, NFRD),要求大型上市公司披露其在环境、社会和治理方面的非财务信息。NFRD 的实施提高了企业 ESG 信息披露的透明度,帮助投资者更好地了解企业的可持续发展表现。此外,欧盟还制定了《企业可持续发展报告指令》(Corporate Sustainability Reporting Directive, CSRD),该指令进一步扩展了 NFRD 的范围和要求,覆盖更多的企业,并提高了报告的细化程度和准确性。CSRD 不仅要求企业披露 ESG 数据,还要求它们报告具体的可持续发展目标和实现这些目标的进展情况。

在推动 ESG 实践方面,欧盟还通过财政政策和资金支持来引导市场资金流向可持续发展项目。欧盟绿色投资计划(EU Green Deal Investment Plan)是其中的重要举措之一。该计划旨在未来十年内动员超过 1 万亿欧元的公共和私人投资,用于支持气候行动和绿色转型。这一投资计划包括支持可再生能源、效能提升、绿色交通等多个领域,旨在推动欧盟实现 2050 年碳中和目标。此外,欧盟还设立了“公正转型基金”(Just Transition Fund),帮助那些受到绿色转型影响的地区和行业进行经济结构调整和转型升级。该基金的目的是确保绿色转型过程中没有人被落下,促进社会公平和包容性发展。

为了确保 ESG 政策和标准的有效实施,欧盟建立了严格的市场监督和评估机制。欧盟金融市场管理局(ESMA)负责监督金融市场的合规情况,并对违规行为进行处罚。例如,ESMA 定期检查金融机构的 ESG 信息披露情况,确保其遵守 SFDR 和 EU Taxonomy 的要求。欧盟还通过建立 ESG 评级和认证体系,提高市场对 ESG 信息的信任度。通过独立的第三方评级机构,对企业和金融产品进行 ESG 评级和认证,帮助投资者识别和选择具有真实可持续性表现的投资标的。

在推动内部 ESG 实践的同时,欧盟也积极参与全球可持续发展议程,推动国际合作。例如,欧盟是联合国责任投资原则(UN PRI)的积极支持者,鼓励其成员国和企业签署并践行这一原则。UN PRI 旨在推动全球金融机构将 ESG 因素纳入投资决策过程,截至 2021 年,已有超过 4 000 家机构签署了该原则,管理的资产总额超过 100 万亿美元。欧盟还与其他国际组织和国家合作,推动全球范围内的 ESG 标准和政策协调。例如，在G20框架内，欧盟积极参与绿色金融和可持续投资的讨论和决策，推动全球金融体系向可持续发展转型。

（二）美国ESG行动

美国在ESG实践方面采取了一系列具体举措，推动企业和金融机构提升ESG表现，促进可持续发展。尽管美国在联邦层面的ESG法规较为宽松，但在州政府、金融机构、企业以及社会组织的推动下，ESG实践在美国取得了显著进展。

虽然美国联邦层面的ESG政策较少，但美国证券交易委员会（SEC）在近年来对ESG信息披露的要求逐渐加强。SEC要求上市公司披露更多关于环境、社会和治理方面的信息，以提高市场透明度和投资者的知情权。例如，SEC于2021年提出了一项规则，要求企业披露其气候相关风险和温室气体排放数据。这一规则旨在帮助投资者了解企业在应对气候变化方面的风险和机遇。在州政府层面，一些州政府制定了更为严格的ESG法规。例如，加利福尼亚州在环境保护方面走在前列，实施了严格的碳排放和可再生能源标准。该州还推出了《加利福尼亚州消费者隐私法案》（CCPA），加强了数据隐私保护，推动了企业在社会责任方面的改进。纽约州也积极推动ESG实践，通过其绿色银行项目为可持续发展项目提供资金支持，促进绿色经济的发展。

金融机构在美国的ESG实践中发挥了关键作用。大型资产管理公司，如贝莱德（BlackRock）、先锋集团（Vanguard）和道富（State Street），在其投资策略中积极纳入ESG因素。贝莱德在2020年宣布将可持续性作为其投资策略的核心，并表示将在其所有管理的资产中考虑ESG因素。贝莱德还发布了多份ESG报告，详细披露其在可持续投资方面的进展。此外，美国的银行业也在积极推动ESG实践。摩根大通（JPMorgan Chase）、花旗集团（Citigroup）和美国银行（Bank of America）等大型银行纷纷推出绿色债券和可持续贷款，支持可再生能源、能效提升和环境保护项目。例如，摩根大通在2020年承诺在未来十年内向可持续发展项目提供2.5万亿美元的资金支持，以推动全球气候行动和可持续发展。

企业在推动美国ESG实践方面也扮演着重要角色。许多跨国公司，如苹果（Apple）、微软（Microsoft）和谷歌（Google），都承诺实现碳中和目标，并积极推进环境保护、社会责任和公司治理方面的改进。苹果公司2020年宣布，到2030年其全球供应链和产品生命周期将实现100%碳中和。微软公司则承诺到2030年实现碳负排放，即从大气中移除的碳量将超过其排放的碳量。此外，企业还通过发布ESG报告和可持续发展报告，披露其在环境、社会和公司治理方面的措施和成效。根据2021年的一项调查，超过90%的标普500公司发布了可持续发展报告，这些报告涵盖了企业在环境保护、社会责任和公司治理方面的具体行动和成果。这些报告不仅提高了市场透明度，也为投资者提供了评估企业ESG表现的依据。

非政府组织和社会组织在美国的ESG实践中发挥了重要推动作用。例如，CDP（碳披露项目）和SASB（可持续会计标准委员会）等组织通过制定标准和推动企业披露 ESG 信息，提高市场对可持续发展的关注度。CDP 鼓励企业和城市披露其环境影响数据，并对其 ESG 表现进行评分。SASB 则制定了行业特定的 ESG 披露标准，帮助企业提供更具决策价值的信息。道富全球投资公司（State Street Global Advisors）等资产管理公司也推出了多种 ESG 指数基金和绿色债券基金，以满足市场需求。

美国在 ESG 实践方面采取了多层次、多方面的具体举措，通过政府政策和法规、金融机构的推动、企业的积极参与、社会组织和投资者的推动、技术创新的支持以及国际合作和倡导，推动 ESG 实践在国内外的广泛应用。这些举措不仅为美国内部的可持续发展提供了有力支持，也为全球 ESG 实践的发展贡献了重要力量。

（三）英国 ESG 行动

英国在 ESG 实践方面展示了显著的进展，特别是在政策法规的推动、金融市场的响应、企业的积极参与、社会组织的倡导以及技术创新的支持方面。这些动向不仅反映了英国在全球 ESG 领域的领导地位，也为其他国家提供了宝贵的经验和借鉴。

英国政府在推动 ESG 实践方面采取了多项政策措施，旨在提高市场透明度，促进可持续发展。2021 年，英国宣布了《绿色融资计划》，旨在通过绿色国债和绿色储蓄债券等工具，为可持续发展项目筹集资金。该计划的目标是支持英国的环境保护和气候行动，包括减少碳排放、推动可再生能源发展以及保护自然资源。此外，英国政府在 2021 年还发布了《环境法》，这是英国首部全面的环境保护法律框架。该法律规定了具体的环境目标和措施，包括空气质量、水资源管理、废弃物处理和生物多样性保护等方面。该法律的实施将大大推动企业在环境保护方面的责任和行动，提高整个社会的可持续发展水平。2023 年 4 月，英国政府发布了《动员绿色投资：2023 年绿色金融战略》，为金融市场提供低碳转型所需的信息与工具，以确保必要的资金流向净零①、能源安全与环境产业。

英国的金融机构和资产管理公司在 ESG 投资方面表现活跃，积极响应政府的政策号召。伦敦证券交易所（London Stock Exchange，LSE）作为全球重要的金融市场之一，推出了一系列 ESG 相关的金融产品和服务。例如，LSE 的绿色债券市场为企业和政府提供了一个平台，通过发行绿色债券筹集资金，支持环境友好型项目。贝莱德（BlackRock）和富达国际（Fidelity International）等大型资产管理公司在其投资组合中纳入了大量 ESG 标准，推动投资向可持续发展项目倾斜。截至 2021 年年底，英国的 ESG 投资总额已经超过 1 万亿英镑，显示出强劲的增长势头。

英国企业在 ESG 实践方面表现出色，许多企业主动提升其 ESG 表现，以吸引更多的投资者和消费者。壳牌（Shell）和英国石油（BP）等能源巨头纷纷承诺实现碳

① 净零产业是指通过一系列措施和策略，旨在实现温室气体净零排放的产业。具体来说，净零产业的目标是在整个生命周期内，将温室气体的排放量减少到零，从而实现碳中和。

中和目标，并投资于可再生能源和清洁技术。壳牌计划在2050年前实现净零排放，并加大对风能、太阳能和氢能等清洁能源的投资。英国的零售业巨头，如乐购（Tesco）和森宝利（Sainsbury），也在积极推动环境保护和社会责任。乐购在其供应链中实施了严格的环保标准，并承诺到2035年实现其运营的净零排放。森宝利则通过减少塑料包装、提高能效和支持社区项目，展示了其在可持续发展方面的领导力。

英国在推动国内ESG实践的同时，也积极参与全球可持续发展议程，发挥重要的国际影响力。作为联合国气候变化框架公约（The United Nations Framework Convention on Climate Change，UNFCCC）的积极参与者，英国在2021年举办了第26届联合国气候变化大会（COP26），推动全球气候行动和可持续发展。英国首相在会上呼吁各国采取更强有力的气候行动，承诺在2030年前将英国的碳排放减少68%。此外，英国还与欧盟、美国等国家和地区开展广泛的ESG合作，推动全球ESG标准的制定和实施。英国金融行为监管局（FCA）积极参与国际组织的ESG标准制定工作，推动全球金融市场向可持续发展转型。

（四）其他国家ESG行动

除了欧盟、美国和英国，许多其他国家在ESG方面也展现出积极的态度和具体行动。这里主要介绍日本、加拿大、澳大利亚和新加坡等国在ESG实践中的最新动向。

日本在ESG实践方面表现活跃，日本政府和金融机构积极推动企业提高ESG表现。2015年，日本政府发布了《日本版斯图尔特法则》，要求机构投资者在投资过程中考虑ESG因素。此后，日本金融厅（Financial Services Agency，FSA）和东京证券交易所（Tokyo Stock Exchange，TSE）也推出了相关指导方针，鼓励企业披露ESG信息。日本的企业在环境保护方面表现尤为突出。丰田（Toyota）等大型企业纷纷承诺实现碳中和目标，并投资于可再生能源和清洁技术。丰田计划到2050年实现其全球运营的碳中和，并加大对氢能和电动汽车的研发和生产。此外，日本的零售业巨头如优衣库（UNIQLO）也在积极推进可持续发展，通过减少碳足迹、使用环保材料等措施提升企业的社会责任。

加拿大在ESG实践方面采取了一系列具体措施，特别是在环境保护和社会公正方面表现突出。加拿大政府发布了《加拿大净零排放问责法案》，规定到2050年实现净零排放，并设立了中期目标和监督机制。此外，加拿大还推出了《绿色债券框架》，为绿色项目提供资金支持，推动可再生能源、清洁技术和环保基础设施的发展。加拿大的金融机构在ESG投资方面也表现活跃。皇家银行和多伦多道明银行等大型银行纷纷推出ESG基金和绿色债券，为投资者提供可持续投资的选择。此外，加拿大的企业在环境和社会责任方面也取得了显著进展。比如，加拿大天然气公司致力于减少碳排放，推动可再生能源项目，并通过社会责任计划支持社区发展和环境保护。

澳大利亚政府发布了《国家气候变化和清洁能源政策》，旨在通过减少碳排放、提高能效和发展可再生能源，推动国家向低碳经济转型。澳大利亚的清洁能源委员会（Clean Energy Council）也积极推动可再生能源项目的发展，支持太阳能、风能和电动车等绿色技术的推广。澳大利亚的金融机构和企业在 ESG 方面表现活跃。国民银行和西太平洋银行等金融机构推出了 ESG 投资产品，支持绿色项目和可持续发展。矿业巨头如必和必拓也在积极推动环境保护和社会责任，并承诺到 2050 年实现碳中和，并投资于清洁能源和可持续采矿技术。

新加坡政府发布了《绿色金融行动计划》，旨在通过政策支持、资金引导和市场规范，推动绿色金融的发展。新加坡金融管理局推出了《绿色债券框架》，为绿色项目提供资金支持，并设立了绿色金融中心，推动金融机构在可持续发展方面的合作和创新。新加坡的企业在 ESG 方面也表现较为出色。新加坡航空公司和胜科工业公司等企业积极推动环境保护和社会责任。新加坡航空公司承诺到 2050 年实现碳中和，并通过使用可持续航空燃料和提高运营效率，减少碳排放。胜科工业公司则投资于可再生能源和环保项目，推动绿色转型和可持续发展。

二、ESG 理念的中国行动

近年来，中国在 ESG 实践方面取得了显著进展，这得益于一系列宏观政策的推动、企业和金融机构的积极响应以及社会各界的广泛参与。理解我国 ESG 实践的背景，需要从政策驱动、经济转型、企业发展、社会参与和国际合作五个方面入手。

（一）政策驱动

中国政府高度重视 ESG 实践，将其作为实现可持续发展和高质量发展的重要抓手。在“十四五”规划和 2035 年远景目标纲要中，中国明确提出要推动绿色发展和生态文明建设，强调绿色低碳发展模式。在具体政策方面，2020 年中国政府发布的《碳中和目标》和《碳达峰行动计划》进一步明确了到 2030 年实现碳达峰、2060 年实现碳中和的目标。这一系列政策为 ESG 实践提供了明确的方向和强有力的支持。与此同时，中国政府还出台了多项绿色金融政策，推动金融机构在融资、投资和风险管理中纳入 ESG 标准。例如，2020 年，中国人民银行、银保监会等部门联合发布了《银行业保险业绿色金融指引》，明确绿色债券、绿色信贷等金融产品的标准，鼓励更多资金流向绿色项目。此外，2024 年 4 月 12 日，中国证券监督管理委员会发布了《上市公司环境信息披露指引》，要求上市公司披露环境信息，提升透明度和市场信任度。2025 年 2 月中国证监会发布修订后的《上市公司信息披露管理办法》，第六十五条规定，上市公司按照证券交易所的规定发布可持续发展报告。这是中国首次在证监会部门规章层面明确要求上市公司按交易所规定发布可持续发展报告，这标志着 ESG 信息披露从“自愿披露”到“法定强制”，从“社会责任范畴”正式进入“证券监管领域”。

（二）经济转型

中国正处于经济转型升级的重要阶段，推动 ESG 实践成为实现经济高质量发展的重要路径。过去几十年,中国经济快速发展,但也伴随着资源消耗和环境污染问题。进入新时代,中国经济增长方式从数量扩张型向质量效益型转变,绿色发展成为重要目标。在这一背景下,ESG 实践不仅有助于提升资源利用效率、减少环境污染,还能促进产业结构优化和技术创新。特别是在制造业和能源行业,ESG 实践的推行有助于推动传统产业向绿色、低碳和高效方向转型。新能源、电动车、智能制造等新兴产业的快速发展,不仅为经济增长注入了新动能,也提升了我国在全球绿色产业链中的竞争力。例如,我国的电动车制造商比亚迪、宁德时代等,通过技术创新和市场拓展,在全球新能源市场中占据了重要地位。

(三)企业发展

企业是 ESG 实践的主体,越来越多的中国企业认识到 ESG 不仅是社会责任,更是提升竞争力和实现可持续发展的重要手段。中国的企业在 ESG 领域的积极行动,主要体现在环境保护、社会责任和公司治理三个方面。在环境保护方面,许多企业积极推动绿色技术创新和可再生能源应用。例如,阿里巴巴在 2021 年发布了其碳中和路线图,计划到 2030 年实现碳中和,并通过技术创新帮助其他行业实现绿色转型。华为则在其全球供应链中实施了严格的环境标准,通过提升能效和减少碳排放,推动绿色供应链管理。在社会责任方面,企业积极参与社区发展和社会公益项目。例如,腾讯和阿里巴巴分别设立了公益基金,支持教育、医疗、扶贫等社会事业。在公司治理方面,越来越多的企业引入了 ESG 治理结构和机制,提升公司治理水平和透明度。例如,中国平安推出了 ESG 信息披露机制,定期发布 ESG 报告,向投资者和社会公众展示其在环境、社会和公司治理方面的表现。

(四)社会参与

社会组织和公众在推动 ESG 实践方面发挥了重要作用。非政府组织和社会团体通过宣传、教育和项目支持,提升公众和企业对 ESG 议题的关注和参与度。例如,阿拉善 SEE 生态协会通过环保项目和公众教育,提高了社会对环境保护的意识。绿色和平组织通过调查报告和倡导活动,推动企业和政府采取更严格的环保措施。公众的环保意识和社会责任感也在逐步提升。越来越多的消费者在购买商品时关注企业的 ESG 表现,选择支持那些在环境保护、社会责任公司治理等方面表现突出的品牌。社交媒体和网络平台的普及,使得信息的传播更加便捷,公众可以通过多种渠道了解企业的 ESG 行动,并进行监督和评级。这种公众参与的力量,推动企业更加重视其社会和环境责任,提升 ESG 表现。

(五)国际合作

中国在推动国内 ESG 实践的同时,也积极参与国际 ESG 实践合作,推动全球可持续发展议程。中国是《巴黎协定》的重要参与国之一,承诺积极应对气候变化,推动全球气候治理。中国还与联合国、世界银行、国际金融公司等国际组织合作,推动绿色金融和可持续发展项目的实施。在"一带一路"倡议中,绿色发展和可持续性也是重要内容。中国通过与共建国家的合作,推动了绿色基础设施、可再生能源和环境保护项目的实施，促进了区域可持续发展。例如，某中国企业在澳大利亚的某风电项目中，安装了鸟类自动识别和监测设备，并根据鸟类飞行轨迹动态调整风机的运行时间、高度、模式等，最大程度地保护野生鸟类。这一措施虽然不能完全避免风电叶片对鸟类的干扰，但已是当前可行的最好措施。这种国际合作不仅提升了中国在全球 ESG 领域的影响力，也为全球可持续发展贡献了中国智慧和中国方案。

三、ESG 理念的中国需要

ESG 体现的是兼顾经济、环境、社会和公司治理效益的可持续发展价值观。一套完整的 ESG 体系不仅仅是一种追求企业长期价值增长的理念，还包括信息披露、指标评级、投资决策等一系列实践操作，是需要各方共同参与的生态系统。《国民经济和社会发展第十四个五年规划和 2035 远景目标纲要》提出，经济社会发展要贯彻新发展理念，以推动高质量发展为主题，促进经济社会全面绿色低碳转型。这为 ESG 理念在中国落地实践提供了宝贵的历史机遇。

（一）ESG 理念契合新发展理念

ESG 理念强调企业注重环境保护、履行社会责任、改善治理水平，与“创新、协调、绿色、开放、共享”的新发展理念高度契合，企业积极践行 ESG 理念，是对新发展理念的落实。

1.“E”与“绿色”一致

改革开放以来，我国经济社会发展取得了举世瞩目的历史性成就，但由于采取的是高耗能、高排放的粗放型经营方式，积累了不少生态环境方面的问题，如越来越多的森林和耕地遭到侵蚀、生物多样性锐减、水土流失和土地沙化问题等。同时快速发展的工业化更是使得资源环境的承载力已逼近极限，高投入、高消耗、高污染的传统发展方式已不可持续。习近平总书记曾指出，“当人类合理利用、友好保护自然时，自然的回报常常是慷慨的；当人类无序开发、粗暴掠夺自然时，自然的惩罚必然是无情的。人类对大自然的伤害最终会伤及人类自身，这是无法抗拒的规律”。因此，实施绿色发展已成为新时代发展的一种必然。绿色发展注重的是解决人与自然和谐问题。我国资源约束趋紧、环境污染严重、生态系统退化的问题十分严峻，人民群众对清新空气、干净饮水、安全食品、优美环境的要求越来越高。ESG 实践的“E”强调关注企业资源消耗、污染防治、能源使用管理、碳排放量等因素，与新发展理念中的“绿色”内容高度一致，都强调保护生态环境，实现人与自然和谐共生。

2.“S”与“协调”和“共享”契合

党的十九大报告深刻指出：“中国特色社会主义进入新时代，我国社会主要矛盾已经转化为人民日益增长的美好生活需要和不平衡不充分的发展之间的矛盾。”对“不平衡不充分的发展”主要表现在城乡发展不平衡、区域发展不平衡、发展成果共享性不充分等方面。“S”关注企业员工权益、工作环境、产品责任、供应链管理、所在社区、债权人等利益相关主体之间的利益平衡，有利于企业贯彻协调发展和共享发展理念，更好地处理经济发展与社会和谐之间的关系。具体而言，“S”维度与协调发展具有一致性。协调发展强调解决发展不平衡问题，促进不同区域、不同群体之间的和谐发展。企业通过负责任的劳动实践、公平的供应链管理和积极的社区参与，缓解社会不平等，从而推动社会的整体和谐与进步。

“S”维度与共享发展具有共通性。共享发展要求发展成果应公平地惠及所有社会成员。“S”维度的核心之一就是确保企业的发展能够为所有利益相关者带来积极影响，这包括提供公平的就业机会、确保安全与健康的工作场所及通过企业的社会投资和慈善活动，促进社会福祉和社区发展。

3．“G”与“创新”相通

新时代以来，以习近平同志为核心的党中央始终坚持将创新作为引领经济发展的第一动力，不遗余力地推行创新驱动发展战略，对“科技是国家强盛之基，创新是民族进步之魂”作出了深刻诠释。2021 年《政府工作报告》进一步强调，“十四五”时期的主要目标任务之一为“坚持创新驱动发展，加快发展现代产业体系”，将科技创新放置在现代化经济建设全局的核心地位。公司治理与新发展理念中的创新维度紧密相连，共同构成了推动经济可持续发展的重要基石。具体而言，“G”关注企业股东权益所有权治理结构、董事会独立性和有效性、透明度与复杂性以及关联方交易等因素，良好的公司治理结构包括但不限于透明的决策过程、有效的监督机制和负责任的领导，有利于企业构建创新性体制架构，为企业创新提供必要的资源配置、风险管理和激励机制，从而与新理念中提倡的创新发展相通。

（二）ESG 理念赋能新质生产力

2023 年，习近平在考察东北时公开提出发展新质生产力的全新内涵，新质生产力由技术革命性突破、生产要素创新性配置、产业深度转型升级而催生。2024 年 1 月，习近平在主持中共中央政治局第十一次集体学习时强调，绿色发展是高质量发展的底色，新质生产力本身就是绿色生产力。ESG 理念是企业可持续发展相关理念的集大成者，其内涵是社会和自然的平衡可持续发展，具有高度包容性，引领高质量发展的探索与实践。新质生产力的“高科技、高效能、高质量”理念与 ESG 理念作为衡量企业高质量发展的国际性综合标尺显示出极大交融。作为符合高质量发展的先进生产力质态，新质生产力必须将社会责任纳入生产体系、价值体系、创新体系，才能给高质量发展注入强劲推动力和支撑力，促进社会生产力实现新的跃升。由此可见，ESG 理念与新质生产力可谓有着“异曲同工”之妙。

1．ESG 理念渗入“创新”助推新质生产力水平提升

企业是落实颠覆性科技创新的关键者，ESG 理念可以赋能企业技术创新，推进企业加快实现高水平科技自立自强，助力企业打好关键核心技术攻坚战，使原创性、颠覆性科技创新成果竞相涌现，为培育发展新质生产力提供新动能。贯彻 ESG 理念能够实现可持续的生产方式，进一步提高劳动资料的使用效率。发展新质生产力不是

忽视、放弃传统产业，而是用新技术改造、升级传统产业，积极促进产业高端化、智能化，走出一条传统产业改造不断升级、新产业不断扩张、新旧产业不断融合发展的工业化道路，立足企业所能、产业所需，在新的维度和逻辑思考中推动“新质”带“旧质”。因此，将环境保护、社会责任等考量融入技术和数据的使用中，有助于确保劳动资料的高效利用，进而推动新质生产力的提升，实现经济的可持续发展。

2. ESG 理念融入“绿色”助推新质生产力水平提升

新质生产力的本质是绿色生产力，与绿色发展的基本要求高度一致。在这一框架下，ESG 理念发挥着至关重要的作用，特别是在绿色金融领域，支持低碳发展并提升新质生产力水平。特别地，资金链作为新质生产力形成和发展的至关重要的政策因素，绿色投资成为其天然特点和优势。金融机构在构建绿色融资环境中扮演着不可或缺的角色，它们通过积极倡导 ESG 投资，引导资本流向那些符合 ESG 标准的企业和项目。这样的资金流向不仅激励了企业提升环保和社会责任意识，并且实质上推动了新质生产力水平的提升。为了进一步促进 ESG 理念的普及，金融机构开展了相关的培训和教育活动，提升从业人员对 ESG 理念的认识和应用能力。这不仅有助于降低融资风险，还促进了新质生产力的提升。金融机构的这些努力将为融资环境的绿色化提供动力，实现全链条、全领域和全过程的公司治理绿色化，符合新质生产力的发展要求。此外，通过更新环境管理体系和采用清洁能源等手段，ESG 理念将贯穿于传统产业生产的每一个环节，推动企业治理过程的绿色化。这不仅响应了我国中国式现代化的发展需求，而且为建设一个生态友好型现代化产业体系奠定了坚实的基础。因此，ESG 理念的深度融合和实践是推动新质生产力向更高层次发展的关键。

3. ESG 理念赋能“治理”助推新质生产力水平提升

公司治理作为企业内部管理和决策的基础架构，对新质生产力的发展起着至关重要的作用。新质生产力代表着一种以创新为主导，以效率和质量为核心的先进生产力形态，它强调全要素生产率的提升和可持续发展目标的实现。良好的公司治理机制能够为新质生产力的培育和提升提供坚实的基础和动力。良好的公司治理机制有助于明确企业的战略方向和长远目标。通过董事会的决策和监督，企业能够确保其发展与全球趋势和市场需求保持一致，及时调整经营策略，把握科技创新和产业变革的机遇，从而推动生产力的质的飞跃。有效的公司治理结构保障了资源的优化配置。通过科学的决策流程和风险管理机制，企业能够合理分配财务、人力和技术资源，提高资源使用效率，促进研发和创新活动，加速新质生产力的形成和发展。此外，公司治理还强调透明度和问责性，这有助于建立投资者和其他利益相关者的信任。透明的信息披露和良好的沟通机制提高了企业的市场声誉，吸引了更多的资本和人才，为企业的创新和发展提供了支持。特别地，在全球化的背景下，公司治理的国际化视野帮助企业应对跨文化管理和国际市场运作的挑战。通过与全球标准的对接和国际最佳实践的学习，企业能够更好地融入全球价值链，提升全球竞争力。总体而言，公司治理在新质生产力的发展中扮演着核心角色。它不仅是企业内部管理的基石，也是连接企业与外部环境、实现可持续发展的桥梁。随着全球经济的发展和科技的进步，公司治理的质量和效率将直接影响企业能否在激烈的市场竞争中立于不败之地，能否持续推动生产力的革新和升级。

（三）ESG理念助推绿色高质量发展

随着全球对可持续发展的重视，ESG理念已成为企业实现绿色高质量发展的重要工具。通过将ESG理念融入企业战略和运营中，企业不仅能够为股东创造价值，也能够为社会和环境作出积极贡献。

1. ESG理念引领航向，强化绿色发展顶层设计

作为一种全新的企业发展理念，ESG战略正在引领企业航向高质量发展的新阶段。在全球化和可持续发展的大背景下，ESG战略的核心价值逐渐被企业和社会各界所认同和推崇。在环境方面，企业通过实施绿色发展战略，积极应对气候变化，减少温室气体排放，推动清洁能源的使用，不仅有助于减缓环境退化，还能在环保法规日益严格的市场中获得先机。环境友好型的产品和服务越来越受到市场的青睐，为企业带来新的增长点。在社会责任方面，企业在社会责任方面的积极作为，如提供高质量的就业机会、促进员工的全面发展、支持教育和健康项目等，能够增强企业的内部凝聚力和外部影响力。社会责任的履行不仅提升了企业的品牌形象，也为企业赢得了消费者和社区的忠诚与支持。在公司治理方面，良好的公司治理是企业稳健运营的保障。通过建立健全的内部控制机制、透明的信息披露制度和有效的风险管理流程，企业能够提高决策的质量和效率，减少运营风险，增强投资者信心。良好的治理结构也是吸引长期资本和维护企业声誉的关键。ESG战略的实施要求企业在追求经济效益的同时更加注重环境保护、社会责任和公司治理等方面。这种全方位的战略布局，不仅能够帮助企业在短期内应对市场和监管的挑战，更能够在长期内构建起可持续发展的竞争优势。随着全球对ESG的重视程度不断提升，那些能够将ESG战略融入企业文化和运营的企业，将更有可能实现高质量发展。

2. ESG理念融入运营，构建绿色低碳发展模式

ESG体系融入业务是构建绿色低碳发展模式、推动企业高质量发展的重要途径。在这一过程中，企业不仅需要将ESG理念融入企业文化和价值观中，更需要将其具体实践到业务运营的每一个环节。通过将ESG体系融入业务，企业能够建立起一种全新的发展模式。这种模式以环境保护为核心，以社会责任为基础，以良好的公司治理为支撑，不仅能够帮助企业应对当前的挑战，更能够为企业的长期发展提供持续的动力。随着全球对可持续发展越来越重视，ESG融入业务已经成为推动企业高质量发展的重要趋势。企业通过构建绿色低碳发展模式，不仅能够在经济、环境和社会三个维度实现协调发展，还能够在全球市场中建立起竞争优势，实现长期可持续发展。

第三节　“双碳”目标与ESG

一、“双碳”背景

（一）全球气候变化的现实挑战

自18世纪工业革命以来，人类文明经历了前所未有的飞速发展。科学技术的突破性进展极大地增强了理解和改造自然世界的能力，实现了跨越式的进步。这种进步不仅推动了经济活动的繁荣，也带来了物质财富的极大积累。然而，这一发展进程并非没有代价。化石燃料的大量消耗和汽车尾气排放等问题，导致了以二氧化碳为主的温室气体排放量急剧增加。温室气体浓度的持续上升引发了温室效应，这不仅加剧了全球气候变暖，还带来了海平面上升、极端天气频发以及农作物生长条件恶化等一系列气候变化问题。这些问题提醒我们，在追求经济发展的同时，必须重视环境保护和可持续发展，以确保人类文明的长远繁荣。

温室气体，作为大气中的关键成分，具有吸收和释放红外线辐射、使地球表面变暖的独特能力。温室气体主要包括六种类型：二氧化碳、甲烷、氧化亚氮、氢氟碳化合物、全氟碳化合物和六氟化硫。这些气体通过捕获太阳辐射的热量，导致地球表面温度上升，进而引发全球变暖现象。二氧化碳是温室气体中最主要的一种，其来源广泛，包括化石燃料（如煤、石油和天然气）的燃烧、固体废物的处理、树木或其他生物材料的燃烧以及一些工业化学反应，如水泥制造过程。这些活动在推动现代工业和生活发展的同时，也大量增加了大气中的二氧化碳浓度。甲烷，作为另一种重要的温室气体，其主要来源包括天然气和石油在生产、加工、运输和储存过程中的泄漏以及牲畜粪便、家庭和工业废物的分解，还有废水处理过程中的排放。尽管甲烷在大气中的浓度低于二氧化碳，但其温室效应的潜力却远高于后者。氧化亚氮的排放则与多种人类活动有关，包括农业活动中的森林草原火灾、施用合成氮肥以及工业生产中的合成肥料或合成纤维制造。此外，化石燃料和固体废物的燃烧、废水处理过程也是氧化亚氮的重要来源。至于氢氟碳化合物、全氟碳化合物和六氟化硫等氟化气体，它们主要在工业领域中使用，如作为制冷剂、阻燃剂、绝缘气体，或在半导体制造等高科技产业中发挥作用。这些气体虽然在大气中的含量相对较低，但其对气候变化的影响却不容忽视。

温室气体对地球气候的影响程度因其吸收热量的能力（辐射效率）和在大气中的停留时间（寿命）而异。为了衡量这些气体对地球变暖的贡献，人们引入了全球增温潜势（Global Warming Potential，GWP）这一概念。GWP是一个相对指标，它将二氧化碳作为参照标准，用以衡量其他温室气体在一定时间内吸收热量的相对效应。具体来说，GWP值表示在相同时间周期（通常为100年）内，一单位质量的某种温室气体与一单位质量的二氧化碳相比，所吸收的热量的比值。GWP值越高，意味着该气体对地球变暖的贡献越大。二氧化碳作为人类活动产生的主要温室气体，其GWP值被设定为1，以此作为基准。其他温室气体的GWP值则根据其对气候变暖的相对影响进行计算。例如，甲烷的GWP值在100年的时间周期内为28～36，这意味着在相同的质量下，甲烷对地球变暖的潜在影响是二氧化碳的28～36倍。氧化亚氮的GWP值更高，介于265～298，表明其温室效应远超过二氧化碳。此外，氢氟碳化合物、全氟碳化合物和六氟化硫等氟化气体的GWP值可以达到数千甚至数万倍。这些气体虽然在大气中的浓度较低，但由于其极高的辐射效率和长寿命，对气候变化的影响极为显著，是最具破坏性和持久性的温室气体。

气候变化问题一直是全球关注的焦点，其重要性早在20世纪70年代就已被经济学家威廉·诺德豪斯所预见。基于对过去平均气温历史记录的分析，威廉·诺德豪斯提出温度上升可能导致极端天气事件，平均气温上升2℃将可能引发全球性的危机。1988年美国宇航局科学家詹姆斯·汉森在国会前展示了全球正在逐渐变暖的证据，进一步强调了人类活动产生的温室气体排放与全球变暖趋势之间的密切联系，并提出持续增加的温室气体排放将会导致海平面上升、极端天气以及全球生态系统和人类居住区被破坏等灾难性后果。学者们的研究成果引起了公众和政策制定者的极大关注，使得气候变化问题开始进入国际政治议程。随着越来越多的学者加入到气候变化研究的行列，1.5℃或2℃的气温上升被广泛接受为研究气候变化影响的参考点。然而，在将全球气温上升控制在1.5℃还是2℃的问题上，不同国家的领导者持有不同意见，这在一定程度上反映了各国在经济发展、能源结构和减排能力上的差异。2015年，经过多年的国际谈判和协商，《巴黎协定》正式通过，为全球应对气候变化提供了一个共同的框架。《巴黎协定》明确提出了将全球气温升高幅度控制在2℃以内的长期目标，并努力将其限制在1.5℃以下，以避免气候变化带来的毁灭性影响。《巴黎协定》强调了全球各国作为一个命运共同体的重要性，鼓励各缔约方根据自身国情和能力，为实现减排目标做出自主贡献。《巴黎协定》的通过，标志着全球气候治理进入了一个新的阶段，它不仅为各国提供了一个共同的目标，也为国际社会合作应对气候变化提供了一个平台。

为应对全球气候变化对人类社会构成的重大威胁，越来越多的国家开始进行系统性反思并采取更加有力的政策和措施。在政策层面，越来越多的国家制定和实施了具有前瞻性和针对性的气候政策。例如，欧盟早在2005年就启动了全球首个跨国碳排放交易体系，通过市场机制鼓励企业减少碳排放。近年来，欧盟进一步提出了《欧洲绿色协议》，目标是在2050年前实现碳中和。美国也在重新加入《巴黎协定》后，承诺到2030年将温室气体排放量在2005年基础上减少50%～52%。此外，许多发展中国家，如印度和巴西，也在积极制定国家自主贡献目标（Nationally Determined Contributions, NDCs），努力推动可再生能源发展和森林保护，以减缓气候变化的影响。技术创新是应对气候变化的重要手段。各国纷纷加大对低碳技术和绿色技术的研发投入，推动能源结构转型。例如，太阳能、风能等可再生能源的技术进步和成本下降，使得这些清洁能源在全球能源供应中的比重不断增加。同时，电动汽车、智能电网、储能技术等新兴技术的发展，也为减少温室气体排放提供了有力支撑。此外，碳捕集与封存（CCS）技术的应用，为实现碳中和提供了重要路径。国际合作是应对全球气候变化的关键。气候变化是全球性问题，单靠一国之力难以解决。各国通过签署和落实《联合国气候变化框架公约》《京都议定书》《巴黎协定》等国际协议，形成了共同应对气候变化的国际机制。在这一框架下，发达国家向发展中国家提供资金、技术和能力建设支持，帮助其应对气候变化带来的挑战。同时，南南合作也在不断深化，发展中国家通过分享经验和技术，共同推动全球绿色发展。

（二）全球“碳达峰”和“碳中和”现状

随着全球气候变化形势的日益严峻，各国纷纷认识到碳达峰和碳中和的重要性，并积极采取措施应对这一挑战。

1. 全球“碳达峰”现状

碳达峰，是指一个国家或地区的二氧化碳排放量在达到历史最高值后开始逐步下降的过程。实现碳达峰意味着该国的经济发展逐步摆脱对化石能源的高度依赖，能源结构和产业结构得到优化升级。碳达峰的时间节点因国家和地区的经济发展水平、产业结构、能源资源禀赋等因素而异。

据经济合作与发展组织（OECD）统计数据显示，1990 年、2000 年、2010 年和 2020 年碳排放达峰国家的数量分别为 18、31、50 和 54 个，它们的碳排放总量占全球的 40%，具体如图 1-2 和图 1-3 所示。这些国家中包括了美国、俄罗斯、日本、德国、韩国、印度尼西亚、加拿大和巴西等，它们在全球碳排放量排名中位列前十五。此外，中国、马绍尔群岛、墨西哥和新加坡等国家已经提出了到 2030 年实现碳达峰的目标。如果这些目标得以实现，届时将有 58 个国家加入碳达峰的行列，占全球碳排放总量的 60%。这表明，越来越多的国家正在采取行动，以减少温室气体排放，应对全球气

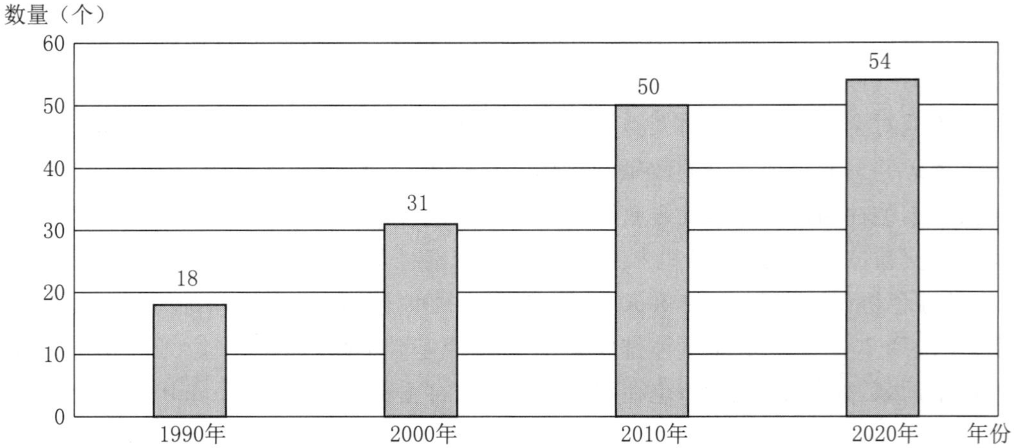

图 1-2　全球已实现碳达峰国家数量变化

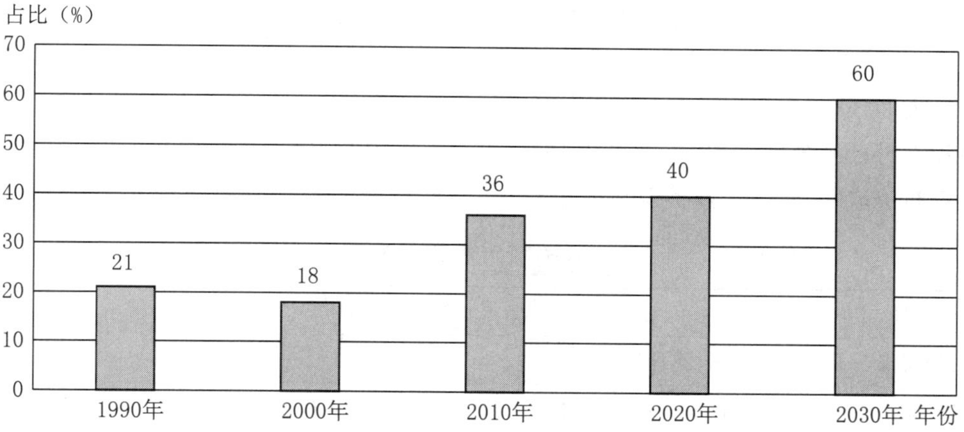

图 1-3 全球碳达峰国家碳排放量占当时全球碳排放量的比重变化

候变化的挑战。实现碳达峰是一个长期而艰巨的任务，需要国家在政策制定、技术创新、产业结构调整等方面进行深入合作和协调。随着全球对气候变化问题认识的不断加深以及清洁能源技术的发展和成本的降低，预计会有更多的国家加入实现碳达峰的行列中来。这不仅是对国家自身可持续发展的贡献，也是对全球气候行动的积极响应。

以欧盟为例，欧盟是应对全球气候变化、减少温室气体排放行动的有力倡导者。因严格的气候政策和经济发展，欧盟 27 国作为整体早在 1990 年就实现了碳排放达峰，但各成员国出现碳排放峰值的时间横跨 20 年，德国等 9 个成员国碳排放峰值出现于 1990 年，其余 18 个成员国碳排放峰值分别出现于 1991—2008 年。欧盟碳排放峰值为 48.54 亿吨 CO_2 当量，人均碳排放量为 10.28 吨 CO_2 当量，主要的碳排放源为能源活动(含能源工业，交通，制造业等)。1990 年，碳排放达峰时，欧盟能源活动的碳排放量占碳排放总量的 76.94%，其次是农业(10.24%)和工业生产过程(9.24%)，废物管理占比较低(3.59%)。1990—2018 年，由于欧盟工业生产过程和废物管理的碳排放量降幅相对较高，能源活动和农业的碳排放量占比略有升高。

2. 全球“碳中和”现状

碳中和，是指通过减少二氧化碳排放和增加碳吸收等方式，实现二氧化碳净排放量为零的状态，这意味着所有排放的二氧化碳都被相应的碳汇吸收或通过技术手段进行抵消。实现碳中和需要在能源、交通、工业、建筑等多个领域进行系统性的深度减排，并通过植树造林、生态恢复、碳捕集与封存等措施增加碳汇。

2008 年，《气候变化法案》正式生效后，英国便成为全球第一个通过立法明确“2050 年实现零碳排放”的发达国家。在这一法案的影响下，美国、德国、法国、日本、意大利、加拿大等多个发达国家陆续做出承诺，将在 2050 年实现零碳排放。据统计，截至 2020 年年底，全球共有 44 个国家和经济体正式宣布了碳中和目标，包括已经实现目标、已写入政策文件、提出或完成立法程序的国家和地区。其中，大部分计划在

2050 年实现，如欧盟、英国、加拿大、日本、新西兰、南非等。美国前总统拜登已明确表示，承诺将在 2050 年实现碳中和。一些国家计划实现碳中和的时间更早，如乌拉圭提出 2030 年实现碳中和、芬兰 2035 年，冰岛和奥地利 2040 年，瑞典 2045 年，苏里南和不丹已经分别于 2014 年和 2018 年实现了碳中和目标，进入负排放时代。中国已宣布争取在 2060 年前实现碳中和。

表 1-1　　部分国家碳中和时间表

进　展	国家和地区（承诺年）
已经实现	苏里南共和国、不丹
已经立法	瑞典（2045 年）、英国（2050 年）、法国（2050 年）、丹麦（2050 年）、新西兰（2050 年）
立法中	欧盟（2050 年）、西班牙（2050 年）、智利（2050 年）、斐济（2050 年）、加拿大（2050 年）、韩国（2050 年）
政策宣示	乌拉圭（2030 年）、芬兰（2035 年）、奥地利（2040 年）、冰岛（2040 年）、美国加州（2045 年）、德国（2050 年）、瑞士（2050 年）、挪威（2050 年）、爱尔兰（2050 年）、葡萄牙（2050 年）、哥斯达黎加（2050 年）、斯洛文尼亚（2050 年）、马绍尔群岛（2050 年）、南非（2050 年）、日本（2050 年）、中国（2060 年）、新加坡（21 世纪下半叶尽早）

提出碳中和目标的国家中，大部分是政策宣示，只是少部分国家将碳中和目标写入法律，如法国、英国、瑞典、丹麦、新西兰等。还有部分国家和地区，如欧盟、韩国、智利、斐济等，正在推动碳中和的立法。英国 2019 年 6 月 27 日新修订的《气候变化法案》生效，成为第一个通过立法形式明确 2050 年实现温室气体净零排放的发达国家。

（三）中国提出“碳达峰”与“碳中和”目标

1992 年，中国成为最早签署《联合国气候变化框架公约》（以下简称《公约》）的缔约方之一。之后，中国不仅成立了国家气候变化对策协调机构，而且根据国家可持续发展战略的要求，采取了一系列与应对气候变化相关的政策措施，为减缓和适应气候变化作出了积极贡献。在应对气候变化问题上，中国坚持共同但有区别的责任原则、公平原则和各自能力原则，坚决捍卫包括中国在内的广大发展中国家的权利。2002 年中国政府核准了《京都议定书》。2007 年中国政府制定了《中国应对气候变化国家方案》，明确到 2010 年应对气候变化的具体目标、基本原则、重点领域及政策措施，要求 2010 年单位 GDP 能耗比 2005 年下降 20%。2007 年，科技部、国家发展改革委等 14 个部门共同制定和发布了《中国应对气候变化科技专项行动》，提出了到 2020 年应对气候变化领域科技发展和自主创新能力提升的目标、重点任务和保障措施。

2013 年 11 月，中国发布第一部专门针对适应气候变化的战略规划——《国家适应气候变化战略》，使应对气候变化的各项制度、政策更加系统化。2015 年 6 月，中国向《公约》秘书处提交了《强化应对气候变化行动——中国国家自主贡献》文件，确定了到 2030 年的自主行动目标：二氧化碳排放 2030 年左右达到峰值并争取尽早达峰；

单位国内生产总值二氧化碳排放比 2005 年下降 60%～65%，非化石能源占一次能源消费比重达到 20%左右，森林蓄积量比 2005 年增加 45 亿立方米左右。同时，继续主动适应气候变化，在抵御风险、预测预警、防灾减灾等领域向更高水平迈进。作为世界上最大的发展中国家，中国为实现公约目标所能作出的最大努力得到国际社会的认可，世界自然基金会等 18 个非政府组织发布的报告指出，中国的气候变化行动目标已超过其“公平份额”。

在中国的积极推动下，世界各国在 2015 年达成了应对气候变化的《巴黎协定》，中国在自主贡献、资金筹措、技术支持、透明度等方面为发展中国家争取了最大利益。2016 年，中国率先签署《巴黎协定》并积极推动落实。到 2019 年年底，中国提前超额完成 2020 年气候行动目标，树立了信守承诺的大国形象。通过积极发展绿色低碳能源，中国的风能、光伏和电动车产业迅速发展壮大，为全球提供了性价比最高的可再生能源产品，让人类看到可再生能源大规模应用的“未来已来”，从根本上提振了全球实现能源绿色低碳发展和应对气候变化的信心。

2020 年 9 月，习近平主席在第七十五届联合国大会一般性辩论上阐明，应对气候变化《巴黎协定》代表了全球绿色低碳转型的大方向，是保护地球家园需要采取的最低限度行动，各国必须迈出决定性步伐。同时宣布，中国将提高国家自主贡献力度，采取更加有力的政策和措施，二氧化碳排放力争于 2030 年前达到峰值，努力争取 2060 年前实现碳中和。中国的这一庄严承诺，在全球引起巨大反响，赢得国际社会的广泛积极评价。在此后的多个重大国际场合，习近平主席反复重申了中国的“双碳”目标，并强调要坚决落实。特别是在 2020 年 12 月举行的气候雄心峰会上，习近平主席进一步宣布，到 2030 年，中国单位国内生产总值二氧化碳排放将比 2005 年下降 65%以上，非化石能源占一次能源消费比重将达到 25%左右，森林蓄积量将比 2005 年增加 60 亿立方米，风电、太阳能发电总装机容量将达到 12 亿千瓦以上。习近平主席还强调，中国历来重信守诺，将以新发展理念为引领，在推动高质量发展中促进经济社会发展全面绿色转型，脚踏实地落实上述目标，为全球应对气候变化做出更大贡献。

“双碳”目标是我国基于推动构建人类命运共同体的责任担当和实现可持续发展的内在要求而作出的重大战略决策，展示了我国为应对全球气候变化作出的新努力和新贡献，体现了对多边主义的坚定支持，为国际社会全面有效落实《巴黎协定》注入强大动力，重振全球气候行动的信心与希望，彰显了中国积极应对气候变化、走绿色低碳发展道路、推动全人类共同发展的坚定决心。这向全世界展示了应对气候变化的中国雄心和大国担当，使我国从应对气候变化的积极参与者、努力贡献者，逐步成为关键引领者。

近年来，中国在推动绿色低碳转型和实现“碳达峰”和“碳中和”方面作出了积极努力，目前我国已建立碳达峰碳中和“1＋N”政策体系。“1”由《中共中央 国务院关于完整准确全面贯彻新发展理念做好碳达峰碳中和工作的意见》《2030 年前碳达峰行动方案》两个文件共同构成；“N”则包括能源、工业、交通运输、城乡建设等分领域分行业碳达峰实施方案以及科技支撑、能源保障、碳汇能力、财政金融价格政策、标准计量体系、督查考核等保障方案。同时，各地区、各企业围绕碳达峰碳中和目标，落实政策措施，强化务实行动，有力有序有效推进各项重点工作。例如，在地区方面，湖北省武汉市青山区着力建设“森林中的钢厂”和“湿地中的化工区”，大力发展循环经济，实现资源高效化高值化利用，相继获评国家级循环经济示范区、国家园区循环化改造示范试点、全国绿色化工园区；在企业方面，中国绿发投资集团有限公司着力推动产业基础高级化、产业链现代化，加快产业布局优化和结构调整，积极探索绿色低碳产业发展新路径，打造具有重要引领力、影响力的绿色低碳产业群；海尔集团发挥“链主”企业优势，将低碳、节能理念融入产品全生命周期管理，驱动产业链全流程绿色发展，促进生产生活方式绿色转型，尤其是其建设的家电行业首家绿色再循环互联工厂，投产后效益显著。除此之外，中国也在能源绿色低碳转型行动、节能降碳增效行动、工业领域碳达峰行动、城乡建设碳达峰行动、交通运输绿色低碳行动、循环经济助力降碳行动、绿色低碳科技创新行动等方面出台了各种顶层设计，推动有为政府和有效市场更好结合，以支持如期实现碳达峰碳中和目标。

总体来看，中国在碳排放控制和绿色低碳转型方面已经取得了积极进展，但仍面临诸多挑战，尤其是中国的碳排放总量仍在上升，根据英国石油公司公布的统计数据来看，从 2010 年到 2020 年，中国的碳排放量总体上呈现出增长趋势，从 85.07 亿吨上升至 102.43 亿吨。实现“双碳”目标，我国依旧任重道远。此外，根据国际能源署(International Energy Agency，IEA)的分析，中国的二氧化碳排放量仍将继续增加，但实现 2030 年前达峰是可行的。中国需要进一步加大减排力度，特别是在电力、工业、交通和建筑等关键领域。

二、“双碳”目标与 ESG 的内在联系

ESG 框架中内置着丰富的和“双碳”目标相关的议题。

(1) 就“E”而言，意味着环境目标，特别是温室气体减排要纳入企业经营的绩效中，企业需要完整准确及时地披露排放信息，制定减排目标和计划，行业机构根据排放表现对企业进行评级，金融机构提供融资，政府部门对企业进行监管。

(2) 就“S”而言，企业的双碳转型涉及众多的利益相关方，不仅需要考虑相关方的利益，而且也需要相关方的参与和支持。特别是要关注“双碳”转型中的公平问题，使全社会合理地共摊成本，共享收益。

(3) 就“G”而言，“双碳”转型涉及复杂的成本和收益的协调，需要将“双碳”转型纳入公司治理、社会治理和公共治理，需要明确治理的规则和机制。

因此，ESG 框架不仅对企业减排有约束性的作用，而且有助于企业应对和缓解气候变化对环境、社会、经济产生的多维的影响，可以为企业实现“双碳”目标提供一个统筹的指导。

（一）“E”是实现“双碳”目标的有效举措

ESG 中的环境因素涵盖了企业在能源使用、污染控制、自然资源保护和气候变化应对等方面的表现。企业在环境方面的积极行动是实现“双碳”目标的有效举措。首先，环境因素强调企业在能源使用方面的可持续性。企业通过提升能源效率、采用可再生能源和优化能源结构，可以显著减少碳排放。例如，越来越多的企业通过安装太阳能板、购买风能电力和使用储能技术，降低对传统化石能源的依赖。这种转变不仅有助于企业自身的绿色转型，也为实现社会整体的碳达峰目标贡献力量。其次，环境因素促使企业积极控制污染和减少温室气体排放。企业通过实施严格的排放标准、引入先进的污染控制技术和优化生产工艺，能够有效减少二氧化碳等温室气体的排放量。这些措施直接服务于“双碳”目标中的减排目标，推动碳达峰和碳中和的实现。环境因素还包括对自然资源的可持续管理和生物多样性的保护。企业通过减少资源消耗、提高资源利用率和实施生态修复等措施，可以减少对环境的负面影响，促进生态系统的恢复和稳定。例如，农业企业通过采用可持续农业实践和减少化肥、农药的使用，能够降低农业生产对环境的压力；林业企业通过实施可持续森林管理，保护森林碳汇功能，也为碳中和目标的实现提供支持。ESG 评估体系对环境因素绩效的重视，还促进了企业在应对气候变化风险方面的积极行动。企业在制定长期战略时，必须考虑气候变化带来的物理风险和过度风险，并采取相应的应对措施，这包括了提高供应链的气候适应能力、投资气候韧性基础设施以及参与全球气候治理合作。通过这种系统性的风险管理，企业不仅能够减少气候变化对其运营的影响，还能够在全球气候行动中发挥积极作用，助力“双碳”目标的实现。

总体而言，ESG 中的环境因素通过促进能源可持续使用、污染控制、资源管理和气候风险应对，为实现“双碳”目标提供了重要的途径和手段，是实现“双碳”目标的有效举措。

（二）“S”是实现“双碳”目标的关键环节

现阶段，对于 ESG 的社会方面，我国评级市场主要关注企业在工作环境、慈善活动、社区影响、消费者保护、供应链管理和社会公正等方面的表现，这些因素与“协调”“共享”的新发展理念相契合。企业履行社会责任是助推企业长久发展以及“双碳”目标实现的关键一环。首先，ESG 中的社会因素强调劳工权益和员工参与。实现“双碳”目标需要企业全体员工的积极参与和支持。在企业内部，良好的劳工权益保障和员工激励机制可以提高员工的积极性和创造力，推动绿色创新和低碳技术的研发与应用。例如，企业通过提供培训和发展机会，使员工掌握绿色技术和可持续管理知识，从而在日常工作中践行低碳理念和操作规范。这种自下而上的绿色转型需要企业在社会责任方面的承诺和投入。其次，ESG 框架中的社会因素强调企业对社区的责任和影响。企业在推进“双碳”目标时，需要与所在社区建立良好的关系，获得社区的支持，与社区合作。企业通过透明的信息披露和积极的社区参与，能够增强社区对企业低碳转型的理解和信任。例如，企业在推行大型可再生能源项目时，需要考虑社区的利益和需求，确保项目的实施不对社区环境和居民生活产生负面影响。同时，企业还可以通过社区教育和宣传，提高公众的环保意识，共同推动低碳社会的建设。此外，ESG中的社会因素还包括供应链管理和社会公正。实现“双碳”目标不仅是企业自身的任务，还需要整个供应链和行业的协同努力。企业通过建立绿色供应链管理体系，选择符合环境和社会责任标准的供应商，可以有效减少整个供应链的碳足迹。例如，大型制造企业通过采购低碳原材料和采用可持续的物流方式，可以在整个生产和供应过程中实现碳排放的减少。此外，企业在供应链管理中还应注重社会公正，确保供应链各环节的劳工权益和环境保护，避免产生社会不公和环境破坏的问题。社会因素的管理和优化，还能推动企业在消费者保护和社会公正方面的表现。企业通过提供环保产品和服务，满足消费者对绿色产品的需求，促进市场向低碳经济转型。例如，汽车制造企业通过研发和推广电动汽车，满足消费者对低碳交通工具的需求，同时减少传统燃油汽车的碳排放。

在全球共同应对气候变化的背景下，企业在履行社会责任的过程中，不仅能够推动自身的绿色转型，还能促进社会整体向低碳、可持续方向发展。因此，社会因素的管理和优化是实现“双碳”目标不可或缺的基础和保障。

（三）“G”是实现“双碳”目标的根本保障

ESG中的治理因素涉及公司治理结构、管理透明度、董事会的独立性、合规性和股东权利等方面。将ESG中的治理因素与“双碳”目标联系起来，可以发现，良好的公司治理是实现“双碳”目标的根本保障。

首先，治理因素确保了企业战略的制定和执行。实现“双碳”目标需要企业制定明确的低碳转型目标和路线图，这离不开高效的公司治理结构。董事会和高级管理层在制定企业战略时，需要将“双碳”目标的长远目标纳入长期发展规划，确保企业在实现经济增长的同时，积极履行环境责任。其次，治理因素促进了管理透明度和信息披露。实现“双碳”目标需要企业在碳排放、能源使用、环保措施等方面进行透明的信息披露，以便利益相关方了解企业的环保绩效和进展。良好的公司治理要求企业建立健全的信息披露机制，定期发布ESG报告，向投资者、客户、员工和社会公众传递准确、完整的信息。例如，企业可以通过碳排放报告和可持续发展报告，详细披露碳减排目标、实际排放数据和减排措施，从而增强利益相关方的信任和支持，推动企业更好地实现“双碳”目标。此外，治理因素保障了合规性和风险管理。低碳转型涉及诸多政策法规和市场机制，企业在实现“双碳”目标过程中，必须遵守相关的法律法规和行业标准。良好的公司治理结构有助于企业建立健全的合规管理体系，及时识别和应对政策法规变化，确保企业在低碳转型过程中合法合规。例如，企业可以通过引入内部审计和外部审计，定期评估和监督企业的环境合规情况，及时发现和纠正潜在问题，降低环境风险和法律风险。同时，治理因素还促进了董事会的独立性和多样性，增强了企业的决策质量和执行力。实现“双碳”目标需要企业在技术创新、业务转型和市场拓展等方面进行大胆尝试和持续改进。董事会的独立性和多样性能够带来不同的观点和专业知识，提高决策的科学性和前瞻性。例如，董事会中包含具有环境科学、可再生能源、绿色金融等背景的独立董事，可以为企业低碳转型提供专业指导和建议，推动企业在实现“双碳”目标方面取得实质性进展。最后，治理因素确保了股东权利和其他利益相关方的参与。实现“双碳”目标不仅是企业的责任，也是社会各界的共同期望。良好的公司治理要求企业尊重和保障股东权利，积极与股东和其他利益相关方沟通和互动，听取他们的意见和建议。例如，企业可以通过股东大会、投资者交流会等形式，向股东汇报企业的低碳转型进展和成果，接受股东的监督和评价。同时，企业还可以通过公众咨询和合作项目，广泛吸纳社会各界的智慧和资源，共同推动低碳发展。

整体来看，ESG 中的公司治理因素通过确保企业战略制定和执行、促进管理透明度和信息披露、保障合规性和风险管理、增强决策质量和执行力以及确保股东权利和其他利益相关方参与，为实现“双碳”目标提供了根本保障。在全球共同应对气候变化的背景下，良好的公司治理不仅是企业实现可持续发展的重要基础，也是社会整体向低碳、绿色、可持续方向发展的重要推动力。

三、ESG 理念助推“双碳”目标实现的路径

当前，我国仍处于碳排放上升阶段，因而我国“碳达峰”和“碳中和”之路将更“陡峭”，“碳达峰”和“碳中和”的战略目标带来的生产结构变化也更为快速和剧烈，随之而来的更有投资理念的转变、资本市场的巨大机会以及与气候变化相关的部分金融风险。ESG 将在实现“碳达峰”和“碳中和”的战略目标上发挥越来越重要的作用。

（一）ESG 理念重塑企业经营模式

所谓经营理念，是管理者追求企业绩效的根据，是顾客、竞争者以及职工价值观与正确经营行为的确认，然后在此基础上形成企业基本设想、科技优势、发展方向、共同信念和企业追求的经营目标。经营理念是企业在经营上应该达到的全面性境界，因此也可以说是企业追求利益、经营战术战略的核心，是经营思想、意识、方法提纲挈领的心脏，是董事长、总经理以及全体一线人员行动的总目标、指针，所以不能轻易更改。如果拿法律来举例的话，经营理念可以比喻成宪法，宪法是国家的基本法，也是所有法律命令的产生渊源，所以每一个国家都设有宪法不能轻易更改的规定。在企业里，经营理念就像宪法在一个国家的许多法律中占有其不可摇动的地位一样，有其超然的尊严和价值，是不能随便更改修正的。

然而，ESG 的出现将重塑企业经营理念，无论是“E—环境”“S—社会”还是“G—公司治理”因素，都是基于“企业—社会各利益相关者”的关联视角进行的界定，其本质特征是对各利益相关者理论更深层次的解读。ESG 是在以往以股东利益为核心的财务信息披露基础上，向以多方利益相关者利益为核心的非财务信息披露的转变，其可以理解为对各利益相关方的综合考量。“E”考量的是可持续发展的环境因素；“S”和“G”考量的是企业活动所涉及的一系列利益相关者（如股东员工、供应商、顾客等）

的利益。ESG 理念强调企业要注重生态环境保护、履行社会责任提高治理水平，与“高质量发展”这一主题不谋而合。在理论上，ESG 可为企业在环境、社会和公司治理三个方面提供指导性原则，为企业高质量发展指明道路；在实践上，ESG 可给出评价企业在环境、社会和公司治理三个方面表现的方法和指标，为企业推动高质量发展提供必要的工具。

（二）ESG 理念牵引金融资产投资

ESG 作为指导金融机构积极践行责任投资与低碳投资的重要理念，对支持“碳达峰”和“碳中和”的战略部署、加速优化资源配置具有重大意义。ESG 能够嵌入市场化的机制，能够影响投资和资产管理行为，能够通过市场力量促进金融机构提供多样化的低碳金融产品，引导新增投资到更可持续的资产类别，强化有排放资产的管理，提高金融服务实体经济效率和支持经济转型能力，从而促进经济结构转型以及碳中和目标的实现。

对于银行类金融机构来说，我国银行业已经构建了符合中国国情的本土化 ESG 方法论体系，并将绿色金融的基本政策融入业务实践层面，在自身运营“碳达峰”和“碳中和”之外，通过调整信贷结构、金融支持方向，推动实现“资产组合碳中和”。对于投资类金融机构来说，“碳达峰”和“碳中和”的提出进一步对投资市场及投资策略产生了影响。通过将 ESG 纳入投资决策流程，投资类金融机构可以根据“碳中和”目标适时调整投资战略，通过运用负面筛选、正面筛选、ESG 整合等 ESG 投资策略，主动识别和控制与碳中和密切相关的风险，扩大绿色领域的投资规模，布局产业升级新机会，在投资管理的过程中发挥资本市场对实现碳中和的支持。ESG 金融产品的多元化扩展了价值创造的新渠道、新方式，构建了更为丰富的可持续金融体系。专业投资机构通过创新 ESG 金融产品，充分发挥优化资源配置功能，能够为绿色低碳优质企业提供长期的资金来源，引导更多投资资金支持低碳、绿色、环保以及对社会有正面效应的企业。通过 ESG 金融产品，企业也能够通过对标产品相关标准积极提升自身 ESG 表现，进而通过进入投资标的吸引更多投资者、获得更多融资渠道，并且借助这些金融产品，ESG 投资参与的主体从机构向个人扩展，个体投资者对 ESG 主题性金融产品的兴趣将推动中国可再生能源、清洁能源、新能源汽车等与低碳相关领域的投资增长。

（三）ESG 理念促进企业涉碳披露

温室气体排放通常分为三个范围：范围一是企业直接燃烧产生的温室气体排放；范围二是企业购买的能源产生的温室气体排放；范围三是企业价值链中产生的所有其他间接排放。ESG 理念正成为企业实现“双碳”目标的重要推动力，它通过促进企业全面透明地披露范围一至范围三的碳排放，即从直接排放到整个价值链的间接排放，为企业的可持续发展提供了清晰的路径。

首先，ESG 理念推动中国企业采用国际认可的碳核算体系和方法学，如由世界资源研究所（WRI）和世界可持续发展工商理事会（WBCSD）建立的标准以及国际标准化组织的 ISO 14064 标准。这些标准帮助企业在进行范围一和范围二的碳排放核算时，确保信息的完整性、可靠性和可比性。但是，范围三碳排放覆盖企业的整个价值链，包括上游原材料制造、下游成品使用的碳排放等。虽然国内过去很少考虑范围三的碳披露，但随着 ESG 理念的推广，国内也开始考虑将范围三碳排放纳入整个碳核算中。2024 年 4 月 12 日，在中国证监会的统一部署和指导下，在前期公开征求意见的基础上，上海证券交易所、深圳证券交易所和北京证券交易所正式发布了《上市公司可持续发展报告指引》(以下简称"《指引》")，要求上市公司披露 ESG 相关信息，其中包括范围一、二和三的温室气体排放数据。《指引》遵循"财务重要性"和"影响重要性"原则，鼓励企业全面考虑和披露与可持续发展相关的议题。

第四节　中国 ESG 发展的挑战和机遇

伴随着中国经济进入高质量发展新时代，ESG 理念在中国的应用愈加广泛，大规模的企业将 ESG 因素纳入决策的流程中，以期在获得财务回报的同时，追求更多的环境和社会效益。然而，中国 ESG 理念的本土化发展仍存在诸多的复杂性和困难性，中国 ESG 发展仍面临着诸多挑战，但也存在很多机遇，抓住这些机遇需要政府、企业、金融机构以及全社会的共同努力。

一、中国 ESG 发展的现实挑战

(一) 中国 ESG 信息披露框架有待落地

我国香港交易所早在 2012 年就发布了《环境、社会、管治报告指引》，并于 2019 年发布了最新修订版，对港交所上市公司披露建议全面调整为"不披露就解释"。2024 年 4 月 12 日，上海证券交易所、深圳证券交易所和北京证券交易所共同发布《上市公司可持续发展报告指引》，初步建立了我国上市公司的 ESG 披露框架，但该《指引》还有很多地方需要进一步改进，一是强制性不够，仅纳入上证 180、科创 50、深证 100、创业板指数样本公司以及境内外同时上市的公司，其他公司采用了自愿原则；二是缺乏行业分类的具体指引，使得该指引的操作性有待加强。2024 年 12 月，财政部正式发布了《企业可持续披露准则——基本准则》，并提出，到 2030 年，基本建成国家统一的可持续披露准则体系，包括基本准则、具体准则和应用指南。总体上，三大证券交易所和财政部的可持续披露指引较为接近，一是大体上借鉴了国际可持续准则理事会(ISSB)的披露框架；二是突出了双重实质性，但更加偏重财务实质性。

当前，中国在 ESG 标准和评价体系的建设上还处于初步阶段，缺乏统一的、具有公信力的 ESG 标准和评价体系。不同机构和组织使用的 ESG 评价标准和方法各异，导致企业在实际操作中难以统一遵循，也使投资者难以进行客观比较和评估。这

种标准和体系的不完善不仅限制了 ESG 投资的发展，也影响了企业在全球市场中的竞争力。为此，需要加快完善统一的 ESG 标准和评价体系，提高标准的透明度和公信力，促进 ESG 信息的公开和共享。以阿里巴巴(BABA.US)集团于 2022 年发布的 ESG 报告为例，此份报告从版式设计到内容，按照自己的方式进行叙述，展现出了公司的品牌形象和企业文化，并且有量化的指标体系。特别值得一提的是，在报告附录中，我们看到此份报告采用了五大 ESG 标准，包括香港证券交易所 ESG 的指引、GRI、SASB、TCFD 等。

（二）中国 ESG 信息披露监管有待强化

ESG 信息披露作为 ESG 生态链的开端，是 ESG 行业发展的基础，ESG 信息披露的质量对 ESG 发展和市场完善具有重要意义。然而，受到政策强制约束力不足、企业内驱力不强等因素的影响，我国企业 ESG 信息披露的主体范围相对较小，披露内容也较为单一，信息披露质量参差不齐，直接影响了 ESG 价值的公信力和影响力。根据 Wind 数据统计，在中国 A 股市场上，2021 年，中国 A 股上市公司共披露了1 091 份 ESG 年度报告，仅占沪、深两地上市公司总数的 24.05%。整体来看，我国企业 ESG 信息披露普遍存在以下问题：ESG 信息披露整体质量不高，且两极分化严重；定量信息披露少，且数据统计口径不一致、缺乏有效验证，数据透明度、可比性、可靠性不足；企业选择性披露，信息失衡，披露内容无法全面反映企业的真实情况；缺乏 ESG 实践对公司财务绩效影响的披露，不足以作为价值投资的参考。

在非强制监管环境下，我国企业对 ESG 理念认知不足，自主披露意识不强，且 ESG 信息披露尚无可遵循的统一的披露标准，导致企业 ESG 信息披露质量不高。为提升披露质量，需加强监管引导，制定统一标准，提高企业披露意识，强化定量信息的准确性和可比性，深化财务绩效分析，并加强 ESG 教育与培训。同时，促进行业内外的交流与合作，共同推动 ESG 信息披露的改进。这些措施将为 ESG 行业的健康发展和市场完善提供基础，提升企业社会责任形象，为投资者和社会提供真实可靠的信息，推动社会可持续发展。

（三）中国 ESG 信息评价体系有待统一

ESG 在推动可持续发展战略中发挥重要作用，数据集成商对企业 ESG 相关信息的整合为投资者提供了可量化的参考，但不同 ESG 评级机构对同一家企业的评级结果存在分歧，给使用者对公司信息的评判与相关投资决策带来困惑。当前，国内外已有超过 600 家 ESG 专业评级机构，其提供的 ESG 评级信息在政府监管部门政策制定过程、奉行 ESG 理念的亲社会管理者和投资者的决策过程中发挥着重要作用，但是这些评级标准的对象、体系、方式、用途等各不相同，缺乏一致性。比如，MSCI 设计了一个三级指标体系，依据公开信息对企业关键指标进行 0～10 的评分，并根据指标对行业的影响程度赋予相应的权重，最终得出企业的综合 ESG 评价。而 Sustainalytics 的评级体系依赖于一个由近 200 名专家组成的团队进行评分，并建立了争议问题评估系统，实时识别和监控公司涉及的 ESG 相关问题和事件，按照问题严重程度分为 5

个等级。汤森路透的评级体系则融合了上述两种体系的特色。对于同一家企业来说，收到来自不同评级机构差异较大的评分，难免令人无所适从。目前，西方国家把控着国际 ESG 评级的体系，国际评级机构往往忽视中国企业创造的本土价值。国际评级机构的关注点多在 ESG 治理、风险议题及绩效评价体系。因国情和文化的差异，这些机构很难理解中国企业的社会价值。而在当下，有一批有担当的中国企业正在响应中国政府的号召，在兼顾自身发展的同时，开展"乡村振兴""扶贫""共同富裕"企业活动，为社会创造了巨大的本土价值。因此，建立一套与国际接轨同时符合中国实际的 ESG 评价体系迫在眉睫，能够很大程度增加投资者对评级结果的理解和信任。

（四）中国 ESG 投资理念应用有待提高

我国企业 ESG 信息披露质量不高，导致评级机构和数据服务商难以获取有价值的信息，无法作出有效的量化评估，进而使得投资机构难以依据评估结果对 ESG 风险和 ESG 价值进行全面的分析判断，这一系列问题直接影响了 ESG 投资策略在我国的广泛应用。据 Morningstar Direct 数据显示，截至 2021 年年底，全球 ESG 基金总资产管理规模达到 2.74 万亿美元，同比增长 66%，基金数量超过 6 000 只。其中，美国 ESG 基金管理资产规模达 3 570 亿美元，规模显著增长。而在中国，根据 Wind 数据，截至 2022 年 5 月月底，我国市场名称中带有"ESG"的公募基金产品已有 20 余只，合计规模超 74 亿元。而包含新能源、环保、低碳、绿色等概念的"泛 ESG"基金产品已达 160 多只，总规模超 2 000 亿元。中国目前以"泛 ESG"基金产品为主，占比超过 90%，其中环境相关的"泛 ESG 基金"占比最大，达到 60%。值得注意的是，近三年，"纯 ESG"主题基金数量有明显上涨，超过 40%新发 ESG 基金为"纯 ESG"主题基金。在"双碳"目标催化下，由于环境、社会和公司治理这三个因素与减排和可持续发展主题高度契合，因此 ESG 投资发展速度加快，头部公募率先布局，2021 年全市场新发成立了 33 只 ESG 主题投资基金，新发基金产品数量多于 2017 年至 2020 年的总和，ESG 公募基金发展正向快车道迈进。尽管我国 ESG 投资主题的基金规模增长迅速，但与欧美成熟市场相比，仍存在投资规模偏小、产品单一等问题。

（五）中国 ESG 投资"漂绿"风险有待降低

"漂绿"，是指融资方通过绿色金融获取的资金用于无法满足环境效益预期的非绿色项目。"漂绿"现象的出现降低了绿色金融的运转效率，也削弱了绿色金融对经济发展的红利效应。具体而言，"漂绿"使一些名不副实的金融产品混迹于 ESG 投资之中，导致资金投向不符合要求的领域，统计数据与实际发展不符造成资源错配和浪费。此外，"漂绿"获得的短期效益会使更多的企业效仿，从而造成"劣币驱逐良币"的局面。当企业将运营过程中对环境造成不良影响的数据隐藏，为自身行为打上绿色标签，市场上的虚假数据和信息将会越来越多，企业 ESG 披露报告将缺乏公信力和其本身的意义，不利于企业的长期绿色发展。企业 ESG"漂绿"现象普遍存在的内在原因主要是谋求绿色融资或补贴、内部信息披露制度不健全、数据采集困难和保护商业机密的需要四个方面；外在原因主要包括利用制度安排缺陷、迎合评级机构偏好、满足绿色融资需要、改善企业环保形象四个方面。企业是 ESG 报告的主体，ESG“漂绿”削弱了 ESG 报告的公信力，成为阻碍 ESG 投资的一大“公害”。2023 年 2 月，最高人民法院发布涉及“双碳”规范性文件时明确，审理企业环境信息披露案件，要强化企业环境责任意识，依法披露环境信息，有效遏制资本市场“漂绿”“洗绿”等不法行为。很多企业和金融机构会按照评级机构公布的评价指标和评分方法编报 ESG 报告，以尽可能获得高 ESG 评级，这种投机取巧的做法忘却了 ESG 旨在增进社会公平正义和保护生态环境的初衷，甚至不惜诉诸“漂绿”，妨碍了节能减排目标的实现。

二、中国 ESG 发展的潜在机遇

针对上述我国 ESG 发展面临的挑战，未来我国 ESG 建设应在提升 ESG 信息披露质量方面重点发力，通过强化 ESG 理念推广、完善信息披露制度建设、优化 ESG 评级方法、搭建数字化平台等手段，多途径促进我国 ESG 的发展。

（一）标准逐步制定推动中国 ESG 发展

ESG 标准化是一项复杂的系统工程，其建设与发展对于推动企业社会责任和可持续发展具有重要意义。首先，亟须建立一个 ESG 标准化的统筹协调机制，以加强标准体系的顶层设计。建议迅速成立一个跨行业、跨领域的 ESG 标准化协同工作机制。这一机制可以依托中国标准化研究院等机构的技术优势和平台资源，并集合 ESG 相关领域的众多技术机构和专家，组建全国性的 ESG 专业标准化工作组，进一步完善 ESG 标准体系框架，并制定 ESG 标准建设的路线图和时间表，推动形成统一协调的 ESG 标准体系。其次，加强 ESG 标准与政策的衔接至关重要，这能确保标准对政策的支撑作用得到充分发挥。同时，鼓励政府部门在制定政策时引用 ESG 相关标准，并提供财政或金融优惠政策，依据标准开展行业管理、产业推进和市场监督。第三，加快制定 ESG 关键技术标准，以发挥其规范引领作用。这需要梳理与 ESG 工作相关的各层级标准，研究标准内容与 ESG 政策导向和市场需求的协调性，迅速完成与国际接轨且符合中国本土市场特点的 ESG 评价指标体系、信息披露与报告、数据质量要求等关键国家标准的研究。最后，积极参与 ESG 国际标准交流合作，提升我国 ESG 标准的国际影响力。

通过这些综合性措施，我国可以确保 ESG 标准化工作与国家战略同步，促进国内外标准的有效对接，提升中国在全球 ESG 发展中的话语权和影响力，为实现可持续发展目标提供坚实的技术支撑和政策保障。

（二）完善资本市场推动中国 ESG 发展

近年来，我国资本市场体系建设不断完善，主板、科创板等不同板块的设立和发展，为企业提供了投融资有效便捷渠道。随着不断优化交易机制等措施的落地，市场活跃度不断提升，更好地服务了实体经济 ESG 发展。学界充分关注了资本市场建设对企业 ESG 的影响，并发现 A 股纳入 MSCI 指数、“深港通”等资本市场开放举措均对企业 ESG 表现有显著的正向作用。因此，完善资本市场已经成为推动中国 ESG 发展的重要引擎。完善资本市场不仅仅要对外开放，还要进行制度创新，尤其是要构建一体化资本市场。目前，我国资本市场一体化建设的进程明显偏慢，资本市场一体化程度有待提高。一体化资本市场不仅能够提高资源配置效率，更有利于引导金融资源进入 ESG 表现良好的企业之中，进而带动整体 ESG 表现提高。此外，一体化资本市场也为我国高碳企业 ESG 发展提供了多样化的融资途径，降低了融资成本，提高了融资效率，显著支持了其进行绿色转型，促进了产业结构的优化和升级。

（三）发展数字经济推动中国 ESG 发展

数字技术在优化 ESG 生态环境中扮演着关键角色，通过多方面的应用提升了数据真实性和可追溯性，促进碳信息的互联互通，并广泛应用于缓解和适应气候变化。数字技术为碳核算与碳监管提供了新的实现路径，提升了数据的透明度和可靠性。我国工业领域积极利用数字技术推动企业脱碳，通过建设数字化、绿色化智能工厂显著减少碳排放。物联网、大数据等技术的应用使企业能够精准追踪供应链各环节的碳足迹，为制定减排策略提供了坚实的数据支持。数字化供应链碳管理平台进一步推动各环节协同减排，确保数据采集、处理和核算的一致性，实现更高效的碳排放控制。在 ESG 评级方面，数字技术同样发挥着至关重要的作用。由于 ESG 评级底层数据来源复杂且缺乏统一标准，并以定性信息为主，ESG 数据的开发、实时反馈和处理面临巨大挑战。数字技术通过 AI 算法和自然语言处理算法整合和标准化各类 ESG 数据，可以实现底层数据的有效开发，丰富 ESG 的实质性议题；爬虫技术、传感器、5G 技术和数字孪生技术可以有效解决当前 ESG 数据实时反馈困难的问题，提高 ESG 评级更新频率；大数据和机器学习技术能够对大量文本类数据集进行高效清洗和处理，实现智能分析，提升 ESG 评级的准确性和时效性。

（四）实施财税政策推动中国 ESG 发展

通过各种政策措施，政府可以优化企业的投资决策和生产经营行为。ESG 是企业投资行为结果的具体反映，基于 ESG 表现，实施政府补贴、税收减免优惠政策，能够正向刺激企业后续的 ESG 行为。

（1）环保方面，政府增加对环境保护类项目的补贴及税收优惠政策，可以相应增加企业的收入和加大营利空间，激励企业投资环保产业。同理，政府对低碳行业提供补贴、税收减免，都将引导和激励企业的绿色低碳环保发展。

（2）社会责任方面，财政制度安排在第二次分配，即再分配领域里的税制设计，可以对接一些特定的税收政策而延伸到第三次分配领域，引导和鼓励企业更积极地从事公益慈善的志愿行为，如企业与企业员工的公益捐赠、救灾捐款等可以获得企业所得税方面的优惠抵减，助益社会共同富裕。另外，企业又因获得政府补助、税收减免及金融机构的扶持，履行环保的社会责任感倍增，更能积极地回应政府及回馈社会，形成良性循环。

（3）公司治理方面，基于 ESG 表现，通过政府补贴、税收减免优惠，可以给予企业管理层更多可支配的资金资源，激励其更好履行委托代理关系，提高决策效率，改善公司治理结构，以低成本完成能源转型和产业升级，有助于实现所有利益相关者价值最大化。

核心概念

可持续发展；利益相关者；中国式现代化；双碳；ESG

思考与练习

1. 为什么 ESG 是契合高质量发展、中国式现代化的重大战略？
2. 如何发挥 ESG 作用，助力“双碳”目标实现？
3. 我国 ESG 发展面临哪些机遇和挑战？

第二章
ESG 理论基础与研究进展

本章导读：

第一章已经介绍了 ESG 的概念和内涵，也从中国式现代化、“双碳”目标的高度，总结了 ESG 的理论与时代背景，然而 ESG 理念的形成并不是一蹴而就，而是经过了百余年的思想碰撞和理论融合发展而来的。本章主要介绍 ESG 的理论基础和其在国内外的演化路径。ESG 框架的建立离不开一系列经济学理论的支持，其中经济外部性理论、可持续发展理论、信息不对称理论以及资产定价理论尤为关键。这些理论不仅为 ESG 的实践提供了理论依据，还在实践中逐步确立了 ESG 理论的体系，因此本章首先结合 ESG 概念和实际案例，详细介绍了上述四种理论在 ESG 框架中的应用。随后，本章分别从国外和国内两个维度梳理了 ESG 理念的历史脉络，介绍了现在的 ESG 理念是如何一步步演进的。通过学习本章内容，可以理解 ESG 框架的理论基础，了解国内外 ESG 研究进展，并能够使用 ESG 相关的经济理论对 ESG 实践案例进行分析。

第一节　ESG 理论基础

自从 2004 年“ESG”概念首次正式提出，ESG 理念便在全世界范围内迅速发展，成为衡量企业可持续发展和社会责任的重要标准。这一理念的兴起，不仅反映了全球对于企业长期价值创造能力的关注，也体现了对经济、环境和社会三重底线的综合考量。然而，ESG 理念的形成并不是一蹴而就的，而是 20 世纪开始，百余年来经过不断的思想碰撞、理论融合、辩证发展而来的。明晰 ESG 的理论基础会更加有助于我们对 ESG 理念和实践的理解。ESG 的理论基础植根于多个领域，涵盖了一系列经济学和金融学的概念，这些概念解释了为什么投资者和公司应该考虑非财务因素在投资决策中的重要性。本节将深入探讨 ESG 理论的四个核心组成部分:外部性理论、可持续发展理论、信息不对称理论和资产定价理论。

一、外部性理论

(一) 外部性的定义

外部性是指经济主体的行为对他人或社会产生的非市场化的受益或受损影响,而这种影响没有通过市场机制对其进行收益补偿或费用承担。换言之,外部性是市场失灵的一种表现形式。外部性可以是正面的(外部经济),也可以是负面的(外部不经济)。英国"剑桥学派"的创始人马歇尔早在 1890 年发表的《经济学原理》中提出了"外部经济"的概念,即企业外部环境,例如市场区位、市场容量、地区分布、行业发展水平、运输条件等因素能够带来生产费用减少和收益增加。理解外部性及其在 ESG 理念中的体现,对于企业实现可持续发展至关重要。

具体来说,正外部性是指一个经济主体的活动为其他经济主体带来了正面效益,但其本身并没有获得补偿。例如,蜜蜂养殖场为附近农田提供了授粉服务,但农场主并没有为此付费。负外部性是指一个经济主体的活动给其他经济主体带来了负面影响,但并没有为此承担相应的成本。例如,工厂排放造成的环境污染给周边居民带来了健康风险,但工厂没有支付相应的费用。

(二) 外部性实例

1. 环境污染

工厂、汽车尾气等排放造成的空气污染和水污染是典型的负外部性,污染企业没有为造成的环境破坏和公众健康风险承担全部成本。我国生态环境部 2023 年公布的山东省南四湖流域全盐量硫酸盐超标排放生态环境损害赔偿系列案,涉及 33 家企业超标排放含盐废水,对南水北调水质安全构成隐患。经评估,24 家企业对地表水环境造成损害,可量化的损害金额约 9.2 亿元。然而,在案发前,这些企业并未对环境损害进行补偿。

2. 噪声污染

建筑工地、娱乐场所等噪声会影响周围居民的生活质量,甚至造成他人的经济损失。2015 年,最高人民法院发布的十起环境侵权典型案例中有一起备受关注的案件,即中铁五局(集团)和中铁五局集团路桥工程有限责任公司在施工期间产生噪声,导致附近养殖场蛋鸡大量死亡的诉讼案,最终被告企业被判赔偿原告养殖场 45 万余元。另一个常见的噪声污染的例子是广场舞,广场舞作为一种流行的群众性文化活动,在我国的许多城市和社区中非常普遍。然而,广场舞的音响设备常常产生较大的音量,可能会对周围的居民造成噪声污染,影响他们的日常生活和休息。

3. 知识溢出

一个公司或个人的研发活动产生的知识和技术,可能会被其他企业或个人免费使用，形成正外部性，如GitHub平台托管的各种开源代码，用户在同意开源协议的情形下，无需向作者付费即可获得使用权。另外，一些知识溢出是在潜移默化中形成的。2007年，苹果公司推出了第一代iPhone，这款产品彻底改变了移动通信行业的格局。iPhone的创新不仅仅体现在其硬件设计上，更重要的是它引入了触摸屏操作系统、应用商店概念等革命性的智能创新。尽管苹果公司通过专利等方式保护了其核心技术，但仍然无法完全阻止知识的扩散，这种知识溢出效应最终促进了整个行业的创新和进步。

4. 公共物品

公园、国防等公共物品的提供会给大家带来好处，但个人很难被排除在外（公共物品的非排他性），容易导致“搭便车”行为，因此公共物品通常由政府提供。据《“十四五”公共服务规划》，我国政府将推进城乡公共文化服务体系的一体化建设，提升农家书屋服务能力，推动农村电影放映优化升级，加强县级公共体育场、健身步道、体育公园等公共健身设施建设，以实现基本公共服务的均等化。《“十四五”公共服务规划》中，政府还将通过建立和维护公共医疗系统，为民众进一步提供基本医疗服务和卫生保健服务，每千人口医疗卫生床位数达到6.5张，每千人口拥有执业（助理）医师数达到2.9人。

（三）应对外部性的途径

1. 庇古税（补贴）

政府可通过税收、补贴、直接管制等方式，促使外部性内部化，如征收排污税、提供研发补贴等。1920年，英国经济学家亚瑟·赛斯尔·庇古（Arthur Cecil Pigou）在《福利经济学》一书中提出偶然未付费损害（Incidental Uncharged Disservices）和偶然未付费服务（Incidental Uncharged Services），即现在通称的负外部性和正外部性。对于负外部性，建议对负外部性的生产者征税（庇古税），当生产者需要为其创造的负外部性付费时，负外部性的产生将减少，从而达到抑制负外部性的目的。同理，政府可以对正外部性进行补贴（庇古补贴），使具有正外部性的产品供给达到社会最优均衡水平。庇古税（补贴）的常见例子有烟草税、碳税、疫苗注射补贴。

庇古税（补贴）的原理和实践可以概括为以下几个步骤：首先，识别并量化那些产生负外部性的经济活动，评估它们对社会造成的额外成本。其次，政府根据这些外部成本设定相应的税收，使得产生负外部性的活动的私人成本与社会成本相一致。通过这种方式，庇古税激励企业和个人减少那些对社会造成负担的行为，因为这样做可以减少他们需要支付的税款。最终，这种税收的引入促使市场参与者在决策时考虑其行为的全部社会影响，从而实现资源的更优配置。此外，庇古税的收入可以被用于补偿那些受到负外部性影响的群体或者投资于环境保护和污染治理项目，从而进一步减轻负外部性的社会影响。

尽管庇古税在理论上是减少负外部性的有效手段，但在实际应用中，如何准确量化外部成本和设定合适的税率仍然是一个挑战，需要政府进行细致的政策设计和监管。

2. 产权界定与科斯定理

明确界定产权有助于将外部性内部化。1960年，罗纳德·科斯(Ronald Harry Coase)在《社会成本问题》一文中，首次探讨了通过受影响当事方之间进行交易来克服外部性导致的低效率的可能性。这一重要贡献也是科斯于1991年获得诺贝尔经济学奖的原因之一。科斯定理的核心观点是，在交易成本极低或不存在的情况下，无论初始的产权如何分配，相关各方都能够通过私下协商达成一个有效率的市场结果，从而内化外部性，减少负外部性的影响。

具体来说，科斯定理的解决过程包括以下几个要点：首先，明确界定产生外部性的资源的产权性质，无论是私有还是公共，产权必须是清晰且可执行的。其次，假设交易成本很低，这意味着各方可以轻松地进行协商和交易。然后，受外部性影响的各方会通过私下协商来达成协议，例如，污染者可能会向受害者支付补偿以继续其活动或者受害者可能会支付费用要求污染者减少其活动。最终，通过这种协商，各方会达到一个有效率的结果，即外部性问题得到解决，资源得到最优配置。

科斯定理的关键在于强调了产权的明确性和交易成本的重要性。如果产权不明确或交易成本很高，那么私下协商可能无法实现有效率的结果，外部性问题也就无法得到解决。尽管科斯定理在理论上提供了一种解决外部性问题的方法，但在实际应用中，交易成本往往很高，产权界定也不总是清晰，因此需要政府干预以及其他政策工具来解决外部性问题。

政府可以通过以下几个方面来实现这一目标：

(1) 政府可以通过立法明确界定资源的产权，无论是私有还是公共。明确的产权界定是市场交易的前提，有助于各方进行有效的协商和交易。

(2) 政府可以设定环境标准、产品质量标准、安全规范等，以确保经济活动不会对社会产生过大的负面影响。这些规则和标准可以作为市场交易的基准。

(3) 政府可以建立交易平台，如排放交易系统、碳市场等，为各方提供一个进行交易的场所，从而降低交易成本，提高交易的效率。

(4) 政府可以通过提供信息和教育资源，帮助市场参与者了解外部性的影响，提高他们的意识，从而促进更有效的市场交易。

知识产权体系和拍卖排放权体系都是政府干预以明晰产权的例子。以排放拍卖权为例，政府首先确定一个地区在一定时期内允许排放的总量上限(如二氧化碳、氮氧化物等)，并将这一总量分割为可交易的排放权(配额)。企业通过拍卖或自由交易购买所需的排放权，排放超过排放权利范围需缴纳罚款。

(四) ESG框架与外部性理论

经济外部性的很多实例都和ESG的三大支柱息息相关，ESG体系中的环境维度关注企业对自然资源的使用、温室气体排放、能源管理以及对生物多样性的影响等，这些因素往往与经济外部性中的环境影响紧密相关。社会责任维度涉及企业对消费者、员工、社区以及产品责任等方面，这些可以看作是企业行为对社会的正面或负面影响的体现。公司治理维度则关注企业的领导结构、员工管理、商业道德以及信息透明度等情况，良好的公司治理有助于企业更负责任地处理外部性问题。

在 ESG 整个框架中，ESG 评估体系鼓励企业将商业行为对环境和社会造成的外部性内部化，即转化为企业运营成本的一部分。这种内部化有助于解决市场机制无法有效分配资源的问题，尤其是在面对气候变化、环境污染和社会责任等挑战时。通过 ESG 评估，企业被激励采取可持续战略和规划，以实现微观层面的利益最大化，并在宏观层面上促进国家产业和经济目标的实现。

1. 负外部性的识别和管理

企业生产经营活动中负外部性在 ESG 框架下主要体现在环境和社会两个方面。

在环境方面，首先，ESG 关注企业的碳排放情况，通过测量直接和间接的温室气体排放量，帮助量化企业对气候变化的影响。其次，ESG 评估考察企业的能源使用效率，包括能源消耗总量和可再生能源使用比例，以此衡量企业对能源资源的影响。水资源管理也是重要指标，ESG 框架评估企业的用水量、水资源回收利用率以及废水处理情况，从而量化企业对水资源的影响。此外，ESG 还关注企业的废弃物管理，包括固体废弃物产生量、回收率和处理方法以及有害物质的使用和处置情况。

在社会方面，ESG 框架同样提供了一套系统的方法来识别和量化企业的负外部性。首先，劳工实践是关键指标之一，ESG 评估考察企业的工作条件、职业健康与安全措施、员工权益保护等，以识别可能对员工造成的负面影响。其次，ESG 关注企业的供应链管理，评估供应商的劳工条件、环境表现和商业道德，以量化企业在整个价值链中可能产生的负外部性。产品责任是另一个重要方面，ESG 框架评估产品质量、安全性、客户满意度等指标，以识别企业产品可能对消费者和社会造成的潜在伤害。此外，ESG 还考察企业与所在社区的关系，评估企业活动对当地社区的影响，包括就业机会创造、社区发展支持等。

通过这些详细的评估和量化过程，ESG 框架为企业、投资者和其他利益相关者提供了一个全面了解和管理企业负外部性的工具。这不仅有助于企业更好地管理风险，也为投资者提供了更全面的信息，促进了更负责任的投资决策。

2. 正外部性的创造和价值实现

ESG 框架不仅有助于识别和管理负外部性，还在环境和社会两个领域在促进正外部性的创造和价值实现方面发挥着重要作用。在环境领域，ESG 框架通过鼓励和量化企业的环保举措，有效促进了正外部性的创造。首先，ESG 评估重视企业在可再生能源利用方面的投入，鼓励企业增加太阳能、风能等清洁能源的使用比例。这不仅降低了企业的碳足迹①，还推动了整个社会向低碳经济转型。其次，ESG 框架关注企

① 碳足迹是衡量个体、组织或国家在一定时间内直接或间接导致的二氧化碳排放量的指标。碳足迹的计算涵盖了产品或服务从生产、运输最终使用到废弃处理的整个生命周期的排放。

业在资源循环和废弃物管理方面的创新，如推广循环经济模式、开发可回收材料。这些举措不仅减少了资源浪费，还促进了环保技术的发展和推广。此外，ESG 评估也重视企业在生物多样性保护和生态系统修复方面的努力，如参与植树造林、海洋保护等项目。通过将这些环保行为纳入企业评价体系，ESG 框架有效地将环境正外部性转化为企业价值，激励更多企业积极参与环境保护。

在社会层面，ESG 框架为企业创造正外部性提供了明确的方向和激励。首先，ESG 评估高度重视企业在员工发展和福利方面的投入，如提供持续的培训、建立公平的晋升机制、改善工作环境等。这些措施不仅提高了员工满意度和生产效率，还对整个社会的人力资本发展产生了积极影响。其次，ESG 框架鼓励企业积极参与社区发展，如支持当地教育、医疗和基础设施建设等。这种社区参与不仅改善了企业与当地社区的发展关系，还为解决社会问题作出了直接贡献。此外，ESG 评估也关注企业在产品创新和社会责任方面的表现，如开发解决社会问题的创新产品、提供普惠金融服务等。通过将这些社会贡献纳入企业价值评估体系，ESG 框架有效地激励了企业创造更多社会正外部性。

3. 外部性的内部化

ESG 框架促使企业将外部性内部化通常体现在公司治理方面。首先，通过制定明确的环境政策和社会责任计划，企业将原本由社会承担的外部成本，如环境污染、资源浪费和社会不公，纳入其经营决策的核心考量。这些政策和计划不仅包括减少碳足迹、提高能源效率和废物回收利用等环境措施，还包括改善员工福利、支持社区发展、确保供应链的道德和可持续性等社会举措。此外，良好的公司治理是确保这些 ESG 政策和计划得到有效执行的关键。通过建立透明的决策流程、强化内部控制和风险管理、提升董事会和高级管理层的责任感和参与度，公司治理结构能够确保 ESG 目标与企业战略紧密结合，并在日常运营中得到贯彻。这不仅有助于企业减少潜在的法律和声誉风险，还能够提升企业的市场竞争力和品牌价值，实现经济效益与社会环境效益的双赢。

4. 企业应对外部性的 ESG 实践

ESG 框架强调的是义利并举：企业在经济利益追求的同时，兼顾社会责任和环境保护，实现可持续发展。随着 ESG 理念在我国的不断深入发展，不少中国企业已经在 ESG 实践方面迈出了自己的步伐。中国移动通过实施“绿色行动计划”，在“十三五”期间通过节能措施节电 98.5 亿度，减少二氧化碳排放 632 万吨。公司还推广绿色包装，应用节能分级标准，并启动了碳达峰、碳中和战略规划，以实现环境可持续发展。菜鸟网络推出了“回箱计划”，在菜鸟驿站设置“绿色回收箱”，并推出了线上绿色互动社区“绿色家园”，激励消费者参与绿色回收，形成线上线下的绿色回收闭环。作为一家主营护肤品的创业板上市公司，贝泰妮利用云南的药用植物资源开发产品，并投入生态保护项目，如在哈巴雪山开展种植基地和保护区保护工作以及在丽江新主植物园支持种群扩繁等，实现生物多样性保护和社区发展的平衡。

案例 2-1

菜鸟网络是阿里巴巴集团旗下的物流平台，为了应对电商行业快速发展带来的快递包装废弃物问题，菜鸟网络推出了“回箱计划”。该计划通过建立回收网络，鼓励消费者在收到快递后将包装箱返还给快递员或指定回收点。具体操作包括消费者参与、快递员回收、集中处理和再利用等环节。2018 年“双十一”，菜鸟网络在全国 200 个城市的菜鸟驿站铺设了约 5 000 个绿色回收箱，引领消费者加入纸箱共享行动，线下回收利用纸箱 1 300 多万个。2019 年 5 月，菜鸟联合申通、韵达、圆通、中通、百世共同发起“绿色快递日”，并宣布在全国铺设 5 万个绿色回收箱；5 个月的时间内有 3 万个回收箱走进全国各地的快递末端网点，成为“家门口的绿色公益”。

从经济外部性理论的角度来看，“回箱计划”产生了显著的正外部性。通过回收和再利用包装箱，菜鸟网络减少了资源消耗和环境污染，对社会和环境产生了积极影响。同时，传统的快递包装方式会产生大量的废弃物，对环境造成负面影响，而“回箱计划”有效减少了这种负外部性，实现了经济效益和环境效益的“双赢”。

二、可持续发展理论

（一）可持续发展的定义与目标

可持续发展是指满足当代人的需求而不损害后代人满足其需求能力的发展模式。这一概念强调了经济增长与环境保护和社会公正之间的平衡。1987 年，联合国世界环境与发展委员会（World Commission on Environment and Development，WCED）在其报告《我们共同的未来》中提出了“可持续发展”这一概念，该报告又称《布伦特兰报告》。

可持续发展的三个核心维度是环境、社会和经济，通常被称为“三重底线”（Triple Bottom Line），即在追求经济发展的同时，必须兼顾环境和社会两方面的可持续发展。这一概念最早由约翰·埃尔金顿（John Elkington）在 1994 年提出，他将传统的企业财务底线扩展到了三个维度：

（1）环境底线（Environmental Bottom Line），是指企业在生产和运营过程中对自然环境的影响，包括资源的使用效率、生态系统的保护、污染的控制与减少、生物多样性的维护等。

（2）社会底线（Social Bottom Line），关注点在于企业与社会的关系，包括对员工的公平对待、对社区的积极贡献、对消费者权益的保护、社会责任的履行等。

（3）经济底线（Economic Bottom Line），是指传统的财务营利性，即企业的经济绩效和财务可持续性。

联合国可持续发展目标（Sustainable Development Goals，SDGs）是一系列旨在

解决全球最紧迫的挑战的目标，包括贫困、不平等、气候变化、环境退化、和平与正义等。这些目标是在2015年由联合国所有会员国通过的《2030年可持续发展议程》中提出，包含17个具体目标，如消除贫困、性别平等、气候行动、合作伙伴关系等，旨在到2030年消除贫困、保护地球并确保所有人享有和平与繁荣。这些目标相互关联，旨在通过综合性的方法实现可持续发展。它们不仅适用于发展中国家，也是发达国家在内的所有国家共同的责任。SDGs鼓励政府、国际组织、企业、非政府组织和个人共同努力，为实现更加公正和可持续的世界而工作。

（二）可持续发展理论面临的挑战和困境

可持续发展理论的一个重要困境就是缺乏实际的实施路径，这个问题涉及多个层面。

第一，理论与实践的脱节是可持续发展面临的首要挑战。尽管可持续发展的理念得到广泛认可，但将其转化为具体行动却困难重重。许多政策制定者和企业领导人虽然认同可持续发展的重要性，却难以找到切实可行的方法来实现这一目标。这种理论与实践之间的鸿沟严重阻碍了可持续发展理念的落地。

第二，跨部门协作的复杂性进一步加剧了实施的困难。可持续发展涉及经济、社会、环境等多个领域，需要政府、企业、非政府组织和公民社会的共同参与。然而，这些不同利益相关者之间常常存在目标冲突和沟通障碍。协调各方利益，建立有效的合作机制，成为实施可持续发展战略的一大挑战。

第三，短期利益与长远目标的矛盾。可持续发展通常需要长期投入和规划，但政府和企业往往面临短期业绩压力。这种矛盾导致决策者倾向于选择能够快速见效的方案，而忽视了可能更有利于长期可持续发展的选项。如何在短期效益和长远可持续性之间找到平衡，是实施路径中的一个关键难题。

第四，资金和技术支持的不足制约了可持续发展的实施。许多可持续发展项目需要大量的资金投入和先进技术支持，特别是在发展中国家和欠发达地区。然而，这些地区往往缺乏必要的财力和技术能力。如何筹集足够的资金，如何促进技术转移和本地化，成为实施过程中的重要障碍。

第五，评估和反馈机制的缺失也影响了实施效果。由于缺乏统一的评估标准和有效的监测系统，很难准确衡量可持续发展项目的成效。这不仅影响了项目的持续改进，也削弱了利益相关者的积极性和信心。建立科学、全面的评估体系，成为完善实施路径的重要一环。

第六，公众参与度不足也是实施过程中的一个显著问题。可持续发展需要全社会的共同努力，但普通公众对这一概念的理解和参与程度往往有限。如何提高公众意识，鼓励公民积极参与可持续发展实践，是构建有效实施路径不可忽视的一环。

总的来说，可持续发展理论在实施路径上面临的困境反映了这一理念在从概念到实践转化过程中的复杂性。克服这些障碍，需要多方协作、创新思维和持续努力，以构建更加完善、更加可行的实施方案，而ESG框架正是实践可持续发展理论的重要尝试。

（三）ESG 与可持续发展理论

可持续发展理论是 ESG 理论演进的重要阶段，两者都追求长期的发展目标，强调在经济发展中考虑环境保护和社会福祉，以实现社会的全面进步。可持续发展为政府和国际组织制定政策提供了理论指导，而 ESG 则为企业制定战略和运营实践提供了具体的方向。在实践中，ESG 报告通常面向投资者和金融市场，而可持续发展报告面向更广泛的利益相关方，包括员工、客户和政府等。两者相辅相成，共同推动全球向更加可持续和具有包容性的未来迈进。可持续发展理论涵盖了经济、社会和环境三个维度，与 ESG 框架的环境、社会和公司治理三个核心要素高度契合。

首先，在环境维度上，ESG 框架鼓励企业采取措施减少对自然资源的消耗和环境的破坏，这与可持续发展理论中保护生态系统、减少污染和应对气候变化的目标相一致。企业通过实施节能减排、使用可再生能源、推广循环经济等 ESG 实践，不仅能够降低运营成本，还能够减少对环境的负面影响，支持长期的生态平衡和资源可持续利用。

其次，在社会维度上，ESG 框架关注企业对社会的影响，包括员工福利、消费者权益、社区参与和供应链责任等。可持续发展理论强调社会公正、公平和包容性，要求企业在追求经济利益的同时，也要关注其对社会结构和人类福祉的影响。通过提升员工的工作条件、确保产品的安全和质量、支持社区发展项目和促进供应链的道德标准，企业能够促进社会和谐与进步，实现社会层面的可持续发展。

最后，在公司治理维度上，ESG 框架强调企业公司治理结构的透明度、问责制和有效性。良好的公司治理是实现可持续发展的基础，因为它确保了企业的决策和行为符合长期利益，并能够有效管理和减少潜在的风险。通过建立健全的董事会结构、强化内部控制、提升信息披露质量和鼓励利益相关者的参与，企业能够增强其应对市场变化和社会期望的能力，为可持续发展提供稳定的治理保障。

ESG 框架与可持续发展理论之间存在密切的联系，它们除了在概念、目标和实践方面都有深度的交集，还存在以下几个方面联系：

（1）理念一致性。可持续发展理论强调经济发展、社会进步和环境保护的平衡，追求当代人满足自身需求而不损害后代满足其需求的能力。ESG 框架同样关注环境（E）、社会（S）和公司治理（G）三个维度，旨在推动企业在追求经济效益的同时，兼顾环境保护和社会责任，这种多维度的考量与可持续发展的核心理念高度一致。

（2）目标互补。可持续发展理论提出了 17 个可持续发展目标（SDGs），涵盖了消除贫困、气候行动、优质教育等广泛议题。ESG 框架为企业实现这些目标提供了具体的评估和实施工具。例如，ESG 中的环境指标直接对应气候行动目标，社会指标则与减少不平等、体面工作等目标相关。通过 ESG 评估，企业可以明确自身在实现 SDGs 方面的贡献和不足。

（3）长期价值创造。可持续发展理论强调长期的、综合的发展观，而不是短期的经济增长。ESG 框架同样鼓励企业和投资者关注长期价值创造，而不是短期利润最大化。通过考虑环境风险、社会影响和公司治理质量，ESG 评估帮助企业和投资者更好地管理长期风险，实现可持续的价值增长。

（4）利益相关者参与。可持续发展理论强调多方参与和协作。ESG 框架同样要求企业考虑并平衡各利益相关者的需求，包括股东、员工、客户、供应商、社区和环境。这种全面的利益相关者管理方法有助于实现可持续发展理论中的包容性增长目标。

（5）衡量和报告机制。可持续发展理论需要有效的衡量和报告机制来追踪进展。ESG 框架提供了一套系统的指标和披露标准，使企业可以量化和报告其在可持续发展方面的表现。这种透明度和可衡量性对于推动可持续发展实践至关重要。

（6）创新驱动。可持续发展理论强调创新对于解决全球挑战的重要性。ESG 框架通过鼓励企业在环境友好技术、社会创新和负责任的商业模式方面的投入，推动了可持续发展所需的创新。

总的来说，ESG 框架可以被视为将可持续发展理论应用于企业和投资领域的具体工具。它为实现可持续发展目标提供了操作性强的评估和管理方法，推动了可持续发展理念在商业实践中的落实。通过 ESG 实践，可持续发展不再是抽象的概念，而成为了企业战略和投资决策的重要考量因素。ESG 框架与可持续发展理论在理念和实践上相互支持，共同推动企业在经济、社会和环境三个维度上实现平衡发展，为构建更加可持续的未来作出贡献。

三、信息不对称理论

（一）信息不对称的定义与影响

信息不对称，是指在信息不完全市场中，交易各方所掌握的与交易相关的信息不同。这种信息的不对称可能导致具有信息优势的一方利用信息优势获取额外利益，而信息劣势的一方可能因此遭受损失。信息不对称在经济交易中可能导致两种主要现象：逆向选择（Adverse Selection）和道德风险（Moral Hazard）。

1. 逆向选择

逆向选择是指信息劣势方感觉难以辨别信息优势方提供的信息，交易决策和交易价格随之发生扭曲，价格失去了平衡供求、促成交易的作用，导致以劣逐优的现象，即劣币驱逐良币现象。例如，在二手车交易中，买家无法完全了解汽车的实际状况，因此倾向于给出较低的统一价格，这会导致拥有良好二手车的卖家退出市场，最终市场上只剩下很差的二手车。在就业市场中，如果雇主无法很好地了解应聘者的真实能力和工作态度，就容易将优秀人才和不太出色的人才混为一谈，这会使优秀人才流失。对于一些难以评估质量的专业服务（如医疗、法律），由于客户缺乏专业知识，就会产生逆向选择，以致优质服务难以保留。

2. 道德风险

道德风险是指交易双方在签订交易契约后，信息优势方在使自身利益最大化的同时损害了信息劣势方的利益，而自己并不承担由此造成的全部后果的行为。例如，在公司中，由于股东难以完全监督经理经营决策，经理可能会选择像偷懒、滥用职权等损害股东利益的行为。在健康或车辆保险中，投保后，被保险人可能会因为转嫁风险成本的心理而故意减少防范，从而增加赔付风险。在银行放贷中，借款人获得贷款后由于还款压力较轻，可能会借钱投资于高风险项目，导致违约风险增加。

（二）应对策略：信号与筛选机制

信号与筛选机制是减少信息不对称的一种重要方式。当市场存在信息不对称时，优质的一方会发出某种可观察到的信号，以区别于劣质的一方；而另一方则会根据这些信号来筛选和判断对方的质量。具体来说，包括以下两个方面：

（1）信号机制（Signaling），是指掌握私人信息的一方主动向另一方传递某种可观察和可信的信号，以减少信息不对称。这类信号需要具有一定的可信度和成本，否则任何人都可以发出相同的信号。例如，为了展现实力和吸引投资者，一些上市公司会通过派发高额现金红利、增发股票融资等方式向外界发出公司良好经营状况的信号；在教育领域，出于应聘需要，求职者通过获得较高学位以及相关证书来向雇主传递自己能力的信号；广告也是一种信号，企业可以通过巨额的广告支出，向消费者传递其产品卓越的品质和价值。

（2）筛选机制（Screening），是指掌握公开信息的一方，通过设置一定的“门槛”或采取一些策略来区分和筛选出目标对象的质量高低。例如，银行在发放贷款时，会要求借款人提供收入证明、抵押物等作为偿还能力证明，对不同风险程度的借款人实行利率区别对待，以筛选风险；一些公司在录用员工环节，会设置较高的学历、经历等门槛要求，以筛选出质量更高的应聘者；保险公司会针对不同风险类型的被保险人收取差异化的保费，以筛选出理赔风险较低的客户。

通过上述信号与筛选机制，在一定程度上能够减少信息不对称，提高资源配置效率。但这类机制往往也会产生一些社会成本，如教育培训成本、广告营销费用等，因此在设计时还需权衡成本收益。

（三）ESG与信息不对称

在ESG领域，信息不对称问题给利益相关方的决策和资源配置带来诸多挑战，主要体现在以下几个方面：

（1）环境信息不对称：企业的环境污染排放数据、资源消耗情况等，普通公众和投资者通常难以完全获知；企业的环境补救和治理措施的真实效果，对于外部人员而言，往往缺乏透明度。

（2）社会信息不对称：企业用工实践、产品质量安全等社会影响，外部人员难以完全了解；企业社会公益活动的真实动机和效果也可能对外有所隐瞒。

（3）公司治理信息不对称：公司高层的经营决策、薪酬分配等内部运作通常缺乏透明度；上市公司在信息披露质量和真实性方面存在代理问题，公司管理层（代理人）与股东（委托人）之间的利益冲突可能导致管理层在披露公司信息时，出于自身利益考虑,不完全透明或有意歪曲信息,从而损害股东的利益。

这些 ESG 信息的不对称性,会给投资者、消费者、监管者等利益相关方的决策带来困难,助长逆向选择和道德风险等问题。在 ESG 实践中,ESG 框架在解决信息不对称问题方面发挥了重要作用,具体体现在以下几个方面:

(1) ESG 框架通过要求公司披露其在环境、社会和公司治理方面的实践和绩效,显著提高了公司运营的透明度。这不仅使投资者能够更全面地了解公司的非财务表现,还有助于建立和增强各方对公司的信任。通过公开 ESG 信息,公司展示了其对可持续发展的承诺和努力,这对于吸引投资者和消费者具有重要意义。

(2) ESG 框架在风险管理和投资决策方面发挥了重要作用。它能够帮助公司识别和管理与环境、社会和治理相关的风险,这些风险可能对公司的长期绩效产生重大影响。通过公开这些风险管理措施,公司可以减少信息的不对称性,提高市场对其风险管理能力的认识。同时,投资者越来越多地将 ESG 因素纳入投资决策过程中,以寻求长期、可持续的投资回报。ESG 信息为投资者提供了额外的决策依据,帮助他们更好地评估公司的长期价值和潜在风险。

(3) 随着 ESG 投资的增长,监管机构和标准制定组织也在推动更严格的 ESG 信息披露要求,以确保信息的准确性和可比性,从而进一步减少信息不对称。公司良好的 ESG 表现还可以作为市场信号,表明公司具有较强的社会责任感和良好的公司治理结构,这可能吸引更多的投资者和消费者,从而提高公司的市场竞争力。

国内外不少企业已经身体力行地使用 ESG 框架来降低信息不对称所带来的影响。作为电动车领域的领先企业,比亚迪在其 ESG 报告中详细披露了其供应链可持续性管理措施,包括:原材料(如锂、钴)的可持续采购政策、供应商 ESG 评估体系和具体评估结果、供应链碳排放管理目标和进展、供应商能力建设项目的具体内容和成效。通过这些详细的披露,比亚迪不仅展示了其对供应链可持续性的重视,也为投资者提供了评估公司供应链风险的重要信息。这种透明度有效减少了信息不对称性,使投资者能够更全面地了解公司的供应链管理能力和潜在风险。此外,阿里巴巴集团的“碳中和计划”、腾讯控股的“公司治理透明度披露”、沃尔玛的“供应链透明度披露”、联合利华的“可持续生活计划”、特斯拉的“电池回收计划”等企业 ESG 实践均展示了企业通过 ESG 框架可以减少信息不对称,为投资者提供更全面的决策依据,从而推动企业在可持续发展方面的进步。

总结来看,企业在 ESG 框架体系下可采取的应对信息不对称措施可以分为两类:ESG 信号传递和利益相关方筛选行为。

在 ESG 信号传递方面,企业可采取以下几个方面的措施:第一,自愿性信息披露,即企业可以主动披露多种 ESG 信息,如年度可持续发展报告、碳排放数据等,向外界传递自身 ESG 实践及绩效的信号。第二,第三方认证,即通过取得 ISO14001 环境体系、SA8000 社会责任等第三方认证,企业可以向利益相关方传递 ESG 管理水平的信号。第三,参与 ESG 评级,企业通过主动参与机构评级并披露结果,可以向市场传递自身ESG实践的信号。第四，加入ESG倡议机构，企业通过加入联合国全球契约、碳信息披露（CDP）等国际ESG组织，可以向外界传达重视ESG的信号。第五，ESG产品标识，企业在通过在产品、服务上标注环保、公平贸易等ESG标识，可以向消费者传达ESG信号。

从利益相关方的角度来看，利益相关方筛选行为主要体现在以下几个方面：第一，投资者筛选，即机构投资者通过筛选ESG评级较高、信息披露质量好的企业进行投资，可以促进资源的正确定价和流向；第二，消费者筛选，即消费者可以通过企业披露信息及第三方认证信息对企业产品服务的ESG质量进行筛选；第三，银行筛选，即银行在信贷审批过程中会考虑企业的ESG风险管理表现，并以此作为重要准则筛选放贷对象；第四，政府监管筛选，即政府部门可根据企业ESG信息披露情况、评级结果等信息，筛选对应的企业给予支持或监管；第五，供应链筛选，当大企业在选择供应商时，会对其供应商的ESG实践进行筛查和考核，以筛选出优质的商业伙伴。

案例 2-2

字节跳动作为全球领先的科技公司，高度重视供应链管理，致力于打造负责任、可持续的供应链体系。公司制定了严格的商业伙伴行为准则，明确要求所有供应商和服务提供商遵守高标准的商业道德、劳动权益、健康安全以及环境保护要求。

为了确保供应链合规，字节跳动建立了完善的供应商筛选和评估机制。在供应商准入阶段，公司会对潜在供应商进行全面的尽职调查，包括对其合规管理体系、社会责任履行情况以及环境绩效等方面进行全面评估。此外，字节跳动还会定期对现有供应商进行审计和评估，确保其持续符合公司要求。

字节跳动还积极推动供应链透明化，鼓励供应商公开披露其ESG信息，并与利益相关方进行沟通。公司通过建立畅通的沟通渠道，鼓励供应商积极反馈问题和建议，共同提升供应链管理水平。字节跳动的供应链筛选和评估机制，不仅有效保障了公司业务的可持续发展，也为行业树立了良好的示范。

四、资产定价理论

（一）资产定价理论简述

资产定价理论是金融学中的核心理论之一，它试图解释金融资产的价格是如何形成的，以及不同资产之间的收益率差异是如何产生的。这个理论的发展贯穿了现代金融学的整个历程，对投资决策、风险管理和金融市场的理解都产生了深远影响。

资产定价理论的基本思想是，资产的价格应该反映其未来现金流的现值，而这个现值又取决于投资者对未来现金流的预期和所要求的收益率。在完美的市场中，资产价格应该迅速调整以反映所有可用信息，这就是有效市场假说的核心观点。然而，有效市场假说却无法解释一些市场中的异常定价行为和现象，自20世纪80年代开始，行为金融学对传统的资产定价理论提出了挑战。它强调了投资者的非理性行为和心理偏差对资产价格的影响，如过度自信、羊群效应、锚定效应。资产定价理论的发展经历了几个重要阶段：

1. 现代投资组合理论(Modern Portfolio Theory, MPT)

MPT是由经济学家哈里·马科维茨在1952年提出的，这一理论对投资管理领域产生了深远的影响。MPT的核心观点是，投资者可以通过构建多元化的投资组合来优化其风险与收益的平衡。马科维茨认为，投资者在选择投资组合时，不应仅仅关注单个资产的预期收益，还应考虑整个投资组合的风险和收益特性。他引入了"有效边界"(Efficient Frontier)的概念，这是一条在"风险—收益"平面上表示的投资组合集合，这些组合在给定风险水平下提供了最高的预期收益，或者在给定收益水平下的风险最低。

MPT强调了多元化投资的重要性。通过将资金分散投资于不同的资产类别，如股票、债券、房地产，投资者可以减少非系统性风险，即特定资产或行业的风险。这是因为不同资产的价格波动往往不完全相关，当某些资产表现不佳时，其他资产可能表现良好，从而在整体上平衡了投资组合的风险。此外，MPT还引入了协方差、相关系数等概念，用以衡量不同资产之间的价格变动关系。通过选择相关性较低的资产进行组合，投资者可以进一步降低投资组合的波动性，实现更稳定的投资回报。

现代投资组合理论为投资者提供了一个系统的方法来构建和管理投资组合，通过多元化投资来平衡风险和收益，从而在长期投资中实现更优的财务目标。尽管MPT在实际应用中面临市场效率、交易成本和投资者行为等挑战，但它仍然是投资理论中的一个重要基石。

2. 资本资产定价模型(Capital Asset Pricing Model, CAPM)

CAPM是由威廉·夏普、约翰·林特纳和简·莫辛在20世纪60年代独立发展而来的。CAPM是金融经济学中一个重要的理论模型，旨在解释和预测资产的预期收益率与其所承担的系统性风险之间的关系。CAPM的核心观点是，资产的预期收益率主要由两个部分组成：无风险利率和风险溢价。无风险利率(R_f)通常指的是政府债券的收益率，它代表了投资者在没有风险的情况下可以获得的收益率。风险溢价则是投资者为承担市场风险而要求的额外收益，这部分收益与资产的系统性风险成正比，风险溢价用Beta系数β_i衡量，i表示第i种风险资产。

Beta系数是CAPM中的关键参数，它衡量了单个资产相对于整个市场的波动性。若一个资产的Beta系数大于1，则表示该资产的波动性高于市场平均水平；若Beta系数小于1，则表示其波动性低于市场平均水平；若Beta系数为1，则表示资产与市场波动性一致。

CAPM的数学表达式为：

$$E(R_i)=R_f+\beta_i[E(R_m)-R_f]$$

其中：$E(R_i)$表示资产i的预期收益率；R_f是无风险利率；β_i是资产i的Beta系数；$E(R_m)$是市场组合的预期收益率；$E(R_m)-R_f$被称为市场风险溢价，它代表了投资者为承担市场风险而要求的额外收益。

CAPM的实际应用包括资产定价、投资组合管理和风险评估。通过CAPM，投资者可以估计不同资产的预期收益率，并据此构建投资组合。然而，CAPM也存在一些局限性，如它假设市场是完全有效的，投资者行为是理性的，且忽略了非系统性风险和其他可能影响资产收益率的因素等。尽管如此，CAPM仍然是现代金融理论中的一个基础模型，为理解资产定价提供了重要的框架。

3. 套利定价理论(Arbitrage Pricing Theory, APT)

APT是由经济学家斯蒂芬·罗斯在1976年提出的，它是对CAPM的一种扩展和一般化。APT的核心观点是，资产的预期收益率可以通过多个系统性风险因素来解释，而不仅仅是单一的市场风险。APT假设资产的收益率可以表示为一个线性方程，其中包含了多个未指明的宏观经济因素或市场指数。这些因素可能包括但不限于经济增长率、通货膨胀率、利率变化、市场指数的波动等。每个因素都有一个对应的因子载荷(factor loading)，它衡量资产收益率对特定因素变动的敏感性。APT的数学表达式为：

$$E(R_i)=R_f+\beta_{i1}F_1+\beta_{i2}F_2+\cdots+\beta_{in}F_n$$

其中：$E(R_i)$表示资产i的预期收益率；R_f表示无风险利率；β_{ij}表示资产i对第j个因素的因子载荷；F_j表示第j个因素的风险溢价，即：预期收益率＝无风险利率＋风险溢价$_1$＋风险溢价$_2$＋…＋风险溢价$_n$

APT的一个重要特点是它不需要CAPM中的市场组合假设，也不要求投资者持有相同的投资组合。APT通过套利机制来确保资产的定价是合理的，即在没有风险和资本的情况下，投资者无法通过构建投资组合来获得无风险利润。APT的实际应用包括资产定价、投资组合构建和风险管理等。与CAPM相比，APT提供了更灵活的框架来解释资产收益率，因为它考虑了多个风险因素。然而，APT的一个挑战是确定哪些因素是相关的，以及如何准确地估计这些因素的因子载荷。此外，APT也假设市场是完全有效的，且投资者能够无成本地进行套利，这在现实市场中并不总是成立。尽管存在这些挑战，APT为理解资产收益率的复杂性提供了一个有价值的工具。

4. Fama-French三因子模型

Fama-French三因子模型是由著名经济学家尤金·法玛和肯尼斯·弗伦奇在1993年提出的，它是对资本资产定价模型CAPM的一个重要扩展。该模型在CAPM的单一市场风险因子基础上，增加了两个额外的因子：规模因子和价值因子，以更全面地解释股票收益率的差异。

规模因子(Small Minus Big, SMB),反映了小盘股相对于大盘股的超额收益。法玛和弗伦奇发现,在控制了市场风险后,小盘股往往能够提供比大盘股更高的平均收益率,这可能是因为小盘股风险更高或流动性较差。

价值因子(High Minus Low, HML),反映了价值股(通常是账面市值比高的股票)相对于成长股(账面市值比低的股票)的超额收益。价值股通常被认为是被市场低估的股票,而成长股则被认为是市场高估的股票。法玛和弗伦奇的实证研究发现,价值股在长期内能够提供比成长股更高的收益率。

Fama-French 三因子模型的数学表达式为:

$$E(R_i)-R_f=\alpha_i+\beta_i(E(R_m)-R_f)+s_iE(SMB)+h_iE(HML)$$

其中;$E(R_i)$表示资产 i 的预期收益率;R_f 表示无风险利率;$E(R_m)$表示市场组合的预期收益率;$E(R_m)-R_f$ 表示市场风险溢价;$E(SMB)$表示规模因子的预期收益率;$E(HML)$表示价值因子的预期收益率;β_i、s_i 和 h_i 分别表示资产 i 对市场风险、规模因子和价值因子的敏感性系数;α_i 表示资产 i 的特定收益率。

Fama-French 三因子模型在学术界和投资实践中得到了广泛的应用。它不仅提供了对股票收益率更深入的解释,而且也为投资组合的构建和风险管理提供了实用的工具。尽管该模型在解释股票收益率方面取得了显著的成功,但它也面临着如何选择和衡量因子、因子之间的相互作用以及模型过度拟合等挑战。此外,随着研究的深入,学者们还提出了包括动量因子在内的多因子模型,以进一步提高模型的解释能力。

5. 行为金融学(Behavioral Finance)

行为金融学是金融学的一个分支,它从 20 世纪 80 年代开始兴起,它对传统的理性预期和有效市场假说提出了挑战。行为金融学结合了心理学、认知科学和社会学的研究成果,探讨了投资者的非理性行为和心理偏差如何影响资产价格的形成和市场效率。

传统的金融理论,如资本资产定价模型(CAPM)和有效市场假说(EMH),都假设投资者是理性的且市场价格总是反映了所有可获得的信息。然而,行为金融学指出,现实中的投资者并非总是理性的,他们的决策往往受到各种心理因素的影响,这些因素可能导致市场出现系统性的错误定价。行为金融学的核心思想认为,投资者的决策会受到认知偏差和情绪因素的影响,进而导致资产价格偏离其基本面价值。行为金融学的主要假设有:投资者并非完全理性、市场并非完全有效以及套利存在限制,无法完全消除定价错误。

在这些假设之下,行为金融学识别了多种投资者心理偏差,包括但不限于:第一,过度自信,投资者可能高估自己的知识和判断能力,导致过度交易和承担过多风险;第二,羊群效应,投资者倾向于模仿他人的行为,尤其是在信息不明确或压力较大的情况下,这可能导致市场出现泡沫或恐慌性抛售;第三,锚定效应,投资者在作出决策时，可能会过度依赖初始信息或参考点，而忽视其他相关信息，这可能导致估值偏差；第四，损失厌恶，投资者对损失的敏感程度远高于同等金额的收益，这可能导致他们持有亏损资产过久，或在营利时过早卖出；第五，代表性偏差，投资者可能根据过往的经验或模式来判断当前情况，而忽视了基础概率和新的信息。

行为金融学的研究对投资实践产生了重要影响。它不仅帮助投资者认识到自身可能存在的认知偏差，还为市场异常现象（如股票溢价之谜、动量效应和价值效应）提供了可能的解释。此外，行为金融学也为金融市场监管和投资者教育提供了新的视角，强调了提高投资者认知能力和市场透明度的重要性。尽管行为金融学在解释市场行为方面取得了一定的成功，但它也面临着如何量化心理因素、如何将这些心理因素纳入正式的金融模型等挑战。此外，行为金融学的研究成果在实际应用中也需谨慎，因为投资者的行为可能会随着市场环境和制度的变化而变化。

（二）ESG框架与资产定价理论

ESG框架与资产定价理论之间存在密切的联系，这种关系反映了市场对可持续发展和负责任投资日益增长的重视：

第一，ESG因素可以被视为影响公司长期价值的重要风险和机遇来源。传统的资本资产定价模型，如CAPM模型、Fama-French三因子模型，主要关注市场风险、规模和价值等因素。然而，随着ESG因素对公司财务表现的影响日益明显，投资者开始将ESG视为一个额外的风险因子，这导致了多因子模型的扩展，将ESG作为新的风险因子纳入资本资产定价模型中。

第二，ESG表现可能影响公司的系统性风险（Beta系数）。例如，一家在环境管理方面表现出色的公司可能因为更好地应对气候变化风险而具有较低的系统性风险。相反，一家在社会责任或公司治理方面表现不佳的公司可能面临更高的监管风险和声誉风险，从而增加其系统性风险。这种关系直接影响了资本资产定价模型中Beta系数的估计，进而影响资产的预期回报率。

第三，ESG表现可能影响公司的特质风险。良好的ESG实践可以帮助公司降低特定风险，如环境违规罚款、劳工纠纷、公司治理丑闻。这种风险降低可能反映在公司的股价波动性上，进而影响期权定价等衍生品定价模型。

第四，ESG表现可能影响公司的融资成本。研究表明，ESG表现较好的公司往往能够获得更低的融资成本，包括更低的贷款利率和债券收益率。这直接影响了公司的加权平均资本成本（weighted average cost of capital，WACC），进而影响公司价值的估算和股票定价。

第五，ESG因素可能导致投资者偏好的变化，从而影响资产定价。随着社会责任投资（SRI）和ESG投资的兴起，越来越多的投资者愿意为ESG表现良好的公司支付溢价。这种偏好可能导致ESG表现较好的公司享有较高的市盈率或较低的股权风险溢价，直接影响资产定价。

第六，ESG信息的披露质量可能影响信息不对称程度，进而影响资产定价。高质量的 ESG 信息披露可以减少公司与投资者之间的信息不对称，降低投资者的信息风险。根据资本资产定价理论，较低的信息风险通常与较低的预期回报率相关联。

第七，ESG 因素的纳入推动了可持续金融产品的创新，如绿色债券、社会责任债券。这些新型金融产品的定价需要考虑传统财务指标之外的 ESG 因素，为资产定价理论提出了新的挑战和研究方向。

总的来说，ESG 框架与资本资产定价理论的结合反映了金融市场对可持续发展的重视，以及对全面评估公司价值和风险的需求。这种结合不仅丰富了资本资产定价理论，也为投资者提供了更全面的风险评估和投资决策工具。随着 ESG 因素在投资决策中的重要性不断提升，我们可以预期未来资产定价模型将更加系统地整合 ESG 因素，以更好地反映公司的长期价值和风险状况。

第二节　国际 ESG 理念演进

国外 ESG 理念的发展可以追溯至企业社会责任思想，其演变过程可分为两个主要阶段，每个阶段都反映了企业与社会关系认知的深化和实践的进步。

第一阶段是企业社会责任概念的形成（1920—1999 年）。这一阶段基于外部经济理论，强调企业应该超越纯粹的经济利益考量，根据社会期望和目标来制定决策和采取行动。然而，由于传统的“股东财富最大化”观点仍然主导主流思想，企业社会责任理念在此时受到了广泛质疑和批评。随着企业社会责任观念逐渐被接受，学者们开始致力于明晰其具体含义，并提出了统一的理论框架。这一时期的重要贡献包括利益相关方理论的发展和可持续发展公约的制定。这个阶段又可以被称为“嵌入式社会责任阶段”，表明社会责任理念开始逐步融入企业运营，但未能将社会责任同企业的经济效益和长期发展统一起来。

第二阶段标志着社会责任被全面融入企业战略管理（2000 年至今）。在这一阶段，“义利并举”和“负责任投资”等理念逐步形成。企业开始将参与解决社会问题视为有潜力的商业机会，认识到可以同时实现经济效益和社会效益。这种认知转变促成了社会关切与市场投资之间的良性循环，形成了“共享价值”的理念。

正是在这一背景下，ESG 概念应运而生，并在多方力量的推动下迅速发展，这些推动力包括企业对商业价值的探索、国际组织的重视以及相关标准的确立。随着全球发展和可持续发展理念成为主流，ESG 在经济绿色转型的大背景下，已成为实现可持续发展的关键制度安排。这两个发展阶段清晰地展现了企业社会责任思想到 ESG 理念的演进历程，反映了企业、社会和环境关系认知的不断深化，可持续发展理念在商业实践中的逐步落实。国外 ESG 理念推进历程如图 2-1 所示。

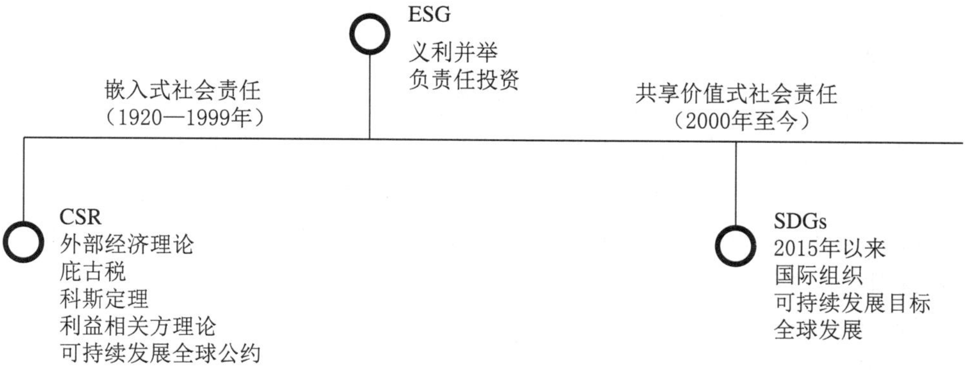

图 2-1　国外 ESG 理念演进历程

一、1920—1999 年：嵌入式社会责任阶段

企业社会责任的思想可以追溯到 Marshall(1890)提出的外部经济理论，该理论将生产者和消费者的活动对其他市场主体产生的成本或效益，也就是外部性纳入经济分析范畴。在厂商基于私人边际成本和私人边际收益进行生产的条件下，外部性带来的成本或收益未反映在产量和价格中，由此造成市场机制的“失灵”，导致资源配置效率下降和社会福利的损失。基于该理论，矫正这种市场失灵的关键在于将社会成本或收益内部化，这需要企业承担社会责任以实现对公共成本的补偿，或者政府通过对产生负外部性的生产者征收税收或对产生正外部性的生产者给予补贴，来鼓励企业维护公共利益(Pigou，1920)，进而实现市场资源的有效配置和提升社会福利。

西方企业社会责任思想起源于宗教传统下的伦理投资。19 世纪，酒精、烟草、赌博、军火等行业的企业被宗教、社会团体排除在投资标的以外，这种主动剔除备选标的行业的方式形成了投资的伦理维度。Sheldon(1924)首次明确描述企业社会责任的概念。Berle(1931)认为所有企业经营的唯一目的在于股东利益最大化，所以股东的利益高于其他团体的利益。Dodd(1932)提出了与 Berle(1931)截然不同的观点，他认为股东的利益并不是至高无上的，企业不应当仅仅局限于对利润的追求，无论是法律还是公众都会促使企业在一定程度上顾及其他团体的利益。两派观点的支持者进行了广泛争论，在此过程中接受和融入对方的思想。最终，Berle(1954)宣布这场辩论以 Dodd 的观点胜利，承认经营者既有经济利益动机，又代表委托人承担社会责任。

Bowen(1953)首次系统阐述了企业社会责任的定义，指出企业在追求利润、制定决策或遵守法律时，应以社会目标和价值观为指导。他强调，尽管企业社会责任并非解决所有社会问题的“灵丹妙药”，但它确实是引导企业发展的重要原则。自 Bowen(1953)提出这一概念后，学者们对其进行了进一步的丰富和细化，其中 Davis(1960)的贡献尤为显著。Davis 认为，企业在决策和行动时，其动机不应仅限于经济或技术利益，而应考虑更广泛的社会责任，这些负责任的决策往往能为企业带来长远的经济效益。他进一步指出，企业的权力与责任是相辅相成的，只有在极少数情况下，企业才可能拥有无须承担责任的特殊权力。因此，企业的社会责任必须与其社会权力相匹配，否则将面临社会权力的丧失。这一原则被称为“责任铁律”，即企业的社会责任应与其社会权力相一致。根据这一原则，随着企业在发展扩张中权力的增加，其应承担的社会责任也随之增加，否则将面临社会和法律的制裁，导致权力的丧失。为了确保企业的社会权力与社会责任相匹配，社会和管理者应加强对企业履行社会责任的监督，确保企业在生产经营中以增进社会福祉为目标，其决策和行为能够满足公众期望并推动社会进步。

企业社会责任理论对企业“利润最大化”原则的批判构成了对传统企业理论的挑战，也动摇了自由主义经济理论的根基，所以企业社会责任引致了来自传统经济自由主义者的严厉批评，其中最具影响力的是诺贝尔经济学奖得主 Friedman。Friedman（1962）认为，企业只是拥有其所有权的股东的私产，并不具有自然人属性，相应地也不需要承担社会责任。Friedman（1970）进一步指出企业承担社会责任构成对社会经济秩序的损害，严重破坏了社会运行的基础。

尽管企业社会责任理论招致诸多批评，但是在 20 世纪 60 年代外部社会运动和企业社会觉醒的推动下，企业承担社会责任的意识逐渐增强，关于企业社会责任的议题日益增多。在这一时期，企业社会责任的观念被广泛接受和认可，其核心思想主要包括三个方面：

（1）企业管理者是企业承担社会责任的公共受托人。

（2）企业需要平衡竞争性的资源，以满足社会期望的价值观和目标。

（3）企业应具有慈善观念，主动为公共利益做贡献。

尽管针对企业社会责任的讨论不断完善，但是社会责任仍然是企业在伦理要求的框架内对社会的义务，并没有与企业的财务绩效和经营效率联系起来。也就是说，企业社会责任是在纯粹道德驱动和社会压力驱动下，企业对社会的单方面的义务和付出，并不要求获得相应的财务回报。这种嵌入式的社会责任成为企业经营的“附属品”，不仅为企业增添了与其核心商业利益独立的、游离于经营活动之外的社会责任惯例，而且容易导致社会责任表现与商业运营相背离的现象，诱发企业“作秀式”地履行社会责任。

随着经济发展进程加快，贫富差距、生态系统破坏、经济危机等问题成为阻碍未来社会经济发展潜力的重大威胁。因此，既满足当前发展需要，又不危及未来增长的可持续发展能力成为了经济发展的关键议题和政策导向。1987 年，联合国世界环境与发展委员会（WCED）发表了题为《我们共同的未来》（《*Our Common Future*》）的报告，正式提出并明确定义了可持续发展的概念。1992 年，在联合国环境与发展大会上，153 个国家签署了《生物多样性公约》《气候变化框架公约》等重要文件，强调无论在地方、国家、区域还是国际层面，可持续发展是全世界所有人都可以实现的目标。

事实上，20 世纪 70 年代，受当时社会发展趋势的影响，社会公众对环境、劳工权利等社会责任议题的意识不断增强，进而对企业行为有了更高的期望。在此背景下，企业社会责任理念的认知出现巨大突破，将可持续发展的原则融入企业经营活动，提出了企业社会责任的“新原则”，即从长期视角来看，企业社会责任与股东利益一致，企业对社会的贡献与其获取的经济利益是协调统一的关系。

Sethi 提出了一个企业满足社会需要的三阶段行为模型：第一，社会义务，是指企业具有承担经济和法律责任的义务，这是企业社会责任的最低限度；第二，社会责任，是指企业承担的追求有利于社会长期公共利益的义务，这种义务超越了法律和经济的框架；第三，社会响应，是指企业适应社会状况变化，以社会准则为依据，以满足社会普遍需要为目标，作出决策并从事经营活动。Carroll 在模型中提出了企业社会责任的六个维度，包括用户至上主义、环境、种族（性别）平等、产品安全、职业安全、股东。虽然企业社会责任的框架基本确定，但是企业社会责任与企业财务绩效之间仍然缺少明确的关联机制，二者之间相互独立，在逻辑上彼此割裂。企业实现社会责任的动力主要基于企业对社会期望的回应，而不是出于对财务绩效的追求与反馈。

20 世纪 80 年代，企业社会绩效的概念得到迅猛发展，该理念认为，企业追求经济利益的目标和追求公共利益的社会目标不是相互对立的权衡关系，而是同为构成企业社会责任的基本要素。企业社会绩效的概念着眼于企业履行社会责任的结果和后果，要求企业通过管理与其运营相关的社会议题，积极承担社会责任，以降低企业在经营中可能面对的社会风险，而社会风险的降低可以降低财务风险。在此基础上，关于企业社会责任的商业价值的探讨开始出现并逐渐成熟。

20 世纪 90 年代，在企业社会绩效观念的影响下，利益相关方理论成为企业社会责任分析的主流范式，利益相关方不仅局限于股东，在更为广泛的层面上包含三个层次：内部利益相关者，如员工、董事会等；外部利益相关者，如股东、供应商、债权人、社区居民等；远端利益相关者，如消费者、媒体、政府部门等。利益相关方理论认为，企业的利益相关方不仅会影响企业的价值创造，而且是参与到企业价值创造过程的团体，企业持续获得良好社会绩效的关键在于综合平衡各个利益相关的利益诉求，而不仅专注于股东的收益最大化。利益相关者的纽带结合了社会议题、财务绩效与组织管理，企业社会责任和企业财务绩效之间的关联通过利益相关方机制变得更加紧密。但是企业社会责任的实现主要出于生存和发展的工具，将利益相关方期望与关注的社会议题转变为企业运营管理的内容，而其内部的商业逻辑没有被充分挖掘，更没有将企业社会责任融入战略管理框架，仍然属于“嵌入式”的企业社会责任范畴。

二、2000 年至今：共享价值式 ESG 理念

进入 21 世纪后，学者们对企业社会责任的探讨进入了新的阶段。Porter 和 Kramer 将社会问题分为三类：普通社会问题，这些问题对社会发展有重要意义，但是与企业经营活动没有明显关联，也不会影响企业的长期竞争力；价值链主导型社会问题，受到企业经营活动的显著影响；竞争环境主导型社会问题，外部环境中对企业竞

争力的基本构成要素造成影响的社会问题。其中，价值链主导型社会问题和竞争环境主导型社会问题均可以成为企业重要的商业机会。因此，无论是从企业战略管理的角度来看，还是基于企业社会责任理论，企业都应该将参与解决社会问题和满足社会需要同自身核心业务活动紧密结合起来，将企业社会责任作为企业运营活动的核心地位，使之成为企业战略设计的组成部分。一方面，企业不仅能持续创造并增加经济利润，形成更具持久性的竞争优势；另一方面，在企业履行社会责任的过程中，社会问题得到解决，社会需要得以满足，促进更具可持续性的社会进步，进一步支撑企业经济利益的提升。这种良性循环创造了“共享价值式”的企业社会责任范式：企业通过重新设计产品和服务、定位新的市场、重新确定价值链中的生产力、赋能集群产业发展，可以将社会责任蕴含的商业机会转化成经济收益，从而在增加经济价值的同时提升社会价值总量。

相比于传统“嵌入式”的企业社会责任观念，“共享价值式”的企业社会责任理念具有三个明显转变：第一是从模糊到清晰，企业社会责任有了更为清晰的界定和要求，形成了趋同且规范的衡量企业社会表现的量化评价体系；第二是从“风险”驱动到“价值”驱动，企业社会责任形成了从社会问题到企业价值创造的闭环，企业承担社会责任不仅是出于规避企业运营中的社会问题风险，更是为了创造综合价值；第三是从割裂到融合，企业将社会责任融入战略管理过程，将社会问题解决与商业模式设计有机整合，成为一个优秀的企业“公民”。

出于对经济、社会和环境发展不充分、不协调的关切，以联合国为代表的国际组织长期推动经济社会发展和环境问题的解决，这些社会问题与企业的可持续发展密切相关。2005 年，联合国契约组织发布《在乎者赢》首次提出 ESG 概念。2006 年，联合国责任投资原则组织发布“责任投资原则”，将 ESG 推动成为一种投资方式。负责任投资原则倡议将 ESG 问题纳入投资分析和决策过程，促使投资实体披露 ESG 问题，同时成为积极的所有者，进一步推动其他投资者对原则的接受和实施。2015 年，在联合国召开的可持续发展峰会上，193 个成员国通过了《联合国 2030 年可持续发展议程》，制定了 17 项可持续发展目标（SDGs）。同年，第 21 届联合国气候变化大会通过了《巴黎协定》，提出将 21 世纪全球气温上升控制在工业革命前的 2 ℃以内、力争 1.5 ℃以内的控温目标，以减缓气候变化，确保人类的可持续发展。

在 ESG 理念不断完善的同时，学界还关注企业 ESG 表现的影响因素，多数学者认为 ESG 表现受外部监督压力和内部治理特征两方面的驱动。外部监督压力主要来自制度监管和投资者、媒体等利益相关者的诉求，这些压力会转化为不同形式的 ESG 表现。比如，越来越多的投资者根据 ESG 标准进行投资，要求被投资公司改善 ESG 实践。内部治理特征是指管理者的选择、动机和价值观的影响。例如，Ahn 研究了 CEO 注意力广度对可持续性绩效的影响，发现 CEO 注意力越广，企业 ESG 表现越好。Al-Shaer 和 Zaman 指出，公司将 ESG 绩效纳入高管业绩考评体系，可以更好地激发管理层的 ESG 实践积极性，促使企业从事更多有利于社会和环境的行为。

在 ESG 的经济后果方面，现有研究聚焦于 ESG 表现对企业财务绩效和企业价值的影响。Friede 等通过归纳管理、会计、金融和经济学领域的相关研究后发现，大约 90%的实证研究证实了 ESG 表现对财务绩效具有非负的影响，其中大多数学者认为两者存在正相关关系。基于利益相关者理论：一方面，企业 ESG 实践可以通过改善品牌声誉、文化和人力资本使利益相关者受益，进而通过促进收入增长、降低成本、降低监管压力、提升劳动效率和优化投资结构五种渠道提升财务绩效；另一方面，良好的 ESG 表现意味着企业可以高质量地履行与利益相关者的契约，赢得利益相关者的信任和支持，从而获得利益相关者掌控的关键战略资源，打造自身竞争优势，进而提升企业价值。

三、ESG 理论研究的新方向

进入 2018 年以来，随着气候变化、社会不平等等全球性问题的加剧，ESG 理念进一步深化，投资者不再仅仅关注 ESG 因素对单个公司的影响，而是开始考虑整个投资组合的 ESG 表现及其对社会和环境的整体影响。同时，ESG 数据的披露和标准化也取得了显著进展。国外 ESG 理念的演进反映了全球对可持续发展认识的不断深化。从最初的简单环境考量，到如今涵盖环境、社会、治理多个维度的综合评估，ESG 已经成为衡量企业长期价值和可持续性的重要工具。这一演进过程体现了投资界从短期利益向长期可持续发展的思维转变。相应地，有关 ESG 的理论研究近年来取得了显著进展，涵盖了多个领域和维度。

(1) ESG 与财务表现的关系一直是研究的焦点，特别是在长期投资中。ESG 相关理论研究不仅考虑了直接的财务影响，还探讨了 ESG 如何通过提高声誉、降低风险等途径间接影响公司价值。这些发现为 ESG 投资提供了更强有力的理论支持。

(2) ESG 整合策略的研究也取得了新的突破。更加精细化的 ESG 整合模型被提出，以探讨如何将 ESG 因素有效地融入投资决策过程。这些研究不仅关注个股的选择，还延伸到资产配置、风险管理等多个层面，为投资者提供了更全面的 ESG 整合框架。

(3) ESG 评级的方法论研究也在不断深化。研究者们正在探索如何提高 ESG 评级的准确性和一致性，包括利用机器学习、自然语言处理等技术来改进数据收集和分析过程。同时，也有研究关注 ESG 评级的行业特异性，探讨如何更好地反映不同行业的 ESG 特点。

(4) 气候风险与 ESG 的关系一跃成为近期研究的热点。学者们正在开发更精确的气候风险评估模型，探讨如何将气候变化的长期影响纳入 ESG 框架。这些研究不仅关注物理风险，还包括转型风险和责任风险，为投资者提供了更全面的气候风险评估工具。

(5) 从三大支柱的角度来看，社会因素(S)在 ESG 中的作用受到更多关注。研究者更加关注企业社会责任如何影响员工生产力、消费者行为和社区关系等。公司治理(G)研究的新趋势是将 ESG 因素纳入董事会决策过程。研究者们着重探讨如何构建“ESG 观念(ESG-aware)”的公司治理结构,包括董事会多元化、ESG 相关的高管薪酬激励等问题。

(6) ESG 披露的标准化和质量提升也是研究热点。研究者们正在探索如何设计更有效的 ESG 披露框架,以提高信息的可比性和可靠性,同时也有研究关注监管机构在推动 ESG 披露标准化中的作用。

(7) ESG 与可持续发展目标(SDGs)的协同效应是另一个新兴研究领域。研究者们探讨了如何将 SDGs 纳入 ESG 框架以及 ESG 投资如何推动 SDGs 的实现。这些研究为 ESG 与更广泛的可持续发展议程建立了联系。

总的来说,国外 ESG 理论研究正朝着更加精细化、系统化和实用化的方向发展。这些研究不仅深化了我们对 ESG 的理解,也为实践提供了有力的理论支持。随着研究的深入,ESG 理论有望在推动可持续金融和负责任投资方面发挥更大作用。

第三节 国内 ESG 理念演进

一、中国特色的 ESG 理念演进

对于中国来说,改革开放之后,我国开始引入现代企业社会责任的思想,学者们主要立足于社会经济发展的视角对其概念进行解释。科学发展观的提出为企业社会责任赋予更多内涵,也助推企业社会责任的法治化进程。进入新时代,新发展理念的提出推动 ESG 理念和实践在我国的兴起,促进我国企业向基于共享价值原则的新治理模式转变。国内 ESG 理念演进历程。

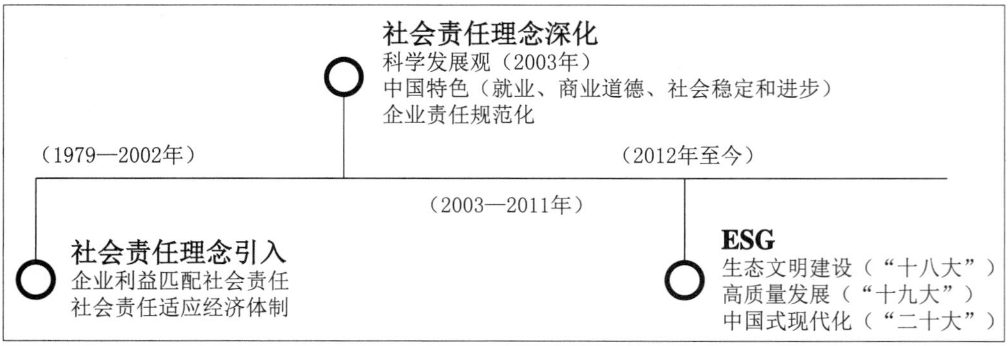

图 2-2 国内 ESG 理念演进历程

第一阶段为 1979—2002 年,改革开放后,随着国有企业经营自主权的扩大和多种所有制企业的成长,企业社会责任的话题开始受到关注。我国学者对企业社会责

任的阐述先是以西方理念成果和实践经验的介绍为主，进而结合我国经济体制做出解释并构建理念体系。1985 年，华惠毅在《瞭望》杂志上发表《企业社会责任——访南化公司催化剂厂》一文，这是“企业社会责任”一词在我国的首次出现。吴克烈(1989)将企业社会责任总结为三个方面：满足社会需要、保护生态环境和缴纳税金。袁家方(1990)最早提出了我国学者对企业社会责任的定义，他认为：“企业社会责任是企业在争取自身生存与发展的同时，面对社会需要和各种社会问题，为维护国家、社会和人类的根本利益，必须承担的义务。”于向阳(1991)进一步将企业社会责任区分为狭义和广义。狭义的社会责任是指企业为了实现社会目标，遵从环境保护、劳动者权益、消费者保护等法律规范而承担的责任；广义性社会责任是指在狭义责任的基础上，增加了慈善性或道义性的内容。卢代富(2002)总结了企业社会责任的概念，认为企业社会责任是企业在追求股东财富最大化以外承担的增进社会福利的责任，既包含对劳动者、消费者、债权人的权益保障，又包括在环境保护、促进社区经济发展方面的责任。

除了关于企业社会责任概念的一般解释以外，我国学者还对不同所有制企业社会责任的目标进行了探讨。张上塘(1986)讨论了中外合营企业的社会责任，乔洪武(1991)提出我国不同组织类型企业的社会责任。

在这一时期，学者们普遍接受并认可了企业社会责任观念，企业社会责任的解释主要立足于促进经济社会发展、对其具体含义和要求上，特别是不同类型所有制企业的社会责任、政府责任与企业责任的关系等问题，需要进一步澄清，同时对企业经济利益和社会责任之间的耦合逻辑亟需深入探讨。

第二阶段为 2003—2011 年，中国加入世界贸易组织深刻改变了我国与世界经济体系的关系，企业在推动社会进步的同时，也带来了环境污染、员工待遇低下、消费者权益受损等问题。2003 年，我国提出和确立了科学发展观，要求努力做到“五个统筹”的协调可持续发展。一部分学者认为，企业社会责任是科学发展观在企业层面的具体体现和实践，与“以人为本”和可持续发展思想具有高度一致性。

杨继瑞等(2004)对企业社会责任的概念进行澄清，指出企业承担社会责任不会提升贸易壁垒，不等同于“企业办社会”，也不意味着降低企业利润，企业社会责任并不是政府社会责任，而是我国企业的自觉需要。徐尚昆和杨汝岱(2007)对企业社会责任的概念范围进行归纳性分析，发现中西方企业社会责任的共有维度是经济责任、法律责任、环境保护、客户导向、以人为本和公益事业。除此之外，中国企业社会责任概念具有三个独有维度，分别是就业、商业道德、社会稳定和进步。2005 年修订的《公司法》第一次对企业社会责任做出了原则性规定，该条款规定了企业在法律层面和道德层面的社会责任，使得条款中社会责任范畴的一部分可以强制依法实施。

在此阶段，企业社会责任观念在我国得到广泛接受，其内涵得到进一步拓展和丰富，并形成法律层面的规范化认识。

第三阶段是 2012 年以来新时代下的 ESG 发展。2012 年党的十八大，标志着中国特色社会主义进入新时代，首次把生态文明建设纳入中国特色社会主义事业“五位一体”总体布局，系统破解经济发展与生态保护的协调难题。在党的十八届五中全会上，习近平总书记提出了创新、协调、绿色、开放、共享的新发展理念。2017 年，党的十九大首次提出高质量发展的新表述，表明中国经济由高速增长阶段转向高质量发展阶段。2022 年，党的二十大指出以中国式现代化全面推进中华民族伟大复兴。新时代赋予了我国 ESG 更加丰富的意义，也为 ESG 发展创造了更加广阔的土壤。ESG 与中国式现代化战略下“三新一高”的发展方向吻合，在实现“双碳”目标的过程中构建具有中国特色的 ESG 体系，不仅是充分发掘企业可持续发展内生动力的需要，也是新时代经济社会高质量发展的必然选择。

在新时代发展战略的引领下，国内学界对 ESG 的含义和价值有了更加深入的理解。星焱(2017)从责任投资的视角阐述了 ESG 思想，指出责任投资结合了伦理投资与绿色投资，它的核心驱动力在于长期投资价值、投资风险管理、客户需求、政府支持和受托责任。黄世忠(2021)认为，ESG 视角下价值创造经历了三大变革：价值创造导向将从股东至上主义向利益攸关者主义转变，更具包容性的共享价值创造将逐步取代排他性的价值创造；价值范畴将从经济价值向社会价值和环境价值延展，统筹兼顾经济、社会和环境影响的可持续发展理念将更加深入人心；价值动因将从内部挖掘向外部协同演化，价值创造的机遇与风险将在更大程度上取决于企业与社会和环境关系的互动。

二、ESG 理论在国内的新发展

近年来，ESG 理论在中国的发展呈现出蓬勃之势，反映了中国在可持续发展道路上的坚定决心和积极行动。ESG 理论在国内的新发展呈现在多个方面：

政策推动与制度建设是 ESG 理论在中国快速发展的关键驱动力。2020 年，中国宣布“碳达峰”“碳中和”目标，这一重大战略决策为 ESG 理论的发展提供了强有力的政策支持。随后，一系列相关政策和法规的出台进一步完善了 ESG 的制度环境。2021 年，中国证监会修订并发布新版《上市公司信息披露管理办法》，明确要求上市公司披露环境和社会责任信息。2022 年，《上市公司环境信息披露指南》的发布为企业提供了更具体的指导。这些政策的实施不仅提高了企业的 ESG 意识，也为 ESG 信息披露设立了更高的标准。

在学术研究领域，中国学者对 ESG 理论的探索也取得了显著进展。近年来，国内学者在 ESG 与公司财务绩效的关系、ESG 信息披露质量的影响因素、ESG 评级方法的本土化等方面进行了深入研究。特别值得注意的是，一些研究开始关注 ESG 在中国特色社会主义市场经济中的应用，探讨如何将 ESG 理念与中国的发展实际相结合。这些研究不仅丰富了 ESG 理论的内涵，也为中国企业的 ESG 实践提供了理论指导。

ESG 评级体系的本土化是另一个重要发展。随着中国市场对 ESG 信息的需求增加，多家国内机构开始开发适合中国国情的 ESG 评级体系。这些评级体系不仅考虑了国际通用的 ESG 标准，还融入了中国特色指标，如扶贫贡献、响应国家战略。本土化的 ESG 评级体系为投资者提供了更贴近中国实际的评估工具，也推动了中国企业 ESG 表现的提升。

在实践层面，越来越多的中国企业开始重视 ESG 管理并将其纳入公司战略。大型国有企业和龙头民营企业纷纷成立 ESG 委员会，发布 ESG 报告，将 ESG 理念融入日常经营管理。一些领先企业甚至开始探索将 ESG 目标与高管薪酬挂钩，以此强化 ESG 管理的执行力。这种自上而下的推动不仅提升了企业自身的可持续发展能力，也为整个行业树立了标杆。

ESG 投资在中国资本市场的快速发展是另一个值得关注的趋势。近年来，多只 ESG 主题基金在中国市场成立，吸引了大量投资者的关注。同时，越来越多的机构投资者开始将 ESG 因素纳入投资决策过程。这种趋势不仅推动了资本向可持续发展方向流动，也促使更多企业重视 ESG 表现，以吸引投资。

在国际合作方面，中国积极参与全球 ESG 标准的制定和实践。中国企业和机构投资者越来越多地参与国际 ESG 倡议，如联合国责任投资原则（PRI）等。这种参与不仅有助于中国企业提升 ESG 实践水平，也让中国在全球 ESG 对话中发出自己的声音，推动 ESG 标准的多元化和包容性。

技术创新在推动中国 ESG 发展中发挥了重要作用。大数据、人工智能等技术的应用为 ESG 数据的收集、分析和应用提供了新的可能。一些金融科技公司开发了专门的 ESG 数据平台，为投资者提供了更全面、及时的 ESG 信息。同时，区块链技术的应用也为提高 ESG 信息的可靠性和可追溯性提供了新的解决方案。

ESG 人才培养也成为近年来的一个重点。随着市场对 ESG 专业人才的需求增加，多所高校开始设立 ESG 相关课程和专业。同时，一些行业协会和培训机构也推出了 ESG 专业认证项目，为市场培养了大批 ESG 人才。这些举措不仅提升了整个行业的 ESG 专业水平，也为 ESG 理念的进一步普及奠定了基础。

值得注意的是，ESG 在中国的发展也面临一些挑战。

首先，ESG 信息披露的质量和可比性仍有待提高。虽然监管要求不断完善，但企业间的披露水平差异仍然较大，信息的可靠性和完整性也需要进一步提升。

其次，中小企业在 ESG 实践方面的能力建设仍显不足。相比大型企业，中小企业在资金、人才和技术等方面的限制使其在 ESG 实践中面临更多困难。

此外，ESG 概念在中国的本土化也是一个需要持续探索的问题。如何在借鉴国际经验的同时，充分考虑中国的发展阶段和文化特色，构建具有中国特色的 ESG 理论和实践体系，是学界和业界共同面临的挑战。

展望未来，ESG 理论在我国的发展前景广阔。随着我国逐步推进高质量发展和生态文明建设，ESG 理念将在经济转型、环境保护和社会治理中发挥越来越重要的作用。可以预见，ESG 将成为中国企业提升国际竞争力、实现可持续发展的重要工具，也将为中国参与全球治理、构建人类命运共同体提供新的视角和途径。ESG 理论在中国的新发展体现了中国在可持续发展道路上的积极探索和实践。通过政策引导、学术研究、市场实践和国际合作等多方面的努力，中国正在构建具有自身特色的 ESG 理论和实践体系，这不仅有利于中国的可持续发展，也将为全球 ESG 理论的发展做出重要贡献。随着这一进程的深入，ESG 有望成为推动中国经济社会高质量发展的重要力量，为实现更加美好的未来贡献“中国智慧”和“中国方案”。

核心概念

经济外部性；可持续发展；逆向选择；道德风险；有效市场假说

思考与练习

1. 简要回顾外部性理论的提出背景及主要内容。外部性理论为企业承担环境和社会责任奠定了什么样的理论基础？政府能够准确计量外部性的社会成本（福利）吗？如果能，应如何计量？
2. 科斯定理认为，只要产权清晰，交易成本则为零，各方通过自由谈判就能有效解决外部性问题。知识产权体系是如何界定产权的？政府参与产权界定存在社会成本吗？你认为这一观点在解决现实中的 ESG 问题时是否仍然适用，为什么？
3. 比较分析经典的“股东理论”和“利益相关者理论”的观点差异。在 ESG 背景下，你更倾向于哪种理论，为什么？
4. 回顾企业社会责任（CSR）理论的发展历程，简要分析 CSR 理论与 ESG 理念之间的联系。企业在践行 ESG 时，应如何吸收和运用 CSR 理论？
5. 假设你是一家企业的 ESG 管理人员，如何基于经济学理论，向企业决策层阐述 ESG 实践的重要性及其对企业长期价值的影响？

第三章

ESG：公司治理

本章导读：

从本章开始，我们从公司治理、社会责任、环境保护三个维度来分别阐述 ESG 理念的理论依据、主要政策和议题。ESG 理念强调公司的长远可持续发展，这一目标的达成需要公司具备科学有效的治理环境，再将其治理内涵从股东利益延伸至社会责任和环境保护，才能实现“内稳外拓”的 ESG 治理。具体而言，本章首先分析了影响公司可持续发展的因素，公司治理的理念经历了由“股东至上”模式到“利益相关者”模式的演变，受到委托代理、股权制衡以及利益相关者等理论思想的影响。其次，本章梳理了公司治理政策的理论框架，并且按照股权制衡、委托代理以及契约型和公众型两种利益相关者共四个模块来梳理公司治理政策，并针对内部控制信息披露的发展进行了重点剖析，最后对公司治理领域的重要议题进行了剖析，特别是对董、监、高以及股权与股东等公司治理的热点话题进行了详细梳理。本章内容旨在全面介绍 ESG 中公司治理方面的内涵和现实要求，以帮助读者理解这一支柱在 ESG 体系中的作用及其实践路径。

第一节　公司可持续治理理论

一、公司治理的目标

早期的公司治理模式，主要侧重于股东利益的最大化。弗里德曼在 1970 年发表的《企业的社会责任是增加利润》一文中指出，企业的目标是在遵守法律和道德规范的前提下，为股东创造最大利润。然而，过度强调股东利益可能导致股东仅关注短期收益和个人利益，这会损害企业的长期发展，尤其是在 20 世纪 80 年代美国放松管制后，恶意收购浪潮的兴起引发了对“股东至上”理念的反思。当面对恶意收购时，股东通过出售股份可以获得可观的收益，但在收购完成后，企业原有的管理层往往会被解雇或削减福利，而企业通常会关闭工厂并大规模裁员，以偿还收购产生的贷款。专注于投机套利的恶意收购者也往往不会关心公司的长期经营和产品质量的提升。这种行为对企业的利益相关者，例如员工、供应商、顾客和社区，造成了很大的损害，并引发了一系列社会问题。此外，股东的短视行为促使公司不惜代价追求当前利益的最大化，如为节省污染处理费用而直接向大气排放污染物、忽视环境污染问题，从长远来看，这会对企业的形象和经济收益造成负面影响。

鉴于此，一些学者主张，应将公司治理的目标扩展至与公司有利益关系的相关方，如消费者、员工、供应链、所在社区以及受公司污染行为影响的公众等。公司治理的理论因此从“股东至上”逐渐转变为“利益相关者理论”。该理论通过从社会整体视角重新审视了企业的角色，将企业纳入社会网络之中，使企业与社会经济共同成长并共同承担风险，从而推动建立更具可持续性的经营模式。

二、公司治理的实现

当公司以股东利益最大化为目标时，会面临股权制衡和委托代理两大问题。首先是股权制衡问题，在现代公司中，常常有一位或几位大股东对公司拥有绝对的影响力。尽管许多研究表明，大股东的存在对公司经营有积极作用，但 Shleifer 和 Vishny (1997)认为，这种积极作用的前提是有一个良好的法律环境来保护中小股东的利益。否则，大股东可能为了自身利益而损害中小股东的权益。当法律环境不完善，尤其是资本市场缺乏保护中小股东机制时，拥有控制权的大股东将更难受到制约。为了解决这一问题，股权制衡理论提出，应设计多元化股权结构，以在股东之间形成制衡机制，防止大股东侵害中小股东利益。其次是委托代理问题，詹森和梅克林在 1976 年的《企业理论：管理行为、代理成本和所有权结构》中详细探讨了委托代理问题。他们将代理关系定义为：假设双方都追求利益最大化，当委托人授予代理人决策权并要求其提供服务时，代理人可能不会总是按委托人的利益行事。詹森和梅克林提出，可以通过分别从代理人和委托人的角度来缓解委托代理问题。代理人可以用财产担保确保不损害委托人的利益或者提供补偿；同时，委托人可以采用激励和监督手段，促使代理人为其利益行事。

随着公司治理目标扩展以实现可持续发展，利益相关者理论逐渐出现。弗里曼在 1984 年出版的《战略管理：利益相关者管理的分析方法》中首次明确提出了“利益相关者”的概念。该理论认为，管理者在经营公司时应追求所有利益相关者整体利益的最大化，与“股东至上主义”形成鲜明对比。

“利益相关者理论”在公司治理中的具体体现可以分为契约型利益相关者和公众型利益相关者。契约型利益相关者包括与企业有合同关系的群体，如员工、债权人。允许员工参与公司决策，不仅能改善劳资关系，保护员工权益，还能激发他们的创造力与积极性，为公司创造更大的社会价值。债权人参与公司治理决策，也有助于吸引更积极的投资，缓解借贷关系，促进债权人与公司的合作。通过引入债权人参与机制，确保债权人知悉资金使用情况，债务人与债权人之间的关系将更加和谐。公众型利益相关者包括消费者、社区、政府部门等。将这些群体纳入公司治理的考量中，有助于更好地践行利益相关者理论。例如，通过在年报中披露ESG的相关信息，让公众从多维角度了解公司，从而吸引投资并创造更多价值。公司治理政策理论逻辑如图3-1所示。

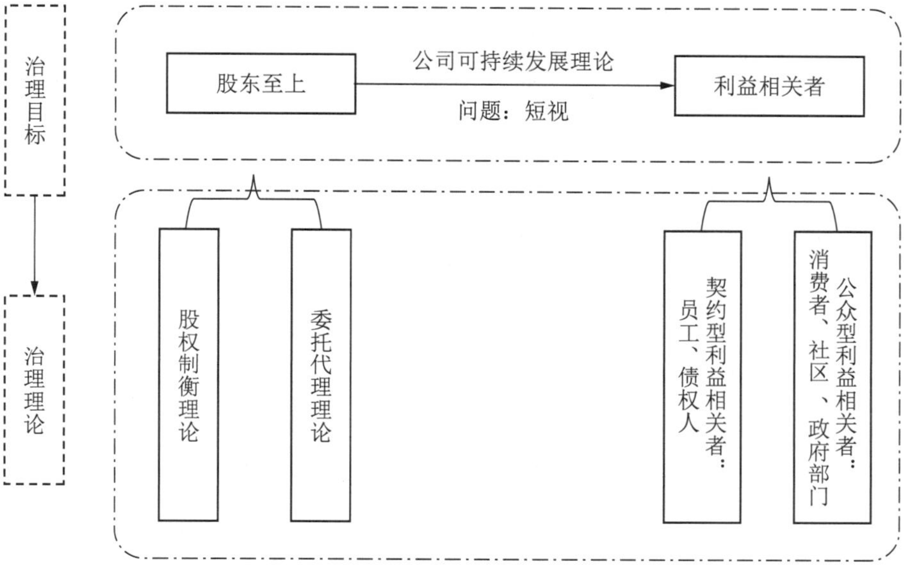

图3-1　公司治理政策理论的逻辑图

第二节　公司可持续治理政策

一、政策概览

为实现"股东至上"与"利益相关者"这两个治理目标，理论界进行了广泛而深入的讨论，逐步形成了当前的理论框架，并在实际操作中衍生出一系列公共政策和行业规范。针对"股东至上"的治理目标，股权制衡理论发展出了一系列保障中小股东利益的机制，如累积投票制、股东民事赔偿制度、表决权排除制、小股东代理投票权以及股东退出机制等。同时，委托代理理论则通过内部控制和股权激励税收优惠等机制来规范和引导管理层的行为。针对"利益相关者"治理目标，国家政策主要集中在保障两类利益相关者的权益。对于契约型利益相关者（如员工、债权人），国家有相应的权益保障政策；而对于公众型利益相关者，政策则更多地从ESG（环境、社会和公司治理）整体角度进行规范。各理论衍生的公司治理政策及其具体内容如表3-1所示。

表 3-1　　公司治理政策及其具体内容

政策类型	政策名称	政策内容
股权制衡政策	累积投票制	在董事、监事选举时,股东可将不同待选位次的票,集中投给一个候选人,以此保证至少有一名中小股东的代表可当选
	股东民事赔偿制度	当某些股东滥用职权造成其他股东的损害时,利益被侵犯股东可采取的民事赔偿制度
	表决权排除制	当讨论事项与股东有利害关系时,该股东对此无表决权
	小股东的代理投票权	中小股东可委托他人集中行使投票权,避免因股权分散受侵害
	股东退出机制	股东有权转股或者退股,保证其"用脚投票"的权利
委托代理政策	内部控制	包括控制环境、风险评估、控制活动、信息与沟通和监控
	股权激励税收优惠	赋予代理人一部分股权来激励其治理公司,并对这部分股权的收益纳税进行优惠
契约型利益相关者治理政策	职工代表大会	职工通过民主选举,组成代表大会,行使民主管理权力
	职工董事	在公司董事会中要有一定比例的职工董事
	职工监事	职工代表在监事会中代表职工利益、履行监事责任
	人格否认	当公司存在滥用股东的有限责任,侵害债权人利益时,否认其法人资格,让股东承担连带债务
公众型利益相关者治理政策	ESG 信息披露	通过 ESG 信息披露,引导资本市场投资,实现对环境保护、社会责任和企业可持续发展的市场化治理

二、一般政策

(一) 股权制衡政策

在以股东利益最大化为目标的公司治理中,最核心的问题是股东之间的利益冲突。如何进行股权制衡、防止大股东侵害中小股东利益,已成为学术界、政府和资本市场关注的热点。在此背景下,形成了累积投票制、股东民事赔偿制度、表决权排除制度、小股东的代理投票权以及股东退出机制等政策,以保障中小股东的权益。

1. 累积投票制

累积投票制,是指在董事或监事的选举中,各个职位同时进行投票,股东可以将手中的选票集中投给某一个候选人,而不是分散投给不同的候选人。相较于直接投票制,即每个职位依次投票且选票无法累积到同一候选人的模式,累积投票制为中小股东提供了救济途径,允许他们集中选票支持自己偏好的候选人,以防止董事会被大股东完全控制。累积投票制在不同国家的立法实践中,有两种设计模式:强制性模式和许可性模式。强制性模式要求公司必须采用该制度,而许可性模式则允许公司在章程中决定是否实施该制度。许可性模式又分为"选出式"和"选入式":"选出式",即法律或上市规则强制规定，但允许公司章程排除；“选入式”，即原则上不采用，但公司章程可特别引入。

累积投票制最早应用于英国的政治选举，并在 1870 年引入美国伊利诺伊州宪法，用于非公众公司董事的选举。此后，多个国家将这一制度纳入公司法。在我国，累积投票制首次出现在 2002 年发布的《上市公司治理准则》中，其中第三十一条规定，股东大会在董事选举中应积极推行累积投票制度。控股股东控股比例在 30%以上的上市公司，则应当采用累积投票制。采用累积投票制度的上市公司应在公司章程里规定该制度的实施细则。2005 年我国《公司法》修订后，累积投票制被正式写入法律，并适用于上市公司和非上市公司。2018 年修订的《上市公司治理准则》进一步统一了该制度在董事和监事选举中的适用范围，并扩大了强制性累积投票制的适用对象，具体为“单一股东及其一致行动人持股比例达到 30%及以上的上市公司”。

除了法律规定，证券交易所作为自律性组织，也在积极推动累积投票制的实施。2006 年，深圳证券交易所发布了《中小企业板投资者权益保护指引》，要求上市公司在选举两名或两名以上董事或监事时应实行累积投票制，属于强制主义立法例。此后，深圳证券交易所进一步出台规定，明确主板、中小企业板和创业板上市公司在董事和监事选举中应当实施累积投票制。2020 年，深圳证券交易所对累积投票制的适用规则进行了细化，要求单一股东及其一致行动人持股比例达到 30%及以上的公司必须采用强制性累积投票制，这与最新修订的《上市公司治理准则》保持一致。上海证券交易所在 2013 年修订了《上市公司董事选任与行为指引》，鼓励上市公司在董事选举中采用累积投票制，采取许可主义立法例。

2. 股东民事赔偿制度

为规范股东权利的行使并保护中小股东的利益，我国出台了相应的法律政策。如果某些股东滥用职权对其他股东造成损害，受损股东可以请求民事赔偿，相关制度包括股东代表诉讼制度和股东直接诉讼制度。两者都是股东以自己的名义提起诉讼，区别在于股东代表诉讼是为了公司利益，诉讼所得归公司所有，而直接诉讼则是为了维护股东个人利益，诉讼所得归股东本人。

股东民事赔偿制度起源于 19 世纪的英美法系国家，大陆法系国家（如法国）也在 1893 年允许股东提起代表诉讼，日本在 1950 年修改《商法典》时引入了股东代表诉讼制度。我国公司立法和公司发展的起步较晚，且 1994 年的《公司法》仍然未对股东权利保护提供明确的诉讼救济途径，导致这些权利难以得到保障。为了应对这一问题，我国在 2005 年修订《公司法》时进一步完善了股东民事赔偿制度。修订后的《公司法》明确规定：公司股东应当遵守法律、行政法规和公司章程，依法行使股东权利，不得滥用股东权利损害公司或者其他股东利益；不得滥用公司法人独立地位和股东有限责任损害公司债权人利益；公司股东滥用股东权利给公司或者其他股东造成损失的，应当依法承担赔偿责任；公司股东滥用公司法人独立地位和股东有限责任，逃避债务，严重损害公司债权人利益的，应当对公司债务承担连带责任。

3. 表决权排除制度

表决权排除制度，是指当某一股东在股东大会讨论的决议事项中存在特殊利害关系时，该股东或其代理人不得对其持有的股份行使表决权。该制度实际上限制了利害相关方和控股股东的表决权，因为参与关联交易或在关联交易中具有利害关系的通常是终极股东。终极股东不参与表决，则有助于使表决结果更能反映公司整体利益，从而更好地保护中小股东的权益。特别是在我国上市公司中，关联交易频繁，因此更需要推行表决权排除制度。

表决权排除制度的法律规定最早出现在德国 1961 年颁布的《普通德意志商法》中。该法律第一百九十条第三款明确指出，那些希望通过表决形式减轻负担或因法律行为免责的人无权行使表决权，且不可通过他人代为行使。德国后来又对其进行了修订，规定凡是涉及被免责或免除债务的股东，或针对股东与公司之间的诉讼、合同决议，该股东均不得自行或通过他人行使表决权。我国首次在立法中确立股东表决权排除制度是在 2006 年 1 月 1 日实施的新《公司法》第十六条。该条规定："公司对外投资或为他人担保，应按照公司章程的规定，由董事会或股东会、股东大会决议；公司章程中对投资或担保金额有上限的，不得超过该限额。公司为股东或实际控制人提供担保时，须经股东会或股东大会通过决议。受控于前述实际控制人的股东不得参与相关表决，该表决由出席会议的其他股东以过半数通过。"这一规定标志着我国开始关注股东表决权排除的问题，具有重要的历史意义。然而，虽然我国法律已有相关规定，但对股东平等原则并未明确，且该制度的适用范围、主体资格及救济措施仍不完善，导致在司法适用和实际操作中还有较大的改进空间。

案例 3-1　万禹国际案

上海万禹国际贸易有限公司（以下简称"万禹公司"）成立于 2009 年 3 月 11 日，注册资本 100 万元，股东为宋余祥和高标。2012 年 8 月，万禹公司通过股东会决议，将注册资本增至 1 亿元，并吸收杭州豪旭贸易有限公司（以下简称"豪旭公司"）为新股东，增资后的股权结构为宋余祥 0.6%，高标 0.4%，豪旭公司 99%。

豪旭公司在完成增资验资后不久，便将 9 900 万元出资款从万禹公司账户转出，经万禹公司催告后仍未归还。2014 年 3 月 25 日，万禹公司召开股东会，除豪旭公司外的其他股东表决同意解除豪旭公司股东资格。豪旭公司对此决议不予认可，宋余祥因此诉至法院，请求确认股东会决议有效。

一审法院判决驳回了宋余祥的诉讼请求，宋余祥和万禹公司不服上诉。二审法院经审理认为，豪旭公司存在抽逃全部出资的情形，且在催告后未返还，根据《中华人民共和国公司法》，股东会对拒不出资股东予以除名的，该股东对该表决事项不具有表决权。因此，豪旭公司在表决时无表决权，万禹公司其他股东以 100% 表决权通过了解除豪旭公司股东资格的决议，该决议有效。二审法院最终判决撤销原判，确认万禹公司 2014 年 3 月 25 日的股东会决议有效。

4. 小股东的代理投票权制度

随着股份制公司规模的不断扩大，股权日益分散，股东分布广泛，特别是中小股东前往股东大会亲自投票的成本较高，这导致他们经常放弃投票权，无形中增强了大股东的权力。为避免这一问题，代理投票制度被提出，允许中小股东委托他人代为行使投票权，从而提升其参与公司决策的积极性。

20 世纪 30 年代经济“大萧条”后，美国公司的股权分散化进一步加剧，这为代理投票制度的产生奠定了基础。1934 年，美国在《证券交易法》第十四条中首次对投票代理权作出了明确规定。在德国，许多银行客户将股票存放于银行，并授权银行行使投票代理权。在我国，根据《公司法》第一百零六条规定，股东可以委托代表出席股东大会，代理人须提交授权委托书，并按照授权范围行使表决权。中国证监会发布的《上市公司治理准则》第十五条指出：“股东可以亲自投票或依法委托他人投票，两者享有同等法律效力。”这些规定表明代理投票权是受到法律保护的。

公司股东或董事如果无法出席股东大会，可以委托他人代为投票，这为代理投票权的征集提供了法律依据。通过征集代理投票权，可以有效汇聚中小股东的力量，保护他们的权益。然而，尽管法律对中小股东的代理投票权提供了保障，但在我国证券市场中，投票代理权的实际作用未能达到预期。特别是在投票代理权征集方面，中小股东普遍缺乏信心，因此需要进一步明确征集主体、费用、信息披露及征集数量等相关规定。

5. 股东退出机制

当股东由于个人或客观原因不愿继续参与公司治理时，可以选择两种方式退出：转股和退股。转股，是指股东将其持有的股份转让给他人，从而退出公司，俗称“用脚投票”；退股，则是指在特定条件下，股东要求公司以合理公正的价格回购其股份来退出，这一机制来源于异议股东的股份回购请求权制度。

我国《公司法》第七十一条和第七十四条分别规定了股权转让和退股。在内部股权转让方面，法律较为宽松，允许公司章程中有具体约定。而外部股权转让则受到更大限制，如外部转让需获得其他股东半数以上的同意，且少数股东可行使优先购买权。

关于股权回购，法律规定的情形较为有限，仅在股东对公司决议持反对意见时适用，并对异议情形进行了详细规定。然而，现行规定的严格条件使得股权回购在实践中较难执行。例如，法律规定公司连续五年不分配利润才能触发异议股东的回购请求，这在实际操作中难以实现，因为公司可以通过财务手段规避此类条件。因此，对于中小股东来说，实现股权回购变得非常困难。另外，回购程序也存在问题。股东在与公司对比时，通常处于弱势地位，因此公司有义务告知股东其享有的股权回购权。然而，法律并未明确告知义务的执行程序，例如是否需通知公司债权人、回购的股份如何处理等方面也缺乏具体操作流程，这使得股权回购制度在执行上仍需进一步完善。

(二) 委托代理政策

除了股东之间的利益冲突外,股东与代理人之间的利益冲突同样十分重要。根据委托代理理论,可以从代理人和委托人两个方面来缓解这种冲突。我国的相关政策主要从代理人和委托人的角度入手,分别通过代理人角度的内部控制措施以及从委托人角度对经理人提供股权激励的税收优惠政策来加以应对。

1. 内部控制

完善的内部控制不仅能有效保护委托人的利益,还能够提升企业的竞争力、工作效率和产品质量。国际上关于内部控制的定义经历了多个发展阶段。最早是在1936年,美国会计师协会(American Institute of Certified Public Accountants, AICPA)在《独立注册会计师对财务报表的审查》中将其定义为"为了保护公司资产及审查簿记准确性而实施的工具和方法",这主要是一种会计控制。1958年,该协会更新了定义,在《审计程序公告第29号》中进一步将内部控制分为内部会计控制和内部管理控制。1988年,AICPA在《审计准则公告第55号》中用"内部控制结构"代替了"内部控制",并提出三要素:控制环境、会计系统和控制程序。1992年,美国反对虚假财务报告委员会(NCFR)下属的COSO委员会发布报告,将内部控制定义为一种由董事会、管理层和员工实施的过程,目的是确保运营效率、财务报告的可靠性和法规的遵循性,该定义包含五个要素:控制环境、风险评估、控制活动、信息与沟通和监控,这也成为全球内部控制的通用定义。

中国从20世纪末开始推动企业内部控制的实施。最早的规范见于1996年财政部发布的《独立审计具体准则第9号——内部控制和审计风险》,其中明确了内部控制的定义:"被审计单位通过制定和执行政策与程序,确保业务活动的有效进行、资产的安全完整、防止并纠正错误和舞弊,确保会计信息的真实性和合法性。"此后,经过多次发展,如2001年《内部会计控制规范——基本规范(试行)》明确了控制目标,2004年银监会发布的《商业银行内部控制评价试行办法》进一步规范了银行业的内部控制要求,最终在2008年,财政部、证监会等五部委联合发布的《企业内部控制基本规范》将内部控制目标确定为"合理确保企业合法合规、资产安全、财务报告及信息真实完整,提升运营效率,助力企业实现发展战略",这标志着中国的内部控制与国际标准基本接轨。

2. 股票期权激励税收优惠

为激励代理人更好地管理公司,股东通常会授予代理人部分股权。美国在20世纪50年代首次引入股权激励制度。1950年9月23日,随着总统杜鲁门签署《1950年收入法案》,企业首次被允许向员工发放股票期权,赋予了股票期权合法地位。随后,股票期权开始被广泛采用。1952年,美国辉瑞制药公司推出了全球首个股票期权计划,以帮助公司经理人规避高额所得税。

20世纪80年代末,中国开始推行股份制改革,内部员工股和职工股等形式也随之出现。2005年12月31日,中国证监会发布《上市公司股权激励管理办法(试行)》,

为完成股权分置改革的上市公司提供了股权激励的制度框架，标志着我国股权激励的规范化进入了新阶段。为进一步推动股权激励的实施，国家税务总局于 2006 年 9 月 30 日发布《关于个人股票期权所得缴纳个人所得税有关问题的补充通知》。根据这一通知，授予股权激励时无需缴纳个人所得税，只有在行权时，才会根据股票实际收益缴纳税款。更重要的是，新税收政策还规定，除个人转让境外上市公司股票需缴纳税款外，转让境内上市公司股票的个人在行权后不需要再缴纳个人所得税，避免了二次征税。这一政策有效减轻了股权激励企业的税收负担，从而推动了股权激励的进一步发展。

（三）契约型利益相关者治理政策

如第一节所述，仅依靠“股东至上”治理模式无法实现公司的可持续发展，还需要兼顾股东和非股东利益。非股东利益相关者主要分为契约型利益相关者（如员工、债权人）和公众型利益相关者。对于员工，国家通过职工代表大会制度、职工董事制度和职工监事制度保障其权益。对于债权人，国家通过人格否认制度来保障其合法权益。

1. 职工代表大会制度

职工代表大会制度，是指职工通过民主选举组成职工代表大会，在企业内部行使民主管理权的一种制度。德国是该制度的发源地，并且在职工权益保障方面走在前列。1952 年，德国联邦议院通过《企业组织法》，规定凡有 5 名以上职工的企业必须设立“企业职工委员会”，以保障职工参与决策。1972 年，经过全国讨论，德国对《企业组织法》进行了修订，进一步强化了职工委员会在企业民主管理中的作用。

根据我国现行《公司法》第十八条第一、二款规定，职工可以通过职工代表大会参与公司治理，并借助工会维护其合法权益。此外，第三款规定职工可以通过职工代表大会对公司重大事项提出意见，保障其在公司民主管理中的正当权利。这一立法措施为职工参与公司治理提供了合法的途径，改变了以往仅在决策中象征性考虑职工权益的做法。

2. 职工董事制度

通过民主选举在公司董事会中设立一定比例的职工董事，并按照相关规定履行职责的制度，最早在德国实施。1951 年通过的《煤炭、钢铁企业共同决定法》规定，煤钢企业必须指派一名员工代表作为董事会成员，享有与其他董事相同的权利。之后的法律进一步扩大了这一制度适用的企业范围。在我国现行《公司法》中，对于不同所有制形式的公司，法律条文进行了明确区分。对于国有有限责任公司或国有独资公司，法律强制规定董事会成员中必须有职工代表。而对于非国有企业，董事会是否有职工代表则为可选项，属于非强制性要求。由于公司所有制的差异，我国法律对不同类型企业的职工董事制度规定有所不同，但从总体上肯定了职工董事在公司治理中的利益相关者角色，并为职工董事制度的实现提供了法律依据。

3. 职工监事制度

职工监事制度，是指职工通过民主选举在公司监事会中担任职务，代表职工利益并履行监事职责的一项制度。在全球范围内，德国的共决制下的职工监事制度影响最为深远。1922年，德国通过的《有关派遣企业参决委员会成员作为公司监事会代表法》首次确立了职工监事的参与权。由于历史因素，该制度曾多次被废除和恢复，最终在1976年通过的《参与决定法》中正式确立。在我国，《公司法》第五十一条、七十条和一百一十七条规定，监事会作为公司的监督机构，其成员应由股东代表和职工代表共同组成，且职工代表的比例不得低于三分之一。具体的代表人数由公司根据自身情况在章程中规定。与职工董事制度不同，职工监事制度不区分公司所有制形式，而是采取了强制性规定，要求"所有公司必须确保职工代表占监事会成员的至少三分之一"。

4. 人格否认制度

为防止股东滥用公司法人地位和有限责任逃避债务，损害债权人利益，我国《公司法》第二十一条规定：公司股东应当遵守法律、行政法规和公司章程，依法行使股东权利，不得滥用股东权利损害公司或者其他股东的利益。公司股东滥用股东权利给公司或者其他股东造成损失的，应当承担赔偿责任。第二十三条规定：公司股东滥用公司法人独立地位和股东有限责任，逃避债务，严重损害公司债权人利益的，应当对公司债务承担连带责任。股东利用其控制的两个以上公司实施前款规定行为的，各公司应当对任一公司的债务承担连带责任。只有一个股东的公司，股东不能证明公司财产独立于股东自己的财产的，应当对公司债务承担连带责任。

在企业合并过程中，部分投资者利用公司法人独立制度规避法律，侵害债权人利益和公共利益。为应对这一问题，美国首先提出了"揭开公司面纱"原则。随着实践的发展，该原则逐渐被其他国家引入并应用于更多领域，并且经过本土化改革，形成了德国的"责任落实理论"和日本的"透视理论"。经过各国的研究和实践，这一原则得到了不断完善和扩展，最终在世界范围内，尤其是在两大法系中，得到了广泛认可，成为公司法人人格否认的一部分。然而，由于该条款在我国表述较为宽泛，实际操作中存在难以精确应用的问题。

案例3-2 萨洛蒙诉萨洛蒙公司案

萨洛蒙诉萨洛蒙公司案是英国公司法中确立公司独立法人人格的经典案例。萨洛蒙先生是一位经验丰富的皮靴商人，成立了以其命名的有限责任公司，并在公司成立后，以个人财产借给公司一万英镑，再由公司发行给萨洛蒙一万英镑有担保的公司债。

公司成立后不久，因经营不善陷入财务困境并进行清算。清算时，公司资产不足以偿还全部债务，萨洛蒙的有担保债权优先于其他无担保债权人。按一般的偿债顺序，其他债权人的债务将得不到偿还，因此其他债权人一起诉讼了萨洛蒙，主张公司是萨洛蒙个人的延伸，不应该优先偿还他的有担保债权。

初审和上诉法院支持了这一观点，但英国上议院推翻了这一判决，强调公司一经合法注册，即成为独立法人，股东仅以其出资额为限对公司债务负责。上议院确认萨洛蒙公司是独立法人，萨洛蒙作为股东和债权人，其有担保债权应优先受偿。该案确立了公司依法取得独立人格的原则，即使公司的控制权仅操纵于一个或少数股东手中，亦不影响公司的独立法人地位。此案强化了公司独立人格和股东有限责任的原则，但也引发了对公司人格被滥用的担忧，促成了后来“刺破公司面纱”原则的发展。该判决在全球公司法中都具有深远影响，它明确了股东与公司之间的法律责任界限，为现代公司制度奠定了基础。同时也提醒人们，公司法人人格的独立性不应被滥用，以保护债权人的利益和市场公平。

（四）公众型利益相关者治理政策

公众型利益相关者涵盖范围广泛，包括消费者、社区、环境、政府和媒体等。这些主体与企业之间通常没有直接的契约关系，因此在 2004 年之前，这类利益相关者的治理模式主要停留在理论阶段，缺乏具体的实施路径。2004 年后，随着 ESG（环境、社会和公司治理）理念的提出，逐渐形成了通过信息披露引导资本流动的方式，促使企业调整治理模式，朝着对社会和环境友好的方向发展。经过十多年的理论演进和实践探索，ESG 已得到广泛普及，相关制度在多个国家开始落地，成为企业治理公众型利益相关者的主要手段。

2006 年，联合国责任投资原则组织成立，推动成员机构将 ESG 议题纳入投资决策。在美国，证券交易委员会于 2010 年发布了《关于气候变化相关信息披露的指导意见》，要求上市公司披露环境对财务状况的影响，推动了美国 ESG 信息披露的迅速发展。欧盟在 2014 年出台《非财务报告指令》，要求员工超过 500 人的大企业披露 ESG 信息。我国香港地区，2012 年港交所发布《环境、社会及管治报告指引》，首次提到在港上市公司的 ESG 披露要求，直到 2015 年加入“不遵守就解释”条款后，ESG 信息披露才大幅增加。如今，在港上市公司已经被强制要求披露 ESG 信息。

相比之下，我国大陆对 ESG 信息披露的要求起步较晚，且长期以来未有强制性规定。2018 年，证监会修订的《上市公司治理准则》建立了 ESG 披露框架。2020 年，上海证券交易所《科创板股票上市规则》首次明确要求企业报告社会责任履行情况，标志着我国首次要求上市公司披露 ESG 报告。2022 年，证监会发布《上市公司投资者关系管理工作指引（2022）》，首次将 ESG 纳入投资者沟通内容。2023 年 7 月，国务院国资委发布《关于转发〈央企控股上市公司 ESG 专项报告编制研究〉的通知》，进一步规范央企控股上市公司的 ESG 信息披露。

2025 年，我国证监会修订发布的《上市公司信息披露管理办法》首次从部门规章层面明确要求上市公司按照交易所规定发布可持续发展报告。这一新规不仅提升了 ESG 信息披露的法律地位，也标志着中国 ESG 治理迈入新阶段，推动企业从“形式合规”向“实质性管理”转型。此次修订的《上市公司信息披露管理办法》明确规定，上市公司需按照交易所规定发布可持续发展报告,并将其纳入信息披露的法定体系。这一变化具有里程碑意义,意味着ESG信息披露从企业社会责任范畴正式进入证券监管领域。根据新规,上证180指数、科创50指数、深证100指数、创业板指数样本公司以及境内外同时上市的公司将成为首批强制披露主体,需在2026年首次披露2025年度可持续发展报告。新规不仅要求企业披露报告,还明确了披露框架,鼓励企业采用"治理—战略—影响、风险和机遇管理—指标与目标"四要素进行信息披露,推动ESG管理从形式走向实质。

深圳证券交易所(以下简称深交所)2025年4月30日发布公告称,决定修订创业板指数编制方案,首次将ESG负面剔除机制纳入规则体系。根据新规,自2025年6月16日起,创业板指数样本股将剔除国证ESG评级B级以下的上市公司,同时设置权重调整因子,单只样本股每次定期调整时有20%的权重上限。这一机制具有较好的示范作用,ESG更多地能够体现避险特征,剔除ESG评级较差的股票可以有效降低风险。同时,作为指数产品,这也向市场传递了明确的信号,即投资者应关注上市公司的ESG风险。

总体来看,我国在ESG政策整合方面起步较晚,发展仍不成熟,目前披露要求主要针对央企与上市公司。ESG信息披露的强制性、标准化以及配套服务体系仍需进一步完善。

三、重点政策

公司治理的核心目标是实现公司的可持续发展,而这一过程离不开投资者的支持。在公司治理中,内部控制信息披露制度对投资者尤为重要。通过这一制度,投资者、社会公众以及其他利益相关者可以获取公司内部控制制度及其运行情况的信息,同时获得对财务报告可靠性的合理保证,从而帮助他们作出理性的投资决策和对公司进行准确评估。因此,内部控制信息披露可以被形象地看作是公司与外部沟通的桥梁,如何有效设计和完善这一桥梁正逐渐成为各方关注的焦点。

国际上对内部控制的定义为:一个由企业董事会、管理层和员工共同执行的过程,旨在为运营效率、财务报告的可靠性以及遵循相关法律法规提供合理的保障。内部控制通常包括五个要素:控制环境、风险评估、控制活动、信息与沟通以及监控。而内部控制信息披露则是公司对其内部控制状况的公开报告,管理层在此过程中对内部控制进行自我评价,并将结果向投资者披露,以展示公司在风险管理方面的能力。同时,外部审计师也会对财务报告中的内部控制部分进行审计。内控信息披露制度的流程如图3-2所示。

(一)国外内控信息披露制度的发展

1. 美国

在2002年之前,尽管美国证券交易委员会(SEC)、美国注册会计师协会和美国反虚假财务报告委员会都曾建议管理层披露内部控制报告,但由于执行成本过高和

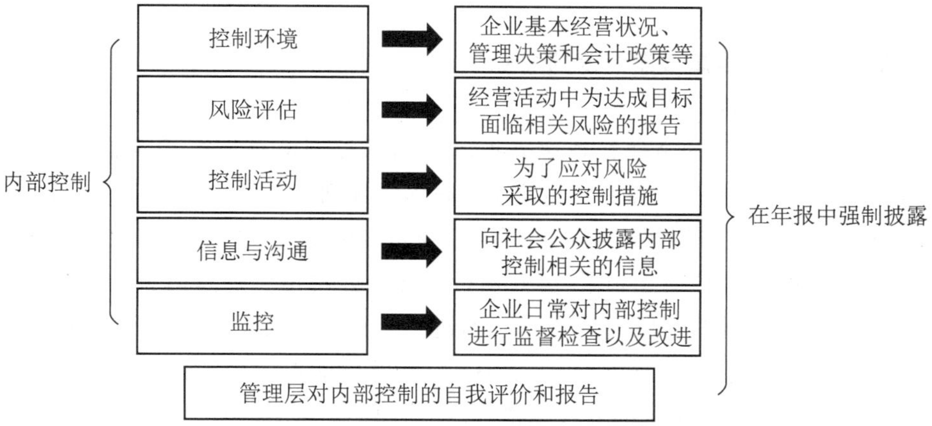

图 3-2　内控信息披露制度

缺乏统一的内部控制评估标准，这些建议并未被强制实施。虽然一些企业公开了管理层对内部控制的评估报告，但这在当时仍属自愿行为。引发全球内部控制改革的转折点是安然公司破产事件。作为 21 世纪初全球最大的天然气公司，安然公司在短短三个月内从市值 600 亿美元急速衰退到破产，成为臭名昭著的财务欺诈案例。2001 年 8 月，安然公司的 CEO 辞职，两个月后，公司创始人宣布由于"记账错误"造成 6 亿美元的损失，最终导致破产。分析普遍认为，安然公司的崩溃源于其内部控制的失效，致使问题无法被及时发现。

为了应对这一事件，美国于 2002 年出台了《萨班斯-奥克斯利法案》，这一法案在全球范围内引发了各国对内部控制信息披露的立法行动。2002 年 7 月 25 日，美国国会通过《萨班斯-奥克斯利法案》，强制要求上市公司披露其内部控制报告。根据该法案的第三百零二条和四百零四条，管理层需以书面形式确认他们对内部控制的建立和实施负责，并披露内部控制评估报告。此外，外部审计师还需对财务报告中的内部控制进行审计。这一要求标志着内部控制信息披露从自愿变为强制，开启了美国上市公司内部控制披露的新时代。

2. 日本

2006 年 6 月，日本借鉴了美国等国家的经验，并结合本国经济发展的特点，最终通过了《金融商品交易法》。该法律规定，公司管理层需对财务报告的内部控制设计和运行有效性进行评估，并在归档文件中详细报告评估结果；独立审计师则需提供鉴证报告，以评估管理层的评估质量。随后，日本金融服务局商业会计理事会发布了《财务报告内部控制的管理层评价与审计标准》和《财务报告内部控制的管理层评价与审计准则实施指引》，要求注册会计师对管理层的内部控制评价结果进行审计，并评估管理层确定的评价范围及其基于公司层面和业务层面的内部控制评价的适当性。日本的内部控制评价与审计准则由三个核心部分构成：内部控制结构、与财务报告相关的内部控制评价及报告、相关的内部控制审计，形成了一个相互联系、协作的整体体系。

(二) 我国内控信息披露制度的发展

1. 开始关注时期

在上世纪末,我国的金融行业率先推动了内部控制信息披露的实施。2000 年,证监会发布了《公开发行证券的公司信息披露编报规则》,其中包括第 7 号《商业银行年度报告内容与格式特别规定》和第 8 号《证券公司年度报告内容与格式特别规定》。随后,2001 年 4 月,证监会颁布了《公开发行证券的公司信息披露内容与格式准则第 11 号——上市公司发行新股招股说明书》,进一步强化了公司管理层在内部控制信息披露方面的责任。同年 12 月,证监会在《公开发行证券的公司信息披露内容与格式准则第 2 号——年度报告的内容和格式》中明确了监事会的责任。2006 年 5 月,证监会发布了《首次公开发行股票并上市管理办法》,首次对上市公司内部控制提出了具体要求。

在 2000 年至 2006 年,除了这些主要准则和管理办法外,我国还出台了大量相关规范。在此期间,我国的内部控制信息披露规范从无到有,逐步明确了重点并作出快速响应。尽管我国内部审计信息披露体系尚不够完善,但每项规范及其修订都在一定程度上明确了各相关主体的披露义务,强化了管理层和组织机构的责任,从立法角度逐步提高了内部控制信息披露的地位。这些发展不仅促进了相关主体的规范化运作,还有效保护了广大投资者的合法权益。

2. 指导实践时期

自本世纪初以来,我国市场迅速发展,许多公司通过发行股票或证券成为必须进行信息披露的主体。为应对这一情况,上海证券交易所和深圳证券交易所分别于 2006 年发布了《上海证券交易所上市公司内部控制指引》和《深圳证券交易所上市公司内部控制指引》,以确保信息透明度和合规性。这两项指引要求上市公司提供自我评估报告,并结合外部审计结果形成最终意见,随年度报告一同披露。其目的是引导上市公司建立健全的内部控制体系,确保内控信息披露规范得到执行,同时提高公司对内部控制信息披露规定的重视和理解。

3. 系统起步时期

2000—2006 年,我国内部控制信息披露制度逐步启动并初步发展。然而,由于当时的社会环境和监管条件限制,政府对上市公司内部控制信息披露的重视程度不够。随着经济的快速增长、相关法律的修订和内部控制地位的提升,内部控制信息披露要求也相应需要调整和进一步明确。因此,2007 年 1 月 30 日,我国证监会正式发布《上市公司信息披露管理办法》,这一办法在我国上市公司信息披露规范的演进中起到了重要的总结和提升作用。

在此期间,除《上市公司信息披露管理办法》外,还出台了其他相关法规,例如,2007 年 3 月 2 日发布的《企业内部控制规范——基本规范》及其 17 项具体规范的征求意见稿。这些规范的出台标志着我国的内部控制信息披露逐步体系化,并且更加注重与其他法律法规的协调作用。这一阶段的规范不仅弥补了之前的不足，还全面考虑了经济形势、未来的挑战以及各领域的实际发展需求，推动了内部控制信息披露制度实现质的飞跃，为后续系统性规范的建立奠定了坚实的基础。

4. 系统规范时期

2008 年 6 月 28 日，我国财政部、证监会、审计署、银监会和保监会五部委联合发布了《企业内部控制基本规范》，随后，在 2010 年 4 月 26 日又发布了《企业内部控制配套指引》。这两项法规共同构建了我国的内部控制规范体系，对于内部控制标准的体系建设具有重要意义。配套指引详细规定了内容、程序、报告披露、审计程序及方法等细节，为企业建立完善的内部控制体系和自我评估提供了指导，也为注册会计师执行内部控制审计提供了操作依据。

自 2012 年 8 月 14 日起，财政部办公厅和证监会办公厅发布《关于 2012 年主板上市公司分类分批实施企业内部控制规范体系的通知》，决定对主板上市公司分类分批实施内部控制规范；根据企业产权性质、市值规模和营利能力，规定了披露董事会内部控制评价报告和注册会计师财务报告内部控制审计报告的时间要求；建议具备条件的企业自愿提前履行这些披露要求，以提高透明度。目前，我国已经初步建立了适合中小企业特点的内部控制信息披露制度。我国内控信息披露的制度发展历程如表 3-2 所示。

表 3-2　　我国内控信息披露的制度发展历程

发展时期	政策文件	具体内容
开始关注时期	2000 年证监会发布《公开发行证券的公司信息披露编报规则》	要求商业银行及证券公司在年度报告中说明其内部控制制度“三性”，并要求会计师事务所进行评价
	2001 年证监会发布《公开发行证券的公司信息披露内容与格式准则第 11 号——上市公司发行新股招股说明书》	规定了首次公开发行股票上市的公司管理层对其内控信息披露的责任
	2001 年证监会发布《公开发行证券的公司信息披露内容与格式准则第 2 号——年度报告的内容和格式》	规定了监事会在内部控制信息披露中的职责，利用监事会进一步保证公司内部控制制度的完善以及有效运行
	2006 年证监会发布《首次公开发行股票并上市管理办法》	首次对上市公司内部控制提出了具体的要求，如披露时间、对异常事项的说明等
指导实践时期	2006 年上海证券交易所发布《上海证券交易所上市公司内部控制指引》；2006 年深圳证券交易所发布《深圳证券交易所上市公司内部控制指引》	规定在其交易所上市的公司必须提供对其内部控制的自评报告，并将自我评价与外部审核结合起来形成结论性意见，与年度报告同时对外披露

续　表

发展时期	政策文件	具体内容
系统起步时期	2007 年证监会发布《上市公司信息披露管理办法》	要求公司对所有应披露事项必须做出合理详尽的说明，加大了上市公司大股东，管理层等相关人员的责任，明确了应披露信息的主要内容，明确了其他相关各方的行为规范，明确了各种违规行为的法律责任
系统规范时期	2008 五部委发布《企业内部控制基本规范》； 2010 年五部委发布《企业内部控制配套指引》	共同构建了我国内部控制规范体系，详细规定了内部控制评价的内容、内部控制评价的程序、内部控制评价报告应披露的内容、内部控制审计程序、方法和内部控制审计报告的出具类型等

（三）内控信息披露制度的国际比较

1. 明确内部控制及其信息披露的意义

相比美国和日本对内部控制的明确定义，我国各层级的法规以及同层级的不同法规在定义内部控制概念时参考的标准或侧重点有所差异。因此，我国亟须建立一套全面且系统的内部控制信息披露标准。

2. 缺乏严格的惩治法规

美国《萨班斯-奥克斯利法案》明确规定，管理层若故意造假签字，将面临 500 万美元罚款和最长 20 年监禁的惩罚。日本《金融商品交易法》规定，对重要事项作出虚假记录者可处以 5 年以下有期徒刑或 500 万日元以下的罚款。相比之下，我国在惩治法规方面的规定相对不足。因此，应明确规定责任主体和高层管理人员的法律责任，制定相应的惩罚措施，以减少管理层滥用职权或非法操作的可能性，进而提升内部控制的有效性。

3. 政府管制与自律管制逐步融合

美国在 2002 年颁布《萨班斯-奥克斯利法案》后，成立了独立监管机构——公众公司会计监管委员会，以加强政府对行业自律的协调作用。日本则在积极推进行业组织和民间自律的发展，逐步从政府管制模式转向政府引导下的自律模式。在我国，尽管证券交易所和证券业协会在监管中发挥了重要作用，但内部控制信息披露的自律管制尚不完善，因此我国政府应引导并支持其发展，作为现行模式的有益补充。目前，我国在内部控制信息披露的政府管制方面，面临法律体系不健全、监管主体缺失和缺乏有效监督机制等问题。通过政府引导和扶持行业自律，不仅可以优化未来内部控制信息的监管方式，还能降低政府直接监管的成本，以确保我国会计管制朝着正确的方向发展。

第三节　ESG 公司治理的重要议题

一、议题概览

公司治理具有多层次的交织影响，不仅涉及董事会、监事会和高级管理人员的结构和功能，还涵盖了信息披露、内部控制、风险管理和股东权益保护等多个方面。不同的公司治理结构、管理模式都会对公司治理的效果产生深远影响。公司治理还需要应对不断变化的外部环境，包括法律法规的更新、市场动态的变化以及社会责任等。在实际操作中，公司治理的复杂性进一步体现在权力分配和利益平衡上，董事会需要平衡独立性和多样性，以确保决策的公正性和有效性。管理层的激励机制需要兼顾短期绩效和长期发展，避免激励不当引发的短期行为和利益冲突。同时，信息披露的及时性和准确性是保障透明度和信任的关键，但在实际中常常面临操作上的挑战。

由于公司治理的复杂性，其影响很难直接传导到资本市场，需要将公司治理中的主要矛盾作为明确的抓手，即明确公司治理维度下的重要议题。议题的来源主要为准则和评级机构，目前认可度较高的准则包括 GRI、ESRS、ISSB 以及我国三大交易所发布的《上市公司可持续发展报告指引》；评级机构主要有国际的 MSCI、FTSE、Sustainalytics 和国内的中证、Wind、华证、妙盈、商道融绿等。综合以上准则和评级机构的重要议题，将公司治理维度的重要议题及主要内容如表 3-3 所示。

表 3-3　　公司治理维度的重要议题及主要内容

维度	重要议题	主要内容
公司治理	董监高	涉及董事会结构与监督、管理层稳定性、机构设置与运作等
	股权与股东	涉及股权结构、股东权益、股东治理等
	商业道德	涉及反腐败、税务透明度、审计等

二、董事、监事和高级管理人员

董事、监事和高级管理人员是公司治理维度中的核心要素，关系到公司的整体管理水平、运营效果和长期可持续发展。有效的董监高管理能够提升公司治理质量，增强公司的市场竞争力和可持续发展能力。

（一）内容

董监高议题主要涉及董事会结构与监督、管理层稳定性、机构设置与运作等。

1. 董事会结构与监督

在董事会结构方面，独立董事在董事会中占据重要地位，他们不参与公司的日常运营，主要职责是提供独立的监督和咨询，防止利益冲突。董事会成员的多样性，如性别、年龄、专业背景等方面，有助于提升董事会决策的全面性和创新性。

在董事会监督方面，董事会下设的审计委员会负责审核公司的财务报表，监督内部审计工作，确保财务信息的真实性和完整性。

2. 管理层稳定性

管理层稳定性旨在衡量管理不当产生的风险，反映管理层激励的水平、方式与合理性以及是否存在高管离职舆情等。在薪酬激励方面，需要考察公司是否制定科学合理的薪酬激励机制，将高管的利益与公司的长期发展挂钩，激励其为公司创造长期价值。在绩效考核方面，公司是否建立科学的绩效考核体系，通过关键绩效指标（Key Performance Indicator，KPI）对管理层的工作进行定期评估，确保考核结果的客观性和公平性。此外，高管的变动频率和继任计划同样对管理层稳定性具有重要影响：频繁的高管变动可能导致公司战略和运营的不连续性，增加决策和执行的风险；缺乏有效的继任计划可能导致关键岗位的空缺和人才断层，影响公司的稳定运营。

3. 机构设置与运作

在机构设置方面，合理配置董事会、监事会和管理层的权力，有助于防止权力过度集中，增强治理的透明度和公正性。监事会的主要职责是监督董事会和管理层的行为，确保其遵守法律法规和公司章程，防止权力滥用。确保监事会的独立性，能够使其有效履行监督职责，保护股东和其他利益相关者的利益。

在机构运作方面，制定和执行定期的董事会和监事会会议制度，确保决策过程的透明和高效，是影响企业可持续发展的重要一环。此外，加强信息披露制度，及时、准确地向股东和利益相关者披露公司重大事项和经营状况，有助于提高公司运作的透明度。

（二）测度

对于董监高议题的测度，可以采用以下指标进行衡量，董监高议题的测算指标具体如表 3-4 所示。在董事会结构与监督方面，可以通过女性高管占比、董事学历结构等反映董事会成员的多样性；通过审计委员会会议次数等反映董事会监督情况；管理层稳定性可以通过高管离职舆情事件、高管离职率等指标进行测度，机构设置与运作则可以通过风险管理委员会、领导架构等指标进行衡量。

表 3-4　　董监高议题的测算指标

董监高人数	董事会成员平均任期
女性高管占比	公司 CEO 是否担任董事长
高管离职舆情事件	独立董事比例
董监高平均年龄	董监高年龄标准差

续 表

董监高人数	董事会成员平均任期
董事会委员会设置	女性董事占比
董事会专业人士占比	董事会召开次数
董事会人员结构	董事会成员出席率
管理层人员结构	参加少于75%会议的董事人数
董事人均兼职数	审计委员会会议次数
董事会委员会开会和出席情况	薪酬委员会会议次数
审计委员会中有财会专业技能的独立董事比例	提名委员会会议次数
薪酬委员会独立董事比例	风险管理委员会
董监高报酬方针	审计委员会独立董事占比
年度股东大会通知期	审计委员会召集人是否为会计专业人士
董监高离职率	提名委员会独立董事比例
领导架构	薪酬委员会独立董事占比
董事会多元化政策	董监高薪酬
董事学历结构	高管学历结构
监事学历结构	高管年龄结构

三、股权与股东

股权与股东在企业可持续发展中具有重要作用，能够通过控制权和决策影响力推动公司制定和执行可持续发展战略，通过监督和倡导推动企业采用可持续实践，从而帮助企业识别和管理风险，提升品牌形象和竞争力，促进长期协调发展。

（一）内容

股权与股东议题主要涉及股权结构、股东权益、股东治理等。

1. 股权结构

股权结构反映了公司内部股权的分配方式，决定了不同股东在公司中的权利和责任。通常情况下，股权结构可以分为集中型股权结构和分散型股权结构两种。

在集中型股权结构中，少数大股东持有公司的大部分股权，具有较强的控制权和影响力。这种结构有助于在企业制定和执行长期战略时保持一致性和稳定性，使公司更专注于可持续发展目标，但同时存在大股东可能因短期利益而忽视可持续发展要求的风险。

在分散型股权结构中，股权分布较为均匀，决策权力分散在众多股东之间。这种结构提供了一个多样化的决策平台，可以吸纳更多关于可持续发展的建议和创新思路，但由于缺乏集中控制，可能导致决策效率低下。

2. 股东权益

股东权益是股东基于其持有的公司股份而享有的权利和利益，主要包括投票权、收益分配权和知情权等。保护股东权益是企业治理的重要组成部分，旨在确保股东能够公平地参与公司决策并获得合理的投资回报。有效的股东权益保护有助于建立透明和负责任的公司治理结构，增强投资者信任，吸引更多的资本投入。股东可以通过召开股东大会、行使提案权、行使监督权等途径参与公司治理，从而推动企业在社会和环境方面实现可持续发展。

3. 股东治理

股东治理主要围绕控股股东行为对上市公司的影响展开。控股股东在上市公司的治理中扮演着重要角色，其行为对公司的管理决策和市场声誉等具有重要影响。控股股东通常持有大量股权，对公司的重大决策和战略方向具有直接影响力。控股股东还会影响公司的治理结构和监督机制。在理想情况下，控股股东会支持建立一个有效的董事会和管理层，以确保公司运作的透明度和效率。然而，在某些情况下，控股股东可能利用其影响力削弱董事会的独立性，减少对管理层的监督，从而增加代理风险和利益冲突的可能性。此外，控股股东的行为对上市公司的市场声誉和投资者信心具有直接影响。良好的控股股东行为，包括透明的信息披露、负责任的治理实践和对股东权益的保护，可以增强投资者对公司的信任，提升公司的股票价值和市场形象。相反，不当的控股股东行为可能引发监管关注，从而导致市场动荡和投资者信任危机。

（二）测度

对于股权和股东议题的测度，可以采用以下指标进行衡量，股权和股东议题的测算指标具体如表 3-5 所示。在股权结构方面，可以通过股权集中度（标准差）、前十大股东持股比例合计等指标反映企业股权结构的类型。在股东权益方面，可以通过股东权益保护制度、股东反馈机制等指标进行评价。股东治理则可以通过关联交易透明度进行衡量，如向关联方提供资金发生额、每百万营收向关联方采购产品规模等指标。

表 3-5　股权和股东议题的测算指标

股权集中度（标准差）	前十大股东持股比例合计
股权相关负面事件	高管持股比例
股东权益保护制度	股票质押比例
股东反馈机制	关联方向上市公司提供资金规模
向关联方提供资金发生额	每百万营收向关联方采购产品规模

四、商业道德

商业道德是企业可持续发展的基石，高标准的商业道德有利于确保公司运营的公正性、透明性和合规性。商业道德作为企业实现长期经济效益和社会效益的关键因素，支持其在不断变化的全球市场中实现可持续发展。

（一）内容

商业道德议题主要涉及反腐败、税务透明度、审计等。

1. 反腐败

反腐败旨在防止贿赂、滥用职权和利益输送。腐败行为不仅会损害公司的财务状况，还可能对公司的声誉和法律合规性造成严重影响。企业需要制定明确的反腐败政策和程序，包括行为准则和内部举报机制，并确保员工理解并遵守反腐败标准。此外，企业还应当定期为员工提供反腐败培训，帮助他们识别和抵制腐败行为。有效的反腐败措施能够帮助企业避免法律诉讼和罚款，减少合规风险。通过严格的反腐败实践，企业可以提高其在客户和公众中的信誉，增强市场竞争力。

2. 税务透明度

税务透明度是企业在财务报告和税收合规方面的核心组成部分，要求企业准确、完整地披露税务信息。高水平的税务透明度有助于支持企业实现可持续发展，这就要求企业全面披露其税务政策、纳税情况和跨境税务安排，加强税务风险管理，确保企业的税务行为符合当地和国际税法要求，防止因不当税务实践导致的法律问题。此外，高水平的税务透明度能够增强企业在公众和监管机构中的公信力，减少因税务争议而损害声誉的风险。良好的税务实践能够表明企业对社会责任的重视，尤其是在支持政府税收和公共服务方面。

3. 审计

审计是确保企业财务信息准确性和内部控制有效性的关键工具。它在商业道德中起到至关重要的作用，增强了公司治理和财务透明度。对于内部审计，企业应建立内部审计部门，对公司财务报告和运营过程进行独立检查，有效识别财务报表中的错误或舞弊行为。对于外部审计，企业应聘请独立的外部审计机构对公司的财务报表进行审计，提供第三方验证，以增加财务信息的可信度。此外，企业还应设立审计委员会，由独立董事组成，负责监督审计过程，确保审计的独立性和有效性。审计有助于确保财务报表的准确性和完整性，提高企业的财务透明度。通过识别和改善内部控制的不足之处，帮助企业提高运营效率，降低风险。此外，审计提供了对管理层行为的监督机制，保护股东的利益，防止资产流失和不当行为。

（二）测度

对于商业道德议题的测度，可以采用以下指标进行衡量，商业道德议题的测算指标具体如表3-6所示。在反腐败方面，可以通过反贪污腐败管理体系与制度、反垄断与公平竞争管理体系与制度等指标反映企业反腐败情况。在税务透明度方面，可以根据企业使用避税天堂的情况、境外纳税披露等指标进行评价。审计方面则可以通过审计意见、会计师事务所变更情况等进行衡量。

表 3-6 商业道德议题的测算指标

反贪污腐败管理体系与制度	商业道德行为准则
匿名举报制度	反洗钱
贪污与贿赂政策等培训	政治献金金额
对商业伙伴反贪污、贿赂的监管	防止欺诈勒索
反垄断与公平竞争管理体系与制度	企业党建
两年监管风险系数	违规处罚
两年交易所监管事件	腐败与贿赂事件
举报管理政策	腐败风险评估
使用避税天堂的情况	境外纳税披露
标准无保留意见	内审标准无保留意见
会计师事务所变更	内审会计师事务所变更

核心概念

利益相关者;股权制衡;委托代理;可持续治理;内部控制。

思考与练习

1. "公司人格否认"制度在中外的演进有着明显差异:在多数欧美国家,人格否认制只是判例,未有明文规定,且适用范围十分狭窄,仅在"妨害公共利益,使违法行为合法化,保护欺诈或为犯罪行为辩护"时,公司人格才会被否认;但我国在2006年就已将该制度写入了《公司法》。请问,欧美国家为何普遍谨慎使用"公司人格否认"?我国与欧美国家在该制度的演进上存在差异,其背后的深层原因是什么?
2. 试从内部控制和内控信息披露的视角,解读恒大地产集团"暴雷"的案例。
3. 怎样的股权架构有利于公司的ESG表现?为什么?
4. ESG理念要求将环境保护和社会责任内化为公司治理,有哪些案例实践了这一理念?未来还有哪些可行的创新改革?

第四章
ESG:社会责任

本章导读:

传统理论将社会责任划为政府的职责范畴,但受限于信息不对称和“搭便车”的问题,政府的社会责任承担缺乏精确性和有效性。随着现代企业的崛起和扩张,社会责任对社会各界产生全面辐射,并深刻影响全民福利。因此有理论指出,由企业来承担其社会网络辐射范围内的社会责任将更为精准和高效,这种模式也被各国实践所认可。本章首先梳理企业社会责任的相关理论,重点阐释了企业承担社会责任的必要性和责任范围以及企业承担社会责任的模式。在实践中,主要衍生出三类推动企业社会责任的政策,即命令管制政策、经济激励政策和信息公开政策。以此为框架,本章进一步介绍推动企业社会责任的公共政策,涉及劳动者、消费者、投资者和社会公众在与企业产生关系时的各个环节。在这些政策中,以ESG为代表的信息公开政策是最为市场化的手段。因此,本章最后梳理了国际准则和评级机构所认定的不同类型企业所需承担的社会责任的主要议题。本章内容旨在全面介绍ESG中企业社会责任方面的理论根源和辐射范围,以帮助读者理解这一支柱在ESG体系中的作用及其实践路径。

第一节　企业社会责任理论

一、企业承担社会责任的根源理论

企业社会责任的核心问题是“为什么企业需要承担社会责任”,对于该问题最早的解释来源于社会契约理论。该理论认为社会关系建立在显性或隐性的契约基础上,为社会结构提供了稳定的框架。一些学者将这一理论引入经济学,提出企业社会契约理论,认为企业的社会责任由一系列社会契约所规定,企业通过与社会达成契约获得合法性。企业社会契约的对象包括消费者、供应商、政府和公众等利益相关者,企业与这些群体之间不仅有经济契约，还存在社会契约。因此，企业除了履行经济上的义务，还需要承担社会契约中的责任，确保其行为符合社会的期望，促进经济和社会的共同发展。如果企业忽视社会责任，不满足利益相关者的合理要求，便难以实现长期的生存与发展。社会契约理论强调企业对内部和外部相关者都需承担相应责任，以保障其可持续发展。

企业公民理论则基于企业与社会的关系，认为企业与个人一样在社会中具有公民身份，享有特定权利和义务。该理论的核心观点是，企业公民应按照法律和道德标准，既享有营利的权利，又履行对利益相关者的责任。企业需遵守法律和管理伦理，认真履行社会责任。企业的成功与社会的健康发展密切相关，因此在追求经济利益的同时，企业也应通过各种方式回馈社会。履行社会责任不仅能提升企业的公众形象，还能增强其竞争力，实现可持续发展。

二、企业承担社会责任的实施理论

企业公民理论指出，企业的责任包括社会责任和道德责任两大部分。其中，社会责任是法律规定企业必须承担的义务，具有强制性，如向政府缴税、提供就业机会、向市场提供产品和服务等。而道德责任则是企业自愿支持的社会公益活动、福利项目、慈善事业以及社区建设等，表现为自觉自愿的行为。企业公民理论要求企业必须承担社会责任，并根据自身情况承担相应的道德责任，作为社会成员的一部分。

此外，企业社会表现理论提出，企业在社会责任方面的表现会影响其社会形象，进而影响业绩。消费者、供应商、政府和公众等利益相关者会根据企业履行社会责任的情况，评估其发展潜力、产品是否值得购买以及投资回报情况。市场反馈机制可以推动企业履行更多的社会责任。然而，信息不对称的问题会影响这一反馈机制的有效性，如企业履行了责任但社会不了解，或企业履行不佳却被过度夸大。信息障碍削

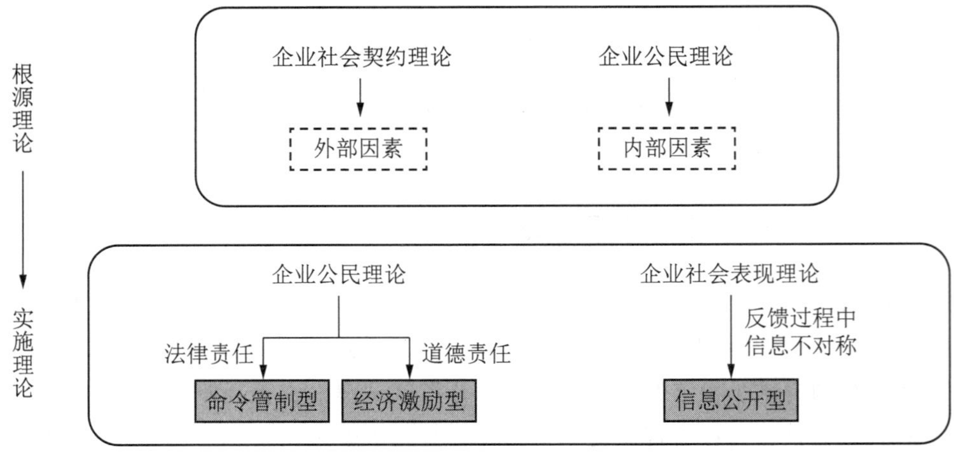

图 4-1　理论与社会责任政策逻辑图

弱了公众对企业的知情能力，阻碍了企业社会表现理论的反馈。因此，信息公开政策使得利益相关者全面了解企业在社会责任方面的表现，从而改善信息流动，增强反馈机制。理论与社会责任政策之间的逻辑关系如图 4-1 所示。

第二节　企业社会责任政策

一、政策概览

目前，国内外出台了许多相应的政策来支持企业履行社会责任义务。根据理论框架，政策按照其责任类型，可分为命令管制政策、经济激励政策和信息公开政策。这三类政策在当下的实践中各自衍生出了一系列具体的执行政策，其中的主要政策如表 4-1 所示。

表 4-1　企业社会责任政策

政策类型	政策名称	具体内容
命令管制政策	劳动保护	禁止童工、最长劳动时间限制、劳动安全与卫生、社会保险与福利等
	产品质量标准	通过前端的法规建设，中端的质检、执法队伍建设，和末端的投诉系统建设，保证产品的治理
	消费者权益保护	通过明确经营者义务、消费者权利及投诉渠道，解决消费纠纷，保障消费者权益
经济激励政策	安置残疾人税收优惠	企业所得税税前加计扣除、减免城镇土地使用税、增值税即征即退
	精准扶贫	对积极参与精准扶贫企业给予信贷支持、财政贴息、资本融资便利、优先安排审核、先进模范表彰、项目冠名激励
	乡村振兴	对参与乡村振兴企业简化立项审批程序、给予税收优惠、政府投资与补贴、中长期信贷支持、放宽贷款期限与利率
	慈善免税	持续性的大额捐赠在计算所得税时予以扣除，当年未扣除部分可最多结转三年
信息公开政策	社会责任标准	包含社会责任指南、社会责任报告编写指南、社会责任绩效分类指引
	社会责任报告	要求纳入深证 100 指数的上市公司、上证公司治理板块公司、境内外同时上市的公司以及金融类公司发布社会责任报告，央企控股上市公司发布 ESG 报告，其余公司自愿披露
	社会责任信息披露	确立 ESG 信息披露基本框架，规定企业 ESG 披露范围
	企业信用信息公示	完善企业红黑名单管理方法，全面建成企业信用信息公示系统，提供企业信用信息查询渠道

二、一般政策

（一）命令管制政策

企业社会契约理论和企业公民理论都强调企业有义务承担社会责任。基于这些理论，政府制定了多项管制政策，旨在推动企业履行必要的社会责任。命令管制政策属于强制性要求，设定了企业必须遵守的最低标准，违背这些政策将面临法律或国际制裁。此类政策的实施有助于保障相关利益群体的基本权益，涵盖劳动保护、产品质量标准和消费者权益保护等方面。

1. 劳动保护

作为人力资源的所有者，劳动者在劳动过程中享有合法权益。企业作为劳动关系的缔结方，有责任支持和维护劳动者的权益。国内外都高度重视劳动者权益的保护，采取了多项措施来保障这些权益，包括：第一，杜绝一切形式的强迫或强制劳动，确保没有人被迫在惩罚或威胁下从事不愿意的工作；第二，严厉禁止童工，严惩任何强迫或允许儿童参与非法和危险工作的行为；第三，消除就业和职业歧视，禁止因种族、性别、宗教或社会地位等原因排斥工人；第四，制定合理的休息和休假制度，明确劳动总时长及节假日休假要求。这些措施保障了劳动者的合法权益，同时有助于提高劳动效率和生产质量。

现代劳动者保护的法律最早在 19 世纪初的主要资本主义国家出现。随着工业革命的发展，雇佣劳动关系日益普遍，英、德、法等国率先出台了保护童工和女工的法律。随后，随着自由资本主义的发展，劳动法的适用范围扩大，出现了改善工人福利的社会保险法。随着经济的进一步发展，八小时工作制、带薪休假制和最低工资制等法律逐渐确立，劳动权益保护体系逐步完善。

国际上，劳动保护标准已经达成共识，形成了由国际劳工公约和建议书构成的国际劳工标准。成员国必须履行公约规定的义务，而建议书则为制定法律和政策提供参考。截至 2019 年 10 月，国际劳工组织共批准了 190 项公约、206 项建议书和 6 项协议。

作为国际劳工组织的创始成员国，中国积极推动国际劳工组织的基本原则和权利。截至 2022 年 8 月，中国批准了 28 项国际劳工组织公约。国内的主要劳动保护法律是 1994 年通过的《中华人民共和国劳动法》（以下简称“《劳动法》”），该法分别于 2009 年和 2018 年进行了修订，涵盖了劳动合同制度、工作时间和休息制度、工资规定、女职工与未成年工保护、劳动安全卫生规定以及社会保险与福利制度等内容。

与国际标准相比，我国《劳动法》仍存在一些不足。在立法内容上，有些领域尚未涉及，如事实劳动关系、多重劳动关系和涉外劳动关系等。在立法实践中，部分条款执行不到位，如我国劳动法规定每日加班时间不能超过 3 小时，每月加班总时长不能超过 36 小时，但许多企业并未严格遵守这一规定。

2. 产品质量标准

产品质量标准是生产、检验和质量评价的基本依据。对企业来说,从原材料采购、生产加工到销售,每个环节都受到相应标准的约束和评价。这些标准不仅涵盖生产和技术要求,还涉及管理规范。通常,国内外的生产型企业都会通过必要的检测设备对整个生产过程进行监控,确保产品符合 ISO 国际标准体系和企业自身的质量标准。同时,生产型企业还设立质量管理部门,负责督导员工生产并对生产过程进行质量检验和验收。严格的产品质量管理不仅保护了消费者的合法权益,也有助于企业提高竞争力,增加利润。

国际上,质量管理经历了三个主要阶段。起初是产品检验阶段,检查每个产品是否符合标准。随着技术进步和大规模机械生产,质量管理进入统计检验阶段,通过统计抽样检验产品。后来,全面质量管理阶段开始,现代管理理念被应用于提高企业的质量管理效率。目前,ISO 9000 质量管理体系在国际上占据主导地位,适用于生产和服务型企业,其内容包括质量管理原则、持续改进、质量审核和组织业绩指南等。

中国自改革开放以来,制定了多项法规来规范质量管理。发展历程可分为三个阶段:

① 起步阶段(20 世纪 70 年代末到 90 年代初),我国出台了《工业企业全面质量管理暂行办法》等法规,初步确立了工业产品的质量标准,并通过《质量管理小组暂行条例》等推动企业质量管理的多元化发展。同时,全国范围内开展了"质量月"活动,增强了社会对质量的重视。

② 发展阶段(20 世纪 90 年代初到 2000 年初),我国人大通过了《中华人民共和国产品质量法》,进一步加强了产品质量的监督和管理,明确了企业的产品质量责任。国家质量技术监督局成立,负责标准化、计量和质量管理。与此同时,打击假冒伪劣产品的力度加大,建立了 12365 投诉系统,强化了监管。

③ 成熟阶段(2010 年至今),国家陆续出台了《质量发展纲要(2011—2020 年)》等政策文件,推动高质量发展。2023 年,《质量强国建设纲要》发布,要求建设更完善的质量供给体系和现代化的质量治理体系。

尽管如此,我国的质量管理仍存在一些问题:首先,质量检验机构的检测有效性较低,设备落后且人员专业性不足,整体检验能力有待提高。其次,产品处罚机制不够完善,许多地方依赖抽查,如果发现问题,往往采取以罚代管的方式,往往无法有效管理未被抽查到的问题产品,导致其流入市场,损害消费者权益。

3. 消费者权益保护

消费者权益,是指消费者在购买商品或服务后的一段时间内享有的合法权利。随着近年来消费纠纷频发,消费者权益保护成为衡量企业社会责任的重要指标。许多企业因此高度重视消费者权益保护,设立了专门的售后部门,制定相应的制度和条例,强化员工培训,建立检查和考核机制,确保消费者权益得到保障。通过消费者权益保护,不仅能维护处于信息劣势的消费者群体,实现社会公平正义,还能够促进公平竞争，限制不正当竞争，推动经济健康发展。

发达国家较早开始关注消费者权益保护。英美等国在二十世纪初便制定了《产品责任法》《食品安全法》等法律，开启了政府保护消费者权益的进程。二十世纪五六十年代的“消费者权利运动”进一步推动了消费者保护工作的发展，促使各国纷纷制定行业性消费者保护法律。随后，美国、英国等国家在海牙成立了国际消费者组织联盟，旨在协助各国消费者组织和政府开展消费者保护工作，并组织消费者教育和问题讨论。截至目前，该联盟已拥有来自115个国家和地区的220多个成员组织。

中国于1993年颁布了《消费者权益保护法》，并陆续制定了《反不正当竞争法》《广告法》《食品安全法》等相关法律。其中，《消费者权益保护法》作为首部全面确认消费者权利的法律，对规范经营行为和维护社会经济秩序具有重要意义。2014年3月15日，全国人大通过的新版《消费者权益保护法》正式实施，主要内容涵盖消费者权利、经营者义务、消费者组织职责、纠纷解决途径以及违法惩处措施等。

尽管如此，我国消费者权益保护仍存在一些问题：首先，我国消费者组织独立性较弱，过于依赖政府。其次，由于我国消费者权益法律制度和消费者协会的自律机制不够完善，某些协会存在寻租行为。最后，我国缺乏便捷的消费纠纷解决途径，许多消费者因仲裁和诉讼程序复杂而放弃维权。此外，虽然管制政策为企业设定了行为底线，所有企业都必须遵守，但对于那些在社会责任方面表现优异的企业，缺乏相应的激励措施，导致其承担更多社会责任的动力不足。

（二）经济激励政策

企业公民理论指出，履行社会责任能够提升企业的经济效益，增强竞争力，并推动其实现可持续发展，因此企业有可能主动承担社会责任。经济激励政策正是基于这一原理，通过提供奖励、补贴和税收优惠等方式，鼓励那些在社会责任履行方面表现突出的企业更加积极地承担相关义务。此类政策有助于形成企业主动履行社会责任的良好氛围。具体的经济激励政策包括对安置残疾人的税收优惠、精准扶贫、乡村振兴和慈善免税等措施。

1. 安置残疾人税收优惠

作为社会的一部分，残疾人享有社会服务和福利的权利。企业安置残疾人不仅履行了企业的社会责任，也在一定程度上承担了政府促进社会公平和保障公民权益的责任，因此政府为此类企业提供了税收优惠。当前，国内安置残疾人的税收优惠措施包括：①企业在扣除残疾职工工资后，可在企业所得税税前再按残疾职工工资的100%加计扣除。②各省、市、自治区可根据当地财政规定，减免城镇土地使用税。通常，安置残疾人就业人数占在职职工总数的比例达到25%或以上，且实际安置人数不少于10人的企业可享受减免城镇土地使用税。③安置残疾人的单位和个体工商户可根据安置残疾人的人数，限额退还增值税，不同地区每月可退还的增值税限额为当地月最低工资标准的4倍。到2022年年底，国家统计数据显示，中国残疾人占全国总人口的6.16%。通过财政补贴和税收优惠政策，政府鼓励企业安置这一特殊群体，改善其生活条件，保障其权益，促进社会公平，也提升企业的社会形象和竞争力，吸引更多投资。

我国在安置残疾人税收优惠方面起步较早。早在1984年发布的《关于对民政部门举办的社会福利生产单位征免税问题的通知》中就规定，福利企业如果安置残疾人比例达到35%，可免征营业税或增值税。为了进一步推动残疾人就业并保障其权益，财政部和国家税务总局于2007年和2016年先后发布了《关于促进残疾人就业税收优惠政策的通知》和《关于促进残疾人就业增值税优惠政策的通知》，逐步完善了安置残疾人相关税收优惠体系。

尽管政策有一定成效，实践中仍存在不足：一方面，许多企业对安置残疾人的税收优惠政策认识不足，认为安置残疾人会增加企业成本和精力；另一方面，残疾人的技能培训体系不完善，导致其工作能力不足。

2. 精准扶贫

精准扶贫，是指通过精准识别贫困群体、合理分配扶贫资源，使扶贫措施真正惠及需要帮助的人群，这是我国特色的ESG实践之一。为鼓励企业积极参与精准扶贫，国家出台了一系列激励政策，包括：第一，在项目资金方面，参与扶贫且符合条件的企业可以获得信贷支持，并有机会获得财政贴息等政府补助。第二，在上市融资方面，符合条件的扶贫企业首次申请公开发行股票并上市时可享受即报即审、审过即发的政策待遇；申请挂牌、发行公司债或资产支持证券时同样享有优先审核权。第三，在并购重组方面，与扶贫相关的企业并购重组项目将获得优先审核和加快处理。第四，表彰在扶贫工作中表现突出的企业，通过项目冠名等方式激励，使积极参与扶贫的企业成为示范。这些激励措施旨在吸引企业参与精准扶贫，充分发挥市场资源的优势，克服传统扶贫模式的不足，并营造全社会参与扶贫的氛围，推动社会财富的再分配，实现社会的和谐稳定。

为进一步加强精准扶贫的资金支持，证监会于2016年发布了《中国证监会关于发挥资本市场作用服务国家脱贫攻坚战略的意见》。随后，深交所于2018年发布了《扶贫专项公司债券相关问题解答》，明确了债券市场在支持脱贫攻坚任务中的具体制度。

尽管企业在扶贫工作中取得了一定成绩，但仍存在一些问题：首先，帮扶模式较为单一，通常依赖企业自身资源，未能充分结合贫困地区的资源，容易导致返贫现象；其次，扶贫项目的类型不够多样，大多集中在抗风险能力较弱的种植业和养殖业，这类项目的可持续性较差，容易被市场替代。

3. 乡村振兴

乡村振兴是中国特色的ESG实践之一，近年来得到了国家的高度重视和公众的广泛关注。作为一个需要长期投入的战略，乡村振兴要求政府和企业协同合作，充分发挥各自的优势，实现资源互补。政府鼓励民营企业在乡村振兴中发挥重要作用，并为此提供了多项激励政策，包括：第一，多个省市开通绿色通道，简化审批流程，加快乡村振兴项目的落地。例如,广西出台了《关于对全区脱贫攻坚工程项目实行“绿色通道”管理的通知》,加速了项目立项、实施和拨款流程。第二,符合条件的农业产业项目可以获得政府投资和补贴。第三,符合乡村振兴要求的项目能够获得银行中长期贷款支持,贷款期限和利率也可以适当放宽。第四,根据乡村振兴项目的进展情况,提供税收优惠,符合条件的项目可享受增值税、城镇土地使用税和契税的免征。通过引导企业参与乡村振兴项目,企业不仅能够提高资源利用效率,还能赢得社会的尊重,增强市场竞争力。

2018年,中共中央和国务院发布了《乡村振兴战略规划(2018—2022年)》,引导金融资源支持乡村振兴项目,并通过奖励、补贴和税收优惠等措施鼓励企业参与。2021年,上交所发布《上海证券交易所公司债券发行上市审核规则适用指引第2号——特定品种公司债券(2021年修订)》,为乡村振兴项目提供专项公司债券支持,拓宽了项目融资渠道,促进了资本市场的资源配置优势。

然而,乡村振兴项目在实施过程中仍面临一些挑战。例如,许多项目涉及乡村产业升级,部分农民可能难以跟上产业发展的步伐,导致就业困难。此外,乡村的第二、第三产业发展相对滞后,不利于实现乡村的长期可持续发展。

案例4-1　星巴克的乡村振兴计划

星巴克“共享价值”云南咖啡产业扶持项目是星巴克在中国的公益项目,旨在助力云南咖啡产业的发展和乡村振兴。云南咖啡种植历史悠久,但面临技术落后、品质不稳定等问题。星巴克1999年进入中国内地市场,2012年在云南普洱成立亚太区首个咖啡种植者支持中心,推广先进种植技术和可持续种植规范。

自2018年起,星巴克陆续发起了三期“云南项目”,包括扶贫项目、咖啡产业扶持计划和智慧农业项目,旨在提升咖农的种植能力,用科技赋能咖农。具体来说,星巴克在云南普洱成立了亚太区首个咖啡种植者支持中心,引入先进的咖啡种植技术和“优质优价”的发展理念,推广可持续种植规范操作。针对云南咖啡产业面临的产业链短、市场风险抵御能力弱、种植加工技术落后等问题,星巴克从五大方面进行扶持:改善基础设施、降低成本、提升咖农能力、增加收益和促进咖啡文化。这些措施使云南咖农的收入和种植效率都显著提高。

2022年11月,星巴克基金会宣布启动第四期项目,主题为“共享价值　美丽星村”,进一步立足云南普洱思茅区10个村的特色资源优势,打造中国式咖啡社区,探索咖啡和文旅相结合的乡村振兴新模式。项目改善了村内人居环境,开展职业培训,培育合作社,推动村集体经济组织带领村民共同致富,打造沪滇合作、中国式现代化乡村振兴的典范。

4. 慈善免税

近年来,许多企业积极参与公益慈善事业,为贫困地区和弱势群体捐赠资金和物资。针对企业参与慈善、履行社会责任的行为，国家制定了相应的免税政策。具体规定是：企业通过公益组织或政府部门参与符合规定的慈善活动，且捐赠金额在年度利润总额12%以内的部分，可在计算应纳税所得额时扣除；超过12%的捐赠部分可以结转到未来三年内扣除。此政策旨在降低企业从事慈善活动的成本，提升企业参与慈善的积极性，同时帮助企业树立良好形象，带来潜在商业利益，也推动了中国慈善事业的发展，发挥其扶贫济困的作用，缩小贫富差距。

国家近年出台了多项与慈善免税相关的法规和通知。2013年，党的十八届三中全会发布了《中共中央关于全面深化改革若干重大问题的决定》，要求完善慈善税收减免制度。2016年，《中华人民共和国慈善法》（以下简称"《慈善法》"）颁布，标志着我国慈善事业由关注突发性捐赠转向重视持续性的大额捐赠。同年，财政部和国家税务总局发布了《关于公益股权捐赠企业所得税政策问题的通知》，规定企业捐赠股权时，可按历史成本确定捐赠额，并允许在所得税前扣除。

目前我国的慈善捐赠税收优惠制度仍存在不足。首先，我国相关规定较为分散。其次，我国的税费减免手续相对复杂，不利于企业捐赠的积极性。

虽然税收优惠、精准扶贫、乡村振兴、慈善免税等经济激励政策鼓励企业积极承担社会责任，但仍存在信息不对称的问题。某些企业在一方面表现突出，却在其他方面不尽如人意，公众难以全面了解其履行社会责任的情况。比如有的公司在公益慈善方面表现优秀，但在产品质量上可能存在问题，这表明企业在某些领域表现优异，并不代表其整体社会责任履行得当。

（三）信息公开政策

根据企业社会表现理论，企业在履行社会责任时常面临信息不对称的问题。在这种情况下，企业管理层掌握更多信息，而消费者、供应商及公众等利益相关者处于信息劣势。企业可能会出于自身利益，隐瞒不利信息，导致逆向选择和道德风险，进而影响经济的可持续发展。因此，为了应对这些问题，企业需要通过信息公开接受利益相关者的全面监督。信息公开政策主要包括社会责任标准、社会责任报告、社会责任信息披露、企业信用信息公示等政策。

1. 社会责任标准

随着企业社会责任理念从理论走向实践，建立统一标准以监督企业行为变得至关重要。目前，国际上主要使用SA 8000和ISO 26000两个标准。其中：SA 8000是一个由第三方认证体系使用的标准，确保供应商的产品符合社会责任的要求；ISO 26000是ISO首个非技术类标准，涵盖政治、文化和社会领域，为社会责任领域提供了第一个全面的国际标准，它在全球范围内统一了社会责任的定义、语境和话语，成为其他国际标准和规范的重要参考，这使得社会责任的具体化、可操作性和可衡量性显著提升。

中国在借鉴ISO 26000的基础上，于2015年发布了符合本国实际的社会责任国家标准，包括《社会责任指南》《社会责任报告编写指南》《社会责任绩效分类指引》，这些标准更加贴近中国企业的实际，有助于提升国内的社会责任水平。然而，在实践中，部分企业对社会责任标准了解不够深入，未能充分理解相关概念，导致对标准的执行不够重视。同时，国内外标准的多样性使得企业需要参考多种文件，增加了工作量，也容易导致重复性工作。

2. 社会责任报告

社会责任报告是企业向外部利益相关者展示其社会责任履行情况的文件。随着企业对社会责任意识的提升，越来越多的企业开始发布这类报告。早在 2000 年，全球报告倡议组织发布了《可持续发展报告指南》，为企业编制社会责任报告提供了指导。与国际标准相比，中国的社会责任报告制度起步较晚。深交所和上交所于 2008 年发布了通知，要求部分代表性企业在次年发布社会责任报告。发布这些报告不仅帮助企业对自身社会责任实践有更清晰的认识，还提高了管理层的评估能力，加强了与利益相关者的沟通，树立了负责任的公司形象，进而提升企业声誉和竞争力。

根据深交所和上交所于 2020 年发布的《深圳证券交易所上市公司规范运作指引》和《上海证券交易所上市公司定期报告业务指南》，只有纳入深证 100 指数的上市公司、"上证公司治理板块"公司、境内外同时上市的公司以及金融类公司需要单独披露社会责任报告，其他公司则可以自愿选择是否发布。随着 ESG 理念的兴起，企业的报告方式也在转变，从社会责任报告逐渐转向 ESG 报告。央企作为中国经济中的重要力量，承担着示范作用。为此，国务院于 2022 年发布《提高央企控股上市公司质量工作方案》，要求央企控股上市公司披露 ESG 专项报告，争取到 2023 年实现"全覆盖"。

然而，我国现行的社会责任报告仍面临一些问题：①报告内容的选择具有倾向性，公司常常夸大积极信息，而忽略负面信息或重要信息。②报告缺乏专业性，许多公司缺乏专门的报告编制人员，导致信息呈现简略。③报告发布不均衡，目前主要由国有企业发布，民营企业的发布数量较少。

3. 社会责任信息披露

社会责任信息披露是企业履行社会责任的关键环节。企业通过定期或不定期向外部利益相关者公开自身信息，来满足他们的期望和需求。这种披露有助于区分高质量与低质量公司，减少信息不对称性，保护投资者利益，并营造良好的市场环境。同时，它也激励公司提升经营管理，实现长期可持续发展。

在信息披露方面，我国香港起步较早。2011 年，我国香港社会服务联会发布了《香港中小企业——企业社会责任指引》，鼓励中小企业关注环境、社会和公司治理表现。随后的 2012 年，香港联交所发布了《环境、社会及管治报告指引》，建议上市公司自愿披露 ESG 信息。之后，这一要求扩展到所有企业。2019 年发布的新版《ESG 报告指引》将建议披露转变为"遵守或解释"，显著提高了强制性要求。

中国大陆在社会责任信息披露方面也取得了一些进展。2018 年，证监会发布了《上市公司治理准则》，增加了关于利益相关者、环境保护和社会责任的章节，明确了上市公司需披露 ESG 信息，并首次建立了基本框架。2022 年，中国企业改革与发展研究会与首都经济贸易大学中国 ESG 研究院联合发布了《企业 ESG 披露指南》，明确了具体的 ESG 披露指标。

尽管如此，我国在社会责任信息披露方面仍存在不足。一方面，许多企业对 ESG 信息披露的重视程度不足，披露积极性不高；另一方面，企业信息披露的随意性较强，缺乏强制性指标，企业往往选择披露有利于自身的信息，导致目前披露结果的可比性较差。

4. 企业信用信息公示

在全国范围内，政府机构或行业组织负责统一管理和公示企业的信用信息。这些公示内容包括注册登记、年度报告、行政处罚、抽查结果及经营异常状态等。由于这些信息具有权威性，它们有助于规范企业经营，并为利益相关者提供查询渠道，成为投资决策的重要依据。

我国于 2015 年启动了"信用中国"网站，负责信用宣传和信息发布，提供了企业信用信息的查询渠道，但该网站的信息范围较广，不仅限于企业。2017 年，国家发展改革委、人民银行发布了《关于加强和规范守信联合激励和失信联合惩戒对象名单管理工作的指导意见》，以完善企业红黑名单的管理方法。同年，国家企业信用信息公示系统也全面建立，覆盖全国 31 个省份，统一汇总企业信息，方便公众查询。

在实际操作中，经营异常名录的管理存在问题，一些企业尽管被列入经营异常名录，仍能正常运营而未受到实际影响。此外，部分企业法定代表人可能通过某些手段清除自身的违法记录，导致信用信息公示得不严谨。

三、重点政策：最长劳动时间标准

（一）定义及意义

最长劳动时间标准是对劳动者工作时长的规定，旨在保护劳动者的基本权益。劳动时间过长可能导致劳动者无法有效恢复体力，甚至对生命安全构成威胁。国际上通常采用每日工作 8 小时、每周 40 小时的标准工时制度。

制定这一标准具有重要意义。首先，能够保护人权，休息权是基本人权之一，受到宪法保障。限制劳动时长有助于维护公民的休息权。其次，促进人的全面发展，通过限制最长工作时间，劳动者能够获得更多的个人时间，用于自我提升和发展。最后，提高劳动生产率，用人单位为了增加利润，必须为劳动者提供充分的休息时间和条件，以恢复体力，提高工作效率。

（二）国外发展脉络

在 19 世纪的自由竞争资本主义时代，劳动者为了获得报酬付出劳动力，推动了经济快速发展，但也带来了严重的社会问题，如资本家延长工人的工作时间。当时，工人每天工作 14 至 16 小时，甚至长达 18 小时。劳动条件的恶劣激发了工人的反抗，促使社会各界要求限制工时，并推动了一些国家实施劳动时间法规。

英国最早制定了工作时间相关法规。1843 年,英国颁布了每日 10 小时工作制法令,成为推动全球劳动时间标准的先驱。1866 年,国际工人代表大会在日内瓦首次提出"8 小时工作制",引发了国际范围内的广泛斗争,尽管美国在 1886 年的大罢工中未能立即实施 8 小时工作制,但这一运动显著影响了未来的劳动争取行动。

在苏联十月革命后,苏联成为首个实际实施 8 小时工作制的国家,推动了全球范围内休息权保障的进程。美国在经历了经济大危机后,通过《公平劳动标准法》逐步将每周工作时间缩短至 40 小时,以应对生产过剩问题,并改善劳动条件。

受苏联影响,许多国家也制定了劳动时间法规。例如,德国通过了一系列法律来规定 8 小时工作制,并保障工人权益;法国则引入了"带薪假期"制度以缓解劳动压力。现如今,西方发达国家拥有成熟的劳动时间法律和制度。欧盟《工作时间指令》规定了工作时间、休息和带薪年假等内容;英国要求企业保留工作时间表;美国《公平劳动标准法》规定超时工作需支付加班费,并要求记录详细的员工工作信息。

在 ESG 信息披露方面,劳动时间标准是核心内容之一。新版 GRI 标准披露指南要求企业提供关于工作时间、休息时间和加班的详细信息。日本交易所集团和东京证券交易所联合发布的《ESG 披露实用手册》涵盖所有员工的工作时间,而欧盟理事会通过的《企业可持续发展报告指令》要求披露有关员工工作条件和健康安全的信息。

(三)国内发展脉络

中国劳动时间标准的起点可以追溯到 20 世纪初。1922 年,中国共产党组织在广州召开的第一次全国劳动大会上通过了《八小时工作制案》,这一措施在全国范围内产生了深远的影响,并推动了第一次工人运动高潮。新中国成立后,对劳动者工作时间的关注较少。第一届政治协商会议上通过的《中国人民政治协商会议共同纲领》规定每日工作时间为 8 至 10 小时,但未明确每周工作天数,实际情况通常是每周工作六天,仅休息一天。改革开放后,企业追求利润,导致加班问题严重。1994 年《国务院关于职工工作时间的规定》第三条规定:职工每日工作 8 小时,每周工作 40 小时。第五条规定:因工作性质和工作职责的限制,需要实行不定时工作制的,职工平均每周工作时间不得超过 44 小时。同年《劳动法》第三十六条规定:国家实行劳动者每日工作时间不超过 8 小时、平均每周工作时间不超过 44 小时的工时制度。1995 年,国务院令进一步将每周工时缩短至 40 小时,以更好地保障劳动者休息权。

目前,中国已制定了多项关于劳动时间的法规,提供了具体的标准以保护劳动者权益,但在实际操作中,许多职工仍未能享受到年休假。为改善这一状况,国务院于 2007 年发布《职工带薪年休假条例》,明确了休假主体及天数,并加强了监督机制。这一条例促成了后续相关法规的出台,如《机关事业单位工作人员带薪年休假实施办法》《企业职工带薪年休假实施办法》。现在,中国对企业报告中员工休息权的披露提出了要求。香港联交所的《环境、社会及管治报告指引》要求公司披露有关工作时间、假期等信息。中国企业改革与发展研究会和首都经济贸易大学中国 ESG 研究院于

2022 年发布的《企业 ESG 披露指南》也要求企业描述工时制度、每日及每周工作时间、每周休息时间、调休政策及带薪休假制度等方面的信息。

第三节　ESG 企业社会责任的重要议题

一、议题概览

社会维度的内容覆盖面广泛，涉及员工、客户、供应链、社区等多方主体，因此需要将其细分为具体的议题。这种细分不仅有利于评级机构对企业进行精准评级，同时也帮助企业更好地提升其在社会维度上的表现。细分社会议题能够使企业能够更全面和系统地管理其社会责任活动。通过将社会责任划分为多个具体的议题，企业可以更清晰地了解每个领域的需求和挑战，从而制定相应的策略和行动计划。例如，员工福祉、产品责任、客户满意度、供应链管理、社区发展等议题都需要不同的管理方法和资源投入，从而确保企业在各个社会责任领域都得到充分关注和有效管理。社会议题的细分还能使企业有针对性地开展工作，提高解决问题的有效性。例如，针对员工的议题，企业可以专注于改善工作条件、提供培训和发展机会；而对于社区发展，企业可以参与基础设施建设、教育支持和环保项目。这种针对性不仅能提高企业的社会责任绩效，还能有效利用资源。此外，通过细分社会议题，企业能够更合理地分配资源，优先处理最具影响力或最紧迫的社会问题。这种优化资源配置的方法可以帮助企业在有限的预算和人力资源条件下，最大化其社会责任投资的效果。增强透明度和问责性。社会议题的细分还有助于提高企业的透明度和问责性，企业可以通过详细披露每个议题的相关信息和绩效，便于利益相关者理解企业在社会责任上的投入和成果。

与公司治理维度相同，议题的来源主要有准则和评级机构，目前认可度较高的准则包括 GRI、ESRS、ISSB 以及我国三大交易所发布的《中国上市公司可持续发展报告指引》，评级机构主要有国际的 MSCI、FTSE、Sustainalytics 和国内的中证、Wind、华证、妙盈、商道融绿等。综合以上准则与评级机构的重要议题，将社会维度的议题及主要内容总结如表 4-2 所示。

表 4-2　社会维度的重要议题及主要内容

维度	重要议题	主要内容
社会	雇佣	涉及员工健康与安全、员工培训与发展、尊重与保护人权等
	产品责任	涉及产品质量与安全、客户服务与沟通等
	供应链	涉及供应链管理、供应商风险等
	社会机遇	涉及社区影响、慈善活动、乡村振兴等

4

二、雇佣

在社会责任的内容中，员工管理和职业发展处于基石地位。员工是企业的内部成员，是企业正常运营的支柱。企业承担社会责任，应当始终以人为本、关爱员工，而后向企业外部扩散，承担起对消费者以及全社会的责任。完善雇佣体系的建设，既是企业基本体系建设中不可或缺的一环，也是企业践行 ESG 的重要体现。

（一）内容

雇佣议题主要涉及员工健康与安全、员工培训与发展、尊重与保护人权等内容。

1. 员工健康与安全

安全生产是企业社会责任履行的底线，将预防职业安全事故和疾病作为优先事项，并确保充足的投入，这将不仅有助于改善劳动者的福祉，维护劳动者的健康，也将有助于提高企业的生产力，确保更可持续的发展。利益相关者越来越关注员工的健康与安全，在 ESG 信息披露上有诸多指引，并且日渐趋向强制性要求。

《GRI 403：职业健康与安全》要求企业披露针对员工是否实施了职业健康安全管理体系，以及管理体系的具体要求和标准、准则等。ISO 26000 侧重于企业在工作中的健康与安全制度建设，并披露企业有效防范员工死亡风险的安全政策、措施。与之对应，我国《劳动法》《安全生产法》《职业病防治法》等相关法律法规也规定用人单位必须建立、健全劳动安全卫生制度，严格执行国家劳动安全卫生规程和标准，对劳动者进行劳动安全卫生教育，防止劳动过程中的事故，减少职业危害。

2. 员工培训与发展

员工是企业发展的重要资源，有效的员工培训与发展管理不仅能够优化企业的组织结构，提高员工的能力和素质，还能为企业可持续发展提供强有力的人力资源保障，实现员工可持续成长和企业可持续发展的共赢和双向奔赴。

员工培训与发展既包括职业培训与教育，也包含员工薪酬与福利。在职业培训与教育方面，《GRI 404：培训与教育》要求企业披露员工接受培训的平均小时数，并且 GRI 标准背景下的培训包括各类职业培训和指导、组织为员工提供的带薪教育假、外部推行但由组织支付全部或部分费用的培训或教育、针对特定课题的培训，我国法律对于培训仅作较为笼统的规定，如《劳动法》第 52 条规定的劳动安全卫生教育培训，《职业病防治法》中规定的职业卫生培训等；员工薪酬与福利包含员工的生活基本保障和职业发展的福利，其中基础保障包括医疗保险、生育保险、养老保险、带薪假期等基础福利，职业发展福利则包括员工的心理健康、职业发展培训、工作技能提升等福利内容。

3. 尊重与保护人权

尊重与保护人权具体包含平等就业和反歧视、禁止使用童工等方面。《GRI 405：多元化与平等机会》要求企业披露管理团队成员以及每类员工的性别、年龄组分布、多元化指标，并且要求企业披露各员工类别中男女员工基本工资报酬的比例；《GRI 406：反歧视》要求企业披露所发生的歧视事件；我国《劳动法》第 3 条规定劳动者享有平等就业的权利，第 12 条规定劳动者就业，不因民族、种族、性别、宗教信仰不同而受歧视，第 13 条规定妇女享有与男子平等的就业权利，这些规定旨在消除性别偏见、支持平等机会，促进员工多元化与管理团队多元化。《GRI 408：童工》要求企业披露使用童工的情况，以及为促进有效废除童工而采取的措施；我国《劳动法》第 15 条明确禁止用人单位招用不满 16 周岁的未成年人，文艺、体育和特种工艺单位招用未满十六周岁的未成年人，必须遵守国家有关规定，并保障其接受义务教育的权利。我国《禁止使用童工规定》第 2 条规定：国家机关、社会团体、企业事业单位、民办非企业单位或者个体工商户均不得招用不满 16 周岁的未成年人。禁止任何单位或者个人为不满 16 周岁的未成年人介绍就业。禁止不满 16 周岁的未成年人开业从事个体经营活动。

（二）测度

对于雇佣议题的测度，可以采用以下指标进行衡量，测算指标具体如表 4-3 所示。在员工健康与安全方面，可以通过安全管理体系认证、单位工时事故发生率、职业病发生人数等定性定量指标来衡量；在员工培训与发展方面，通常以员工培训覆盖率、人均培训时长、员工人均创利、员工人均创收等指标估计员工的培训教育和薪酬福利情况；在尊重与保护人权方面，可以根据是否遵守《国际劳工组织公约》，是否雇佣童工，女性员工数量占比等指标进行判断。

表 4-3　雇佣议题的测算指标

安全健康管理政策	发展与培训管理体系与制度
安全管理体系认证	领导力培训
职业健康与安全措施	员工培训
职业健康与安全培训	员工培训覆盖率
单位工时事故发生率	人均培训时长
因工死亡人数	是否遵守《国际劳工组织公约》
健康安全投入	自由结社
职业健康与安全目标	集体谈判
职业健康与安全目标的执行情况	反强迫劳动
承包商安全管理	禁止雇佣童工
安全应急预案	同工同酬
安全风险评估	反歧视
损失工时	防范职场欺凌或骚扰
职业病防治	女性员工数量占比
职业病发生人数	员工离职率
两年安全事故	非正式员工比例
员工人均创收	员工人均创利

三、产品责任

产品责任议题聚焦于产品对用户、社会的影响，是众多权威 ESG 评级体系中的重要关注点。企业通过可靠的产品或体验，赢得客户的信任，从而实现业务与品牌声誉的持续性双增长，并在宏观层面上重振消费信心、扩大内需。

（一）内容

产品责任议题主要涉及产品质量与安全、客户服务与沟通等内容。

1. 产品质量与安全

“质量管理体系标准 ISO 9001：2015”要求企业披露产品质量与安全的控制过程，披露企业如何进行风险评估，识别可能导致产品或服务不符合要求的风险因素，并制定相应的应对措施，以预防和减少潜在的质量问题。相应地，我国《产品质量法》对产品质量进行了全面的规范规定，生产者、销售者应当建立健全内部产品质量管理制度，严格实施岗位质量规范、质量责任以及相应的考核办法，并依法规定承担产品质量责任。

2. 客户服务与沟通

客户服务与沟通主要包括客户沟通互动与客户权益保护方面。企业应当披露与客户沟通的主要渠道和方式，如客户服务热线、在线客服、社交媒体平台，以及这些渠道的使用情况和效果；介绍企业如何通过市场调研、客户访谈、满意度调查等方式积极收集客户反馈，了解客户需求和期望，并根据反馈结果不断改进产品和服务。此外，企业在收集、使用客户个人信息时，需要确保客户的隐私权益得到充分保护，建立有效的客户权益维护机制，如设立专门的客户服务部门或投诉处理机构，确保客户的合法权益得到及时有效的维护。

（二）测度

对于产品责任议题的测度，可以采用以下指标进行衡量，测算指标具体如表 4-4 所示。在产品质量与安全方面，可以通过产品质量与安全管理措施、质量管理体系认证情况等指标衡量，特定行业需要测算临床试验管理、抗微生物药物耐药性、药物警戒政策等相关指标；在客户服务与沟通方面，根据客户满意度管理、投诉管理等反映。

表 4-4　　产品责任议题的测算指标

产品质量与安全管理措施	杰出的创新项目及奖项
质量管理体系认证情况	研发投入
客户满意度管理	数字转型
投诉管理	临床试验管理
客户隐私管理	抗微生物药物耐药性
数据安全管理	药物警戒政策

续　表

负责任营销	生物安全及实验安全管理
服务可及性	媒体内容管理
知识产权管理	产品可追溯管理
创新管理策略	两年投诉维权事件

案例 4-2　大众汽车排放门

2015 年 9 月 18 日，美国环境保护署指控大众汽车利用安装软件的方式在车检中作弊，该软件在车检时启动，使车辆以“高环保标准”通过检查，而在日常驾驶中排放量远超美国法定标准，最高达 40 倍。这一作弊行为涉及全球 1 100 万辆柴油车，包括捷达、甲壳虫、高尔夫、奥迪 A3 以及 2014 至 2015 款帕萨特等车型。大众汽车随后宣布从 2016 年开始对这些车辆进行召回。

事件曝光后，大众汽车集团内部经历了剧烈动荡。CEO 马丁·文德恩因此引咎辞职，穆伦接任成为新的 CEO。此外，包括前大众美国公司 CEO 迈克尔·霍恩在内的近十名高管相继离职。大众汽车前首席执行官费迪南德·皮耶希向德国检方举证前 CEO 马丁·文德恩，指证其在排放丑闻曝光之前就已知晓作弊软件的使用。同时，大众汽车前奥迪发动机研发总监 Ulrich Wei 起诉奥迪，声称自己是事件的牺牲品，并指控奥迪 CEO 鲁伯特·施泰德在事件曝光前就已知晓内情。

最终，大众汽车就“排放门”事件在美国法院认罪，并同意支付 43 亿美元罚款，以了结与此事件相关的刑事和民事责任。2024 年 9 月 5 日，文德恩和其他四人被指控欺诈入狱。

四、供应链

供应链议题对企业可持续发展具有重要作用，通过有效的供应链管理，企业能够合理控制风险并提升社会责任表现。对消费者而言，透明和负责任的供应链管理增强了产品安全与质量保障，提升了企业的品牌信任度。

（一）内容

供应链议题主要涉及供应链管理和供应商风险等。

1. 供应链管理

在供应链管理方面，企业应当建立标准化的供应链管理流程，以确保各环节的高效运作和一致性，还应当建立反馈和改进机制，定期评估和优化供应链管理流程。此外，还应采取供应链多元化政策以分散风险，针对关键物料和服务实施多源采购策略，防范供应商集中带来的风险。对于供应链负面事件，应建立供应链风险预警机制，及时识别潜在负面事件，并制定应急响应计划，以快速应对负面事件，降低对企业运营的影响。在负面事件发生后,进行全面的损失评估,确定事件对供应链和企业的具体影响,及时分析原因并采取相应改进措施。

2. 供应商风险

有效控制供应商风险是供应链议题的重要内容。企业应对供应商进行ESG标准评估,并制定明确的ESG准入标准,以确保供应商符合企业的可持续发展目标,并通过文件审查和现场考察等方式进行尽职调查。在环境管理方面,供应商需制定明确的环境管理目标,承诺减少资源消耗和污染排放,企业则应推动供应商采用绿色技术和环保材料,改善其环境绩效。在社会方面,要求供应商提供安全的工作环境和公平的薪酬待遇,并鼓励供应商制定员工培训和职业发展计划。通过定期考核,评估供应商在ESG方面的持续表现,对于不符合ESG标准且在规定时间内未能改善的供应商,实施退出机制。例如,可以通过记录供应商在过去两年内的环境处罚次数和金额、在过去两年内发生的劳工负面事件等作为考核供应商绩效的指标。

(二) 测度

对于供应链议题的测度,可以采用以下指标进行衡量,测算指标具体如表4-5所示。在供应链管理方面,可以通过供应链管理体系与制度、负责任的供应链管理实践、供应链负面事件等反映企业对供应链的管理情况与效果。在供应商风险方面,可以根据供应商ESG评价准入与尽职调查、供应商ESG动态考核与退出机制、两年供应商环境处罚次数等进行衡量。

表4-5 供应链议题的测算指标

供应链管理体系与制度	供应链多元化政策
负责任的供应链管理实践	负责任采购政策
供应链产品质量管理	供应链负面事件
供应商ESG评价准入与尽职调查	供应商ESG动态考核与退出机制
针对供应链环境影响采取的行动(培训及指导,风险评估及现场稽核)	针对供应链社会影响采取的行动(培训及指导,风险评估及现场稽核)
供应商环境政策	供应商社会政策
使用环境标准筛选新供应商	使用社会标准筛选新供应商
两年供应商环境处罚次数	两年供应商环境处罚总额
两年供应商劳工负面事件	

五、社会机遇

社会机遇议题在企业可持续发展中同样非常重要。消费者越来越倾向于选择承担社会负责的企业,积极的社会贡献能够增强消费者对企业的信任,吸引更多忠实的客户群体。因而参与社会机遇议题能帮助企业建立良好的社会形象,在市场中建立差异化优势。

（一）内容

社会机遇议题主要涉及社区影响和慈善活动等。此外，还包含一些具有中国特色的议题内容，如乡村振兴。

1. 社区影响

在社区影响方面，企业可以通过资金、资源和技术的投入，帮助改善社区的基础设施、教育和公共服务，提升居民的生活质量。同时，还需要与社区建立信任和合作关系，通过及时、透明的沟通，更好地了解社区的需求和关切，并在决策中考虑社区的利益。例如，定期举办会议和座谈会，与社区居民和组织进行定期交流，了解他们的需求和反馈。此外，通过创造就业机会，企业可以直接提高居民的收入水平，增强社区的经济活力。企业可以采取本地招聘策略，优先考虑招聘本地居民，增加当地就业机会，并提供专业技能培训和发展计划，提高社区居民的就业能力；还可以通过供应链合作和采购支持当地中小企业，带动社区经济发展。

2. 慈善活动

捐赠是企业承担社会责任的直接方式，通过资金和物资的提供，企业能够支持社会的各类需求，如灾害救助、贫困救济等，改善社会福祉。此外，企业可以通过提供奖学金和教育资源，可以支持学生的成长，有助于培养未来的人才。尤其企业向贫困地区提供教材、教学设备和互联网接入，能够提升当地教育水平，缓解教育资源的不平衡。但同时，负面舆情事件会对企业的声誉造成损害，并且往往比积极事件的影响更大，因此企业需要防止负面舆情的出现，向公众展示企业的责任感。

（二）测度

对于社会机遇议题的测度，可以采用以下指标进行衡量，测算指标具体如表4-6所示。在社区影响方面，可以通过社区投资总额、社区沟通、促进社区就业等反映企业表现。在慈善活动方面，可以根据捐赠、助学项目、两年公益捐款舆情事件等指标对企业进行评价。在具有中国特色的乡村振兴方面，可以通过乡村振兴与公益项目、公司支持乡村振兴的资金投入、公司支持乡村振兴的项目类型等进行衡量。

表4-6　社会机遇议题的测算指标

社区投资总额	社区沟通
促进社区就业	噪声及震动管理
人权管理政策	人权申诉机制
人权风险评估	企业基金会
捐赠	助学项目
每股社会贡献值	两年公益捐款舆情事件
员工公益活动	乡村振兴与公益项目
公司支持乡村振兴的资金投入	公司支持乡村振兴的项目类型

核心概念

劳动保护;消费者权益;产品质量;供应链管理;社会机遇

思考与练习

1. 1985 年,时任海尔集团首席执行官张瑞敏接到客户投诉,说海尔电冰箱有质量问题。于是张瑞敏突击检查了仓库,发现仓储冰箱中有 76 台不合格。如何处理这些冰箱成为了海尔的难题。那个年代物资匮乏,一台价值 800 元的冰箱,相当于工人两年的工资。因此,有员工提议将次品作为福利品内部处理。但此时,张瑞敏做了一个令所有人诧异的决定,将 76 台冰箱当众全部砸毁。这一事件轰动一时,也让海尔注重质量的形象深入人心。根据这一案例,分析如何用更为市场化的方式促进企业承担社会责任?这又对当下 ESG 发展有何启示?
2. 相较于前两代政策,信息公开型政策可以产生哪些方面的福利改进?这类政策的推行,需要哪些社会基础?

第五章

ESG:环境保护

本章导读:

生态环境保护是企业最广泛和最长期社会责任的承担,而企业作为环境污染的首要源头,由其进行污染治理也最为直接有效。本章首先在可持续发展理念和利益相关者理论的框架下,介绍了企业环境保护的外部驱动和内部驱动两个动因。其中,外部驱动是促进企业环保的主要手段,由此衍生出了行政规制理论、经济外部性理论和信息不对称理论等推动企业承担环保责任的理论。其次,本章梳理了在上述理论驱动下,世界各国出现的一系列促进企业环保行为的举措,按先后发展顺序可大致分为四类,即命令控制型政策、经济激励型政策、明晰产权型政策、信息公开和披露政策,并针对"碳排放权交易政策"这一重点政策进行了剖析。这四类政策还呈现出市场化程度不断深化的演变趋势,ESG 信息披露即为最市场化和最前沿的一类政策,而 ESG 环境治理的核心在于实质性议题,因此本章在最后梳理总结了 ESG 中环境保护方面的重要议题。本章内容旨在全面介绍 ESG 中环境保护方面的理论和要求,以帮助读者理解这一支柱在 ESG 体系中的作用及实践路径。

第一节 环境保护理论

可持续发展理念和利益相关者理论分别从企业的外部和内部两个角度反映了执行环保政策的重要性,进一步通过分析行政规制理论、经济外部性理论和信息不对称理论,挖掘环保政策具体实践的理论支持。

一、社会生态外部压力

1962 年,美国海洋生物学家蕾切尔·卡逊(Rachel Carson)在其著作《寂静的春天》中揭示了DDT杀虫剂对鸟类及生态系统的巨大危害，唤起了全球对环境问题的广泛关注。随着时间推移，公众的环境意识逐渐从以人为中心的观念转向生态中心主义①(Ecocentrism)。此后，《只有一个地球——对一个小小行星的关怀和维护》《增长的极限》等著作进一步提升了人们对环境问题的认知，推动了可持续发展理念的普及。1987年，联合国世界环境与发展委员会发布报告《我们共同的未来》，正式提出了可持续发展概念，标志着这一理论的正式诞生，环境问题已成为全球面临的重要挑战。

环境污染问题亟待解决，而企业作为污染物排放的主要责任方，理应在环境治理中承担重要的社会责任。由此可见，全球的环境污染问题已对人类基本生存条件构成威胁，各国应根据自身国情实施环保政策，推动基于可持续发展理念的新经济模式的形成。

二、企业绩效内部驱动

本部分基于利益相关者理论，从企业财务和经济绩效角度探讨环境行为的变化，强调我国实施环境政策和企业承担环保责任的必要性。利益相关者理论主张企业应关注整体利益相关者的利益，而不仅仅是股东的利益。传统的"股东至上"理念只追求股东利润最大化，然而Starick(1993)认为自然环境、生命物种和后代也应被视为企业的利益相关者。李海舰和原磊(2005)指出，现代企业依赖自然和社会环境发展；温素彬和方苑(2008)则将利益相关者划分为货币资本、人力资本、生态资本和社会资本，肯定了生态资源的重要性。

根据利益相关者理论，企业的利益群体可分为三类：第一类为股东，即传统企业中最常见且最关心的利益群体；第二类为其他直接利益相关者，包括管理层和员工、供应商和消费者等；第三类为间接利益相关者，包括政府机构、自然环境、新闻媒体和社会公众等，我们所关心的环境保护政策就属于企业的间接利益相关者。企业面临的环境风险日益严重，成为其运营中的重大风险之一。在经济层面上，环境违规可能导致罚款或股价大跌。例如，2023年5月《A股绿色周报》报道了山西焦化因排放超标被罚款，楚天高速因其参股公司环保违规上榜环境风险名单。企业形象上，环境问题会损害企业声誉，削弱投资者信心，阻碍公司长期发展。因此，企业需要将环境保护纳入经营决策中，以减少间接利益相关者对财务健康的影响。

三、政策执行的逻辑论证

上述可持续发展理念和利益相关者理论分别从社会生态外部动因和企业绩效内部动因两个方面分析了我国为何要执行环境政策。我们将详细介绍我国在实践中如何执行这些环境政策以及其背后的理论依据。

---

① 生态中心主义是指人类并不高于自然，而是同其他生物一样共同构成整个自然界。

环境资源对人类生存和发展至关重要，但由于历史上的过度利用，这些资源的生态平衡已经受到严重破坏。一些学者将环境资源视作非竞争性和非排他性的公共产品来解释这一现象。传统的行政规制理论认为，对于如环保这样具有公共产品属性的领域，市场机制往往无效，因此需要国家通过行政手段进行干预，如我国的环境立法和排污许可证制度。

此外，有些学者将问题归因于企业生产过程中的"负外部性"。1920 年，庇古在《福利经济学》中在外部经济①的基础上首次提出经济负外部性理论，指出当企业的边际私人成本与边际社会成本不一致时，会引发市场失灵。因此，政府需介入，对低于社会成本的企业进行征税，对低于社会收益的企业进行补贴，从而内部化外部效应。

1960 年，科斯在《社会成本问题》中批评了庇古税的不足，提出科斯第一定理，认为外部性问题的根源在于产权不明确，而非市场机制本身。科斯强调，明确产权可以解决外部性问题，推动了基于产权明确的市场政策，如排污权交易。然而，科斯定理的前提是交易成本为零和产权清晰，而实际中这两个条件往往不成立。这表明，完善产权界定和降低交易成本仍是我国环境政策的重要任务。

20 世纪 70 年代，信息不对称理论揭示了交易信息在市场经济中的重要性。信息不对称可能导致"逆向选择"和"道德风险"，降低市场效率。因此，减少交易成本和缓解信息不对称非常关键，信息公开政策可以帮助降低市场主体的信息获取成本，提升决策质量。

行政规制理论、经济外部性理论和信息不对称理论为我国环境保护政策提供了理论支持，验证了其实际可行性。这些环境保护理论与环境保护政策之间的逻辑关系如图 5-1 所示。

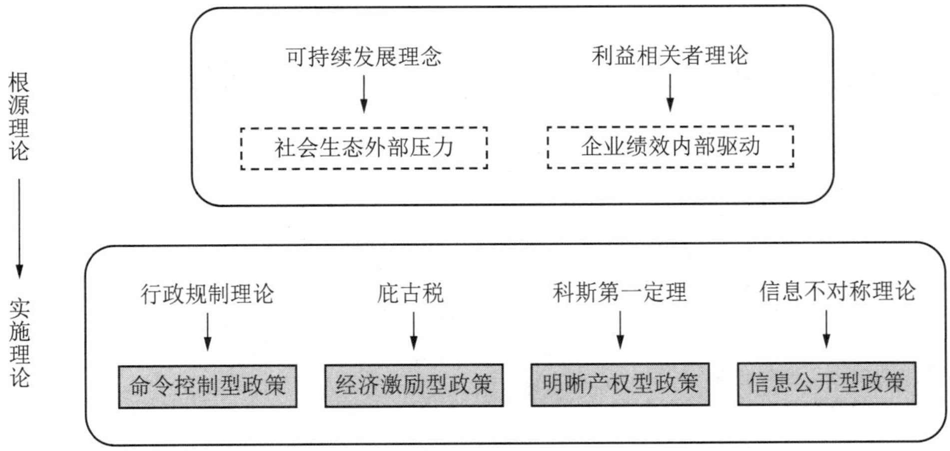

图 5-1 环境保护政策的逻辑关系图

① 1890 年，马歇尔在《经济学原理》中率先提出了"外部经济"一词，开创了经济外部性理论研究的先河，尽管当时并未明确外部性的概念。

第二节　环境保护政策

一、政策概览

我国的环境保护政策可以分为四种主要类型：命令控制型政策、经济激励型政策、明晰产权型政策以及信息公开和披露政策。这四类政策展示了逐步演变的发展趋势，具体政策或制度的细节如表5-1所示。

首先，命令控制型政策，或称为"直接规制"，是最早的环境保护策略。基于行政规制理论，这类政策通过法律或行政手段设定环境质量标准，使用法规或禁令限制环境危害，并对违法行为进行法律制裁。例如，事前预防措施包括排污许可证和市场准入要求；事中控制措施包括排污总量控制和环境排放标准；事后治理措施包括如企业的关停和转型等。其次，20世纪90年代后，市场经济激励型政策逐渐得到应用。这种政策基于外部性理论，通过市场机制调节资源配置来影响企业的经济利益，从而改变其污染行为。典型的实践包括排污收费制度、环境保护税法以及新能源汽车的财政补贴，这些都体现了"庇古税"的理论基础。第三代政策是明晰产权型政策，其理论依据为科斯定理。这类政策进一步市场化，实施了如排污权交易和碳排放权交易等市场化手段，以解决外部性问题并优化资源配置。最后，信息公开和披露政策基于信息不对称理论，旨在减少绿色市场中的信息差异。通过要求企业公开其环境信息，降低信息沟通成本，缓解信息不对称。这不仅加强了市场经济激励型政策的效果，还增强了命令控制型政策的社会监督功能。

表5-1　**环境保护政策**

环保政策类型	具体政策	政策简介
命令控制型	环境立法	30余部环境立法明确了环境违法行为的门槛和刑事制裁范围，完善的法律体系得以建立
	环保督察	设立专职督察机构，对党委和政府、国务院有关部门等组织开展环保督察，以解决环境违法难题
经济激励型	排污收费与《环境保护税法》①	根据污染物的数量和类型，对排污者征收排污费或环保税，使其承担必要的治污成本
	绿色采购	政府绿色采购通过强制采购或优先采购，引导企业绿色生产和社会绿色消费
	绿色金融②	推动社会资本从高污染产业向绿色低碳环保产业流动，以促进环保治理

① 2018年1月1日起，我国排污收费改为环境保护税，助力治污攻坚。
② 绿色金融包含绿色信贷、绿色保险、绿色债券、绿色基金等内容。

续　表

环保政策类型	具体政策	政策简介
明晰产权型	排污权交易政策	在地区排污总量控制目标下，内部各污染源间可交易准许排污的数量，以控制污染排放
	碳排放权交易政策	在地区总量控制目标下，企业减排的温室气体准许出售，超额排放则需购买，以实现碳减排
信息公开和披露	环境信息披露	鼓励和引导企业披露环境相关信息，为环境市场投融资等活动提供信息
	ESG 信息披露	包括对企业环境、社会、公司治理的信息披露要求，以提高企业 ESG 治理及评价水平

二、一般政策

（一）命令控制型政策

在 20 世纪 80 年代之前，我国主要依靠命令控制型政策来进行环境规制。那时，由于我国尚未建立健全的市场经济体系，市场机制在环境保护政策的实施中尚未得到应用。此外，命令控制型政策通过政府的强制手段，确保了政策的执行效果和及时性。接下来将以中国环境相关立法和环保督察政策为例，详细介绍这一类政策。

1. 环境立法

环境立法是推进生态文明建设的关键部分，它有助于促进我国环保事业的发展，并应对严重的环境污染问题，确保环境政策有法可依。例如，《中华人民共和国环境保护法》于 1989 年由第七届全国人大常委会通过，最新修订版于 2014 年通过。该法明确了政府在环境保护方面的监督和管理责任，完善了生态保护红线和污染物总量控制等基本制度，并要求政府每年向人大或其常委会报告环境状况和目标完成情况。同时，该法强化了企业的污染防治责任，加大了对环境违法行为的处罚力度，并规定了公开环境信息和公众参与监督的相关要求。此外，针对不同污染领域和种类，还具体颁布了《中华人民共和国海洋环境保护法》《中华人民共和国水污染防治法》《中华人民共和国固体废物污染环境防治法》等 30 余部法律文件，部分重要环境保护相关立法的实施情况及适用范围如表 5-2 所示。

表 5-2　部分环境保护相关立法的实施情况及适用范围

具体法律名称	首次通过	最近修订与施行情况	适用范围
《中华人民共和国环境保护法》	1989 年 12 月 26 日	2014 年 4 月 24 日修订，自 2015 年 1 月 1 日起施行。	适用于影响人类生存和发展的各种天然的和经过人工改造的自然因素的总体，包括大气、水、海洋等

5

续　表

具体法律名称	首次通过	最近修订与施行情况	适用范围
《中华人民共和国海洋环境保护法》	1982 年 8 月 23 日	2017 年 11 月 4 日修正，自 2017 年 11 月 5 日起施行	适用于中华人民共和国内水、领海、毗连区、专属经济区、大陆架以及中华人民共和国管辖的其他海域
《中华人民共和国水污染防治法》	1984 年 5 月 11 日	2017 年 6 月 27 日修订，自 2018 年 1 月 1 日起施行	适用于中华人民共和国领域内的江河、湖泊、运河、渠道、水库等地表水体以及地下水体的污染防治
《中华人民共和国固体废物污染环境防治法》	1995 年 10 月 30 日	2020 年 4 月 29 日修订，自 2020 年 9 月 1 日起施行	适用固体废物污染环境的防治。固体废物污染海洋环境的防治和放射性固体废物污染环境的防治不适用本法
《中华人民共和国土壤污染防治法》	2018 年 8 月 31 日	自 2019 年 1 月 1 日起施行	本法所称土壤污染是指因人为因素导致某种物质进入陆地表层土壤，影响土壤功能和有效利用的现象

2. 环保督察

环保督察的主要任务是设立专门机构，对省、自治区、直辖市党委和政府、国务院相关部门、中央企业等进行生态环境保护督察。与以往的督察模式不同，环保督察现在由中央主导，代表党中央和国务院进行。环保督察制度标志着从传统的“以企业为主”的督察方式转变为“督查与督政并重”的新模式，有助于解决我国长期存在的生态环境违法问题。

2015 年，中央全面深化改革委员会第十四次会议审议通过了《环境保护督察方案（试行）》，建立了环保督察机制。至 2023 年，我国已完成两轮环保督察。第一轮从 2015 年年底到 2016 年年初在河北进行试点，之后在两年内分四批对 31 个省（区）进行“全覆盖”，并在 2018 年对 20 个省（区）进行了“回头看”。第二轮环保督察自 2019 年 7 月启动，至 2022 年 6 月结束。相较于第一轮，第二轮在范围和方法上进行了创新，首次将中央企业和国务院部门纳入督察范围，并利用遥感卫星、天眼监控、大数据分析等先进技术。

在责任追究方面，督察结果将影响被督察对象领导干部的考核评价、奖惩任免，并且督察发现的环境损害需按照规定索赔追偿。截至 2022 年 7 月，中央生态环境保护督察已处理 28.7 万件群众信访举报，完成整改 28.5 万件，超额达成了“十三五”规划纲要中的生态环境约束性指标，取得了显著的污染治理成效。

命令控制型政策由于其强制性和时效性而被广泛应用，但在执行过程中暴露出以下三大缺陷：第一，企业在统一污染排放标准下被动执行，这限制了其在减排和技术创新方面的主动性。例如，仅依赖排污许可管理制度可能削弱企业的绿色创新能力。第二，为实现高质量的执行成果，政府需要投入大量监督资源，这增加了政策执行的成本，例如环保督察制度的显著效果背后往往伴随着高昂的成本。第三，命令控制型政策容易导致权力过度集中于地方政府或个别官员，可能促使企业转向向地方官员“讨好”的寻租行为，从而忽视真正的环境治理。

（二）经济激励型政策

由于命令控型政策存在缺陷，市场经济激励型政策作为第二代政策应运而生。它通过经济激励措施促进企业研发创新，并通过市场价格机制减少对政府监督强度的依赖，同时缓解了政府部门权力集中问题，有望克服命令控制型政策的这些缺陷。下面举例介绍第二代政策：

1. 排污收费制度与《环境保护税法》

排污收费是指污染物排放者根据其排放的数量和种类，向政府或相关机构缴纳费用，以达到污染治理的目的。这一机制的理论基础类似于庇古税，通过收费将企业的负外部性内部化。《环境保护税法》是我国首部反映“绿色税制”的法律，标志着我国在绿色税制改革方面取得了显著进展。虽然环境保护税法和排污收费在纳税人和污染物种类上大致相同，但环境保护税的征收标准较高，执行也更加严格。排污收费制度的发展及其向税法的转变大致经历了以下几个阶段：

第一个阶段，提出阶段。1982 年，国务院发布《征收排污费暂行办法》，明确了排污费的目的、对象、标准和管理方式，标志着排污收费制度的正式确立。随后，多个文件出台，进一步规范和完善了排污收费制度。

第二个阶段，完善阶段。随着实践的发展，排污收费制度暴露出一些问题，如仅对超标排放进行收费，与环保法律中的收费并存，且适用对象主要为企业，未包括个体工商户。此外，排污费的使用监督不够严格，未实现专款专用。为解决这些问题，2003 年国务院颁布了《排污费征收使用管理条例》，改革了原有政策并持续沿用至 2017 年年底。总体来看，排污收费制度实施以来，排污费的总量不断增加，大部分资金用于支持企业提升污染治理技术，推动了我国环境保护事业的发展。

第三个阶段，“费”改“税”阶段。作为行政事业收费，排污收费在执行力度和强制性上存在不足，部分企业长期拖欠费用且信息公开力度不足，一些地方甚至默许超标排放。为解决这些问题，2018 年《环境保护税法》正式实施，标志着环境保护缴税制度的完善。该法规定，对排放污染物低于标准 30％的企业，减按 75％征税；低于标准 50％的，减按 50％征税，鼓励企业节能减排。此外，地方政府可以根据情况灵活确定税额，并且税收收入全部归地方，提升了地方治污的积极性。法律的实施提高了执法刚性，罚款上限增至 5 倍，严重违法行为还将追究刑事责任。

2. 绿色采购

绿色采购涵盖了政府采购和企业采购两类采购方式，目前我国主要集中在政府层面。政府绿色采购指的是通过大规模采购计划，政府强制或优先选择符合国家绿色认证标准的产品与服务，以此推动企业的环保行为改进，并起到带动社会绿色消费的作用。作为制度上的创新，这一举措将环保标准纳入政府采购流程。对于企业而言，它不仅有助于提升自身及供应链的环保水平，还能增强产品和服务在国际市场中的竞争力；对于社会来说，这有利于培育绿色消费市场，推动绿色技术和产业的进步。

我国政府绿色采购的发展历程如表 5-3 所示。

表 5-3　　我国政府绿色采购的发展历程

时间	政策文件或重大事件	内容与意义
2004 年	《节能产品政府采购清单》(以下简称"《节能清单》")	我国第一个政府采购促进节能与环保的具体政策，标志着我国绿色采购制度的启动
2006 年	《环境标志产品政府采购清单》(以下简称"《环保清单》")	执行"优先采购"，在实践操作中执行力度单薄
2007 年	《关于建立政府强制采购节能产品制度的通知》	准予执行强制采购，意味着我国形成了以两份清单为基础的强制采购和优先采购制度
2019 年	《关于调整优化节能产品、环境标志产品政府采购执行机制的通知》	明确要求完善政府绿色采购政策，并首次出现"绿色采购"一词
2020 年	中国在第 75 届联合国大会上提出"双碳"目标	绿色采购步入与"双碳"目标结合的新阶段，要求加大绿色低碳产品采购力度，优先选择使用氢能源等

在我国企业绿色采购方面，2014 年发布的《企业绿色采购指南（试行）》，作为最新的指导文件，明确了绿色采购的基本原则，并在原材料选择、产品和服务采购以及供应商选择上提供了指导意见。目前，这一过程仍以政府的鼓励和引导为主。

3. 绿色金融

实现可持续发展不仅依赖于政府财政支持，还需要社会资本的积极参与，绿色金融正是通过政策引导和激励社会资本投入绿色产业。绿色金融的核心在于将资金从高污染、高能耗产业转向更具环保理念和技术创新的领域，推动环境保护和治理。当前，我国绿色金融政策已在信贷、债券、基金等领域中取得显著进展。

在"十二五"规划中，我国首次提出了建设资源节约型、环境友好型社会的目标，强调了生态文明和可持续发展的重要性。虽然早期绿色金融政策陆续出台，但由于顶层设计尚不完善，市场参与主体相对较少。2015 年年底，《生态文明体制改革总体方案》出台，首次明确提出构建绿色金融体系。2016 年，在"十三五"规划中，绿色金融正式被纳入国家五年规划，绿色金融进入快速发展阶段。到"十四五"规划时，绿色金融已成为较为成熟的政策体系的一部分。下面是绿色金融的几个主要领域：

第一，绿色信贷。绿色信贷，是指银行在发放贷款时，将环境标准、污染控制和生态保护纳入考核条件。2012 年，银监会发布了《绿色信贷指引》，其中包括完善绿色信贷的统计制度，进行信贷资产质量压力测试以及建立企业环境信息共享机制等措施。

第二，绿色保险。狭义的绿色保险，是指环境污染责任保险，我国于 2007 年启动了相关试点，并在 2018 年推行环境污染强制责任保险。但由于违法成本低，绿色保险的推行面临挑战。广义的绿色保险则涵盖了融入环保和生态文明理念的保险产品，如巨灾风险保险、环境损害风险保障等。

第三，绿色债券。绿色债券，通常是指将募集资金用于为新增或现有合格绿色项目提供部分或全额融资及再融资的各类型债券工具。其种类包括普通绿色债券、碳中和债、可持续发展挂钩债券等。截至2022年年底，我国绿债本外币发行总额超过8 690亿元，同比增加50.3%，发行各类绿债707支。

第四，绿色基金。绿色基金，是指专门针对节能减排战略，低碳经济发展，环境优化改造项目而建立的专项投资基金，旨在通过资本投入促进节能减排事业发展。总体而言，我国绿色基金起步较晚，但正逐步成为全球发展最快的国家之一。

（三）明晰产权型政策

明晰产权型政策通过强化产权界定，进一步推动了经济激励型政策的市场化进程。政府通过建立明晰的产权制度，能够减少对市场机制的直接干预，从而促进市场的自我调节能力。以下是对排污权交易政策和碳排放权交易政策的简要介绍：

1. 排污权交易政策

排污权交易是一种市场机制，在特定区域内，污染物总排放量不超过规定限度的情况下，通过货币交易在各污染源之间调整排污量的方法，以减少总体排污和保护环境。其核心概念是通过设立合法的排污权（通常以排污许可证的形式存在），并允许这些权利在市场中交易，以此管理污染物排放。

在中国，主要的排污权涉及"十三五"规划中指定的四种关键污染物：二氧化硫、化学需氧量、氨氮和氮氧化物；此外，还有总磷、VOCs等12种其他污染物种类。例如，浙江省已开展总磷和VOCs的排污权交易，而湖南省则涉及铅、镉、砷等重金属的交易。到2021年年底，关于二氧化硫、化学需氧量、氨氮和氮氧化物四类污染物的交易总额达到139亿元，占全国总交易额的98%。

我国的排污权有偿使用和交易制度始于1987年，最早由上海闵行区企业实施水污染排污权交易。随后，以二氧化硫为重点，2002年在山东、山西、江苏、河南、上海、天津和柳州等地开展了相关试点。制度发展进一步推动了排污权交易的普及。2014年发布的《关于进一步推进排污权有偿使用和交易试点工作的指导意见》提出建立排污权有偿使用制度，2017年的《对排污权有偿使用和交易试点工作开展调研和评估的通知》则要求对试点地区进行调研和评估。到2022年，国家出台了多项排污交易政策，明确了排污权交易在统一市场和生态保护补偿机制中的重要作用。

截至2022年年底，全国已有28个省（含自治区、直辖市）开展了排污权交易工作，除三部委正式批复的12个省市外，另有福建、安徽、江西、山东、广东等16个省份自行开展排污权交易，仅西藏、广西和吉林3省（自治区）暂未开展过排污权交易试点工作。

2. 碳排放权交易政策

碳排放权交易政策旨在实现区域内的总量控制目标，通过允许企业出售减少的温室气体排放量，而需要超标排放的企业则必须购买相应的排放权。这个机制利用市场经济的激励方式来推动温室气体减排，以达到环境保护的目标。与排污权交易政策类似，碳排放权交易也基于市场机制，但存在一些关键区别：在标的物方面，碳排放权涉及温室气体的排放，不同于排污权所针对的污染物，如二氧化硫、化学需氧量、氨氮和氮氧化物等；在流通性方面，碳排放权的交易具有全球流通性，受地域限制较小，而排污权的流通范围则相对局限于特定地区或国家。考虑到碳排放权交易政策的重要性，本节重点政策解析部分详细介绍我国碳排放权交易政策，包括政策现状、提出背景、国内发展历程等内容，并以具体实例予以详解。

（四）信息公开和披露政策

上述经济激励型和明晰产权型政策虽然在推动我国环保事业方面取得了显著成效，但仍存在一些问题。首先，经济激励型政策中的排污收费制度要求对污染物进行精确量化并进行货币化处理，但由于精确量化的难度，政策效果可能存在不确定性。其次，明晰产权型政策如排污权交易，虽然能有效控制污染物的整体排放量，但可能导致污染物在污染较严重的地区集中，产生“集聚效应”，因此需要加强对政策的精细化管理。此外，这类政策的成功依赖于市场机制的充分发挥，如需完善产权界定和降低交易成本，这些可通过加强环境信息公开政策来实现。第四代信息公开和披露政策能够提高环境信息的透明度，是推动绿色投融资活动的基础。在高效市场中，金融机构依赖企业的环境信息披露来评估其绿色经营行为，从而为其投融资决策提供重要依据。接下来将从环境信息披露和 ESG 信息披露两方面介绍相关政策。

1. 环境信息披露

1997 年，首次在公开发行股票公司信息披露的准则《招股说明书的内容与格式（试行）》中提到环境信息披露，要求在招股说明书中说明与环境相关的风险因素。2002 年，《上市公司治理准则》反映了证监会开始关注企业社会责任，要求企业主动披露包括环保在内的社会责任信息。然而，这些文件并未明确规定环境信息披露的具体要求和格式。

在我国，随着企业环境信息披露政策的发展，证券交易所也不断更新对上市公司披露信息的指导方针和评价办法，推动了这一领域的进展。2006 年，深交所发布《深圳证券交易所上市公司社会责任指引》，要求公司根据其对环境的影响制定环保措施；2008 年，上交所发布了《关于加强上市公司社会责任承担工作暨发布〈上海证券交易所上市公司环境信息披露指引〉的通知》，对环境信息披露进行了类似的规定。

环境信息披露分为自愿和强制两类，我国对上市公司环境信息的披露要求正逐步从自愿性转向强制性。2008 年，国家环保总局发布了《关于加强上市公司环境保护监督管理工作的指导意见》，明确要求当企业发生重大环境事件且可能影响交易价格时，需强制披露相关信息，如事件原因、状态及潜在影响；在其他情况下，企业可选择自愿披露。2021 年，《环境信息依法披露制度改革方案》进一步明确了强制披露的内容、形式及适用主体，推动了强制披露范围的扩大，但目前这种强制披露仍主要限于环境保护方面，其他如 ESG 的披露仍以自愿为主。2021 年 12 月，生态环境部发布了《企业环境信息依法披露管理办法》，为企业在“双碳”政策背景下提供了法律依据，这标志着我国企业环境信息披露进入了一个新阶段。

2. ESG 信息披露

现代企业在运营过程中面临多种多样的风险，投资者、企业和社会大众都需要更为全面的风险信息来识别机会并规避风险。传统的财务信息已不足以反映企业的真实价值创造能力，仅仅披露环境信息也无法提供全局视角。在这一背景下，ESG 信息披露应运而生，成为提升市场效率的重要趋势。

总体而言，我国 ESG 发展处于起步阶段却已初见其势，《A 股上市公司 2022 年度 ESG 质量报告》显示 2022 年 A 股上市企业中有 1 758 家企业披露 ESG 相关报告，披露比例约占 33.7%；但目前我国 ESG 披露标准仍以社会责任报告为主，2022 年企业以社会责任报告形式披露环境信息的占 62.16%，而披露 ESG 报告的仅占 27.31%。此外，我国尚未建立统一且规范形式的 ESG 信息披露标准框架，就环境领域信息披露而言，大部分企业信息披露以自愿为主，信息披露在内容上碎片化严重，在水平上两极分化严重。研究表明地区经济发展水平、公司管理层、股权结构等因素都将对环境信息披露质量影响显著。因此，借鉴国际上现有的 ESG 披露标准，建立国内完整的 ESG 信息披露标准框架对改善我国企业信息披露的现状至关重要。

在国际上，ESG 披露框架主要分为两大类：一类是综合性框架，如 GRI（全球报告倡议组织）、SASB（可持续发展会计准则委员会）和 IIRC（国际综合报告委员会）；另一类则聚焦特定领域，如 TCFD（气候相关财务信息披露工作组）和 CDP（气候变化标准委员会），主要关注气候变化和水资源等领域。这些国际组织也在合作推动 ESG 标准的整合，如 2020 年年底，GRI、SASB、CDSB、IIRC 和 CDP 联合发布了气候相关财务披露标准模型，2021 年则发布了《使用 GRI 与 SASB 标准进行可持续报告的实用指南》。我国应加快制定与国际接轨、符合本土需求的 ESG 披露标准，以提升国内企业的 ESG 治理水平。

三、重点政策：碳排放权交易

本部分以碳排放权交易政策为例，详细介绍该政策的目标及现状、国际发展历史、国内发展脉络、基础产品等具体内容。

（一）碳排放权交易简介

温室气体排放导致的环境问题已成为全球面临的重大生态危机。作为全球第二大经济体，我国也积极参与应对，提出了“双碳”目标，即在 2030 年前实现碳排放达峰，2060 年前实现碳中和。为推动这一目标，碳排放权交易成为关键的政策工具。

碳交易市场的实施包括三个主要步骤：首先，各地政府通过设定年度碳排放总量，确保区域内的碳排放得到有效控制。其次，地方政府根据特定计算方法，如基准法、历史排放法或历史强度法，将总量分配给区域内需强制减排的企业，这些企业通常是区域内碳排放最多的部分。最后，企业根据自身的碳排放情况参与市场交易。若实际排放低于排放配额，企业可以将剩余配额在市场上出售；而排放超标的企业则需购买额外的碳排放配额。非强制减排企业也可通过自愿减排，在生态环境部核准后获得中国核证自愿减排量（China Certified Emission Reduction，CCER），CCER是碳配额的另一种形式，可在市场中出售交易。碳排放权交易市场机制的运行如图5-2所示。

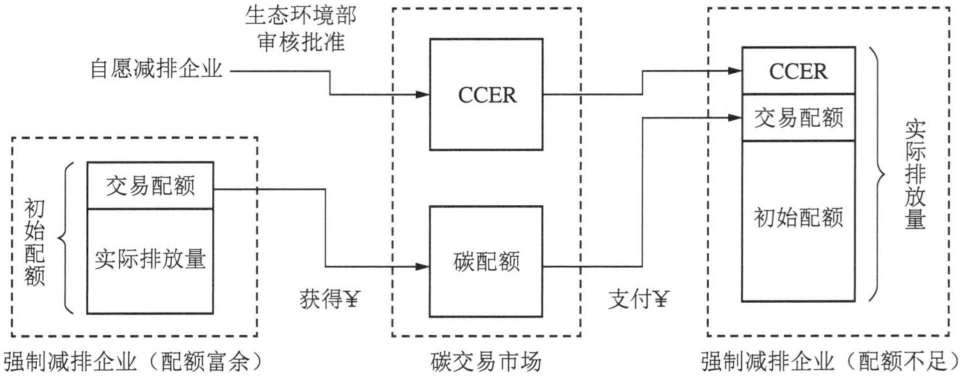

图5-2 碳排放权交易市场机制简概图

目前我国碳排放权交易政策呈现出“一个全国碳交易市场”加上“九个地方碳交易市场”的局势。《2022年中国碳市场年报》指出，2022年地方试点碳市场的整体成交量下降，较上一年降幅达18%，仅有湖北、上海和福建碳市场成交量增加。各试点碳市场的交易均价全部上涨，价格涨幅均不低于15%。由于各试点碳市场的碳价整体提高，各试点碳市场总成交额有所提高，由2021年的21.2亿元增加至2022年的26.5亿元。此外，CCER备案签发的重启值得期待，2022年市场共计成交795.9万吨CCER，成交量的月度分布和地域分布也较为集中。在全国碳市场方面，其总体建设步伐稳中有进，2022年全国碳市场相比于2021年呈现出“量跌价升”的态势，碳排放配额（CEA）成交量与成交额分别为5 089万吨和28亿元，CEA收盘价和年内成交均价分别为55元/吨和55.3元/吨。全国碳交易市场自成立以来的碳价和成交量的时间趋势图如图5-3所示。由此可以发现全国碳市场的成交量主要集中在各年度年底，如2021年12月的全国碳市场碳排放配额交易量达到13 556万吨，显著高于其他月份；从全国碳市场的交易价格来看，2021年度的碳价因处于成立初期而波动较大；2022年度碳价在总体上趋于稳定；截至2023上半年，碳价总体呈上升趋势。

（二）碳排放权交易的国际发展梳理

碳排放权交易政策在国际上经历了几个重要的发展阶段。1992年，《联合国气

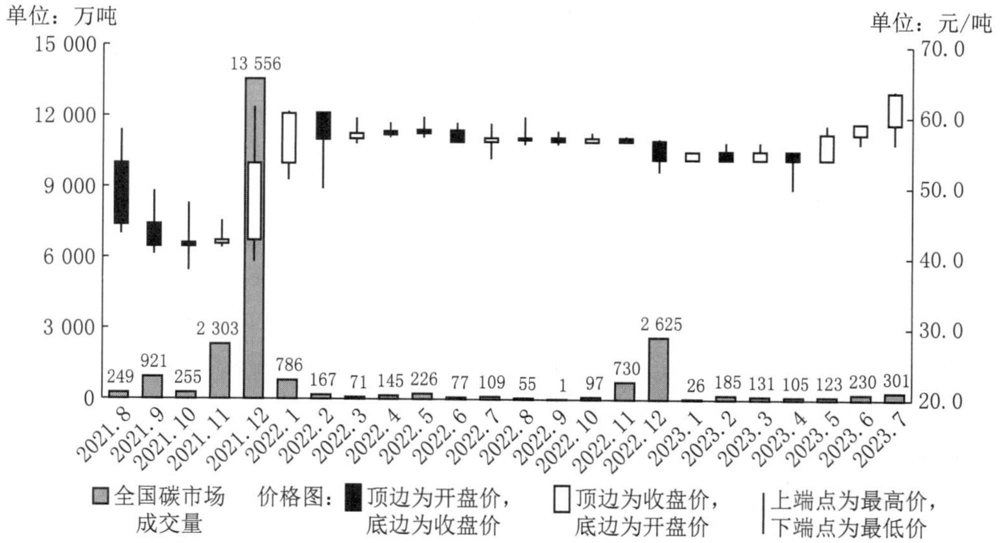

图 5-3 全国碳交易市场自成立以来的碳价和成交量的时间趋势图

候变化框架公约》通过，确立了将温室气体浓度稳定在不会干扰气候系统水平的目标，并提倡“共同但有区别的责任”原则。随后在 1997 年，100 多个国家签署了《京都议定书》，该条约规定了发达国家需要减少温室气体排放，并引入了碳排放权交易，作为一种灵活的减排机制。自《京都议定书》生效后，各国开始建立区域性的碳交易系统，以履行减排承诺。2015 年，《巴黎协定》在巴黎气候大会上达成，标志着全球应对气候变化的国际机制进入新阶段。截至 2022 年 12 月，《巴黎协定》已有 195 个签署方和 194 个缔约方，我国于 2016 年正式加入此协议。

国际上碳市场的运作模式与我国相似，但发展水平存在差异。欧盟于 2005 年建立了强制性的碳交易体系，涵盖了所有成员国及挪威、冰岛和列支敦士登。该市场由欧盟统一制定配额，并从免费配额转向拍卖模式，扩展至包括航空业在内的多个行业。自 2021 年起，欧盟市场进入第四阶段，其发展水平较我国更为先进。相较而言，美国的芝加哥碳交易所成立于 2003 年，是一个自愿性市场，目前会员超过 500 名。该市场通过基准线和减排计划来分配交易指标，达标会员可出售剩余配额获利，未达标者则通过其他方式进行弥补。总体上，全球碳市场尚未形成统一的交易体系，但不同区域之间开始尝试进行市场链接。欧盟碳市场是全球最大的碳市场，而北美则存在多个并行的区域市场。

（三）我国碳排放权交易政策发展脉络

我国碳排放权交易政策首先从地方试点开始，在累积了近十年的地方试点工作经验之后，于 2021 年建立了全国碳排放权交易市场。因此，本节从以上两个阶段介绍我国的碳排放权交易政策发展脉络。

1. 地方试点阶段(2011—2020 年)

2011 年，国家发展改革委发布了《关于开展碳排放权交易试点工作的通知》，标志着我国碳交易市场的起步。该通知指出，碳排放权交易试点将覆盖北京、天津、上海、重庆、广东、湖北和深圳等 7 个省市。到 2013 年 6 月至 2014 年 6 月，这些试点地区已开始实施碳排放权交易。2016 年，福建省加入成为第 8 个试点地区，试点地区及其具体内容如表 5-4 所示。

2016—2020 年，国家有关部门发布了多项碳排放权交易市场建设方案和管理办法的征求意见稿。试点市场的主要参与者为试点企业，但也允许符合条件的个人和机构投资者参与，主要交易品种为二氧化碳排放配额，另包括经国家或地方核证的温室气体减排量（如 CCER）。碳配额的初始分配依据 2009—2011 年试点企业的排放水平，并考虑行业特征和节能减排措施，分配方式包括行业配额和行业基准线法。初期配额通过免费发放，后期逐步转向拍卖等有偿方式。购买或出售配额需通过上海市交易平台进行，并在规定时间内上缴与实际排放量相符的配额，配额不能预借，但可以跨年度结转使用。

政策要求，我国在 2012 年前需完成碳排放权交易的准备工作，包括设定排放总量控制目标、确定企业名单及配额分配方式等。试点阶段定于 2013—2015 年，并在 2015 年年初步建立具有兼容性、开放性和示范性的区域碳排放交易市场。

表 5-4　　碳排放权交易地方试点具体内容

地区	启动时间	气　体	行　　业
深圳	2013 年 6 月	二氧化碳	①电力、水务、燃气、制造业等 26 个行业；②公共建筑；③交通领域
上海	2013 年 11 月	二氧化碳	①工业行业：钢铁、化工、电力等；②非工业行业宾馆、商场、港口、机场、航空等
北京	2013 年 11 月	二氧化碳	电力、热力、水泥、石化、其他工业及服务业
广东	2013 年 12 月	二氧化碳	电力、钢铁、石化、水泥
天津	2013 年 12 月	二氧化碳	①钢铁、化工、电力、热力、石化；②油气开采等重点排放行业和民用建筑领域
湖北	2014 年 4 月	二氧化碳	电力、钢铁、水泥、化工等 12 个行业
重庆	2014 年 6 月	6 种温室气体	电解铝、铁合金、电石、烧碱、水泥、钢铁等 6 个高耗能行业
福建	2016 年 12 月	二氧化碳	电力、石化、化工、建材、钢铁、有色金属、造纸、航空和陶瓷

2. 全国统一市场阶段（2021 年及之后）

近十年来的地方试点经验为我国建立全国碳排放权交易市场提供了宝贵基础。2020 年 11 月，《2019—2020 年全国碳排放权交易配额总量设定与分配实施方案（发电行业）》确立了全国碳市场的企业和配额分配方法，为市场的正式启动做了重要准备。2021 年 1 月，《全国碳排放权交易管理办法（试行）》正式发布，涵盖了配额分配、交易、结算以及温室气体排放报告与核查等方面。当前，全国碳市场主要涉及发电行业，其他高碳排放行业如石化、化工、建材等尚待纳入。

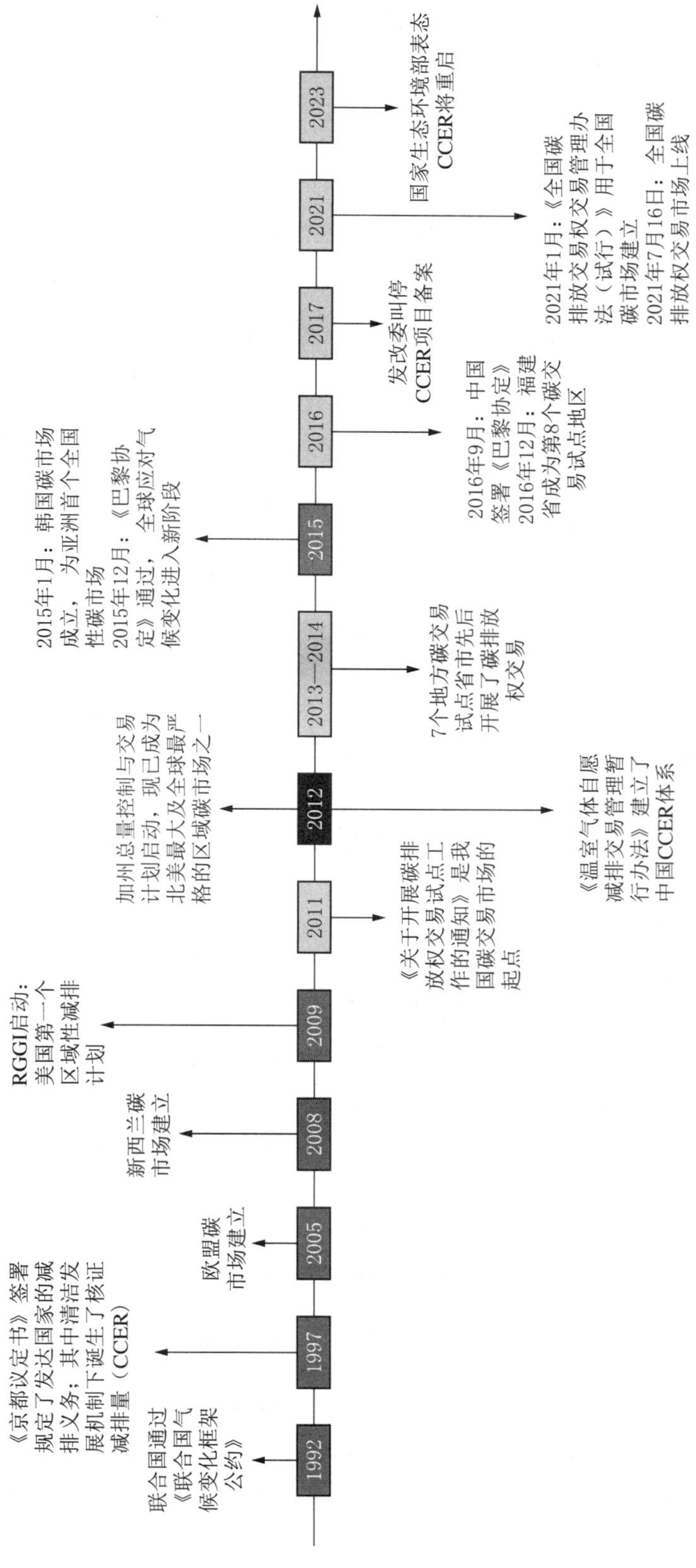

图 5-4　国际和国内碳排放交易政策的发展历程

5

全国碳排放权交易市场于 2021 年 7 月 16 日上线。政策规定,在全国碳排放权注册登记机构成立前,湖北碳排放权交易中心负责注册登记系统的账户开立和维护,上海环境能源交易所负责交易系统的账户开立和维护。国际和国内碳排放权交易政策的发展历程如图 5-4 所示,其中横线为时间轴,深灰部分表示国际政策发展,浅灰部分显示国内碳市场建立的进程。

(四) 碳交易市场中的另一种产品——CCER

在碳交易市场中,有两种主要的交易产品:一是重点排放企业的碳排放配额(CEA),二是企业自愿核证减排量(CCER)。CCER 是对中国境内各种温室气体减排项目(如可再生能源、林业碳汇、甲烷利用等)进行量化核证后,登记在国家温室气体自愿减排交易注册系统中的减排量。CCER 为碳市场提供了额外的灵活性和参与机会,除了重点排放企业外,其他企业甚至非试点省市的企业也可以参与,这增加了市场的活跃度。然而,为避免控排企业过度依赖 CCER,政策规定每年使用的 CCER 不得超过当年应清缴配额的 5%。

自 2017 年 3 月,发改委披露的《温室气体自愿减排交易管理暂行办法》修订了相关政策,停止了 CCER 项目备案。这一修订是因为 CCER 在实际操作中暴露出了一些问题:①CCER 交易量的季节性变化导致市场波动,价格逐年下跌影响了市场信心;②供需不平衡问题,这导致企业减排约束减少;③试点市场 CCER 价格差异大,增加了投机风险,削弱了政策效果。尽管如此,CCER 未来可能会重新纳入碳排放权交易政策。2021 年 2 月施行的《碳排放权交易管理办法(试行)》允许使用国家核证自愿减排量抵消排放配额。此外,国家生态环境部在 2023 年 6 月月底的新闻发布会上表示,计划在 2023 年年底前重启 CCER。

(五) 碳排放权交易政策的现存问题

我国在实施碳排放权交易政策时面临以下几个主要问题:

第一,现行的《碳排放权交易管理办法(试行)》仅作为部门规章,其法律效力较低,导致政策执行力度不足,企业可能更倾向于缴纳罚款而非承担高额合规成本。相比之下,国际上的碳市场法律体系较为完善。例如,韩国有《温室气体排放配额分配与交易法》和其他相关法令,美国的《2009 年美国清洁能源和安全法案》以及新西兰的《零碳法案》和《应对气候变化修正法案》等法令都建立了详细的碳排放管制与交易体系。

第二,我国碳市场的“全国统一”与“地方试点”模式导致了规则的不一致,可能引发碳价差异和配额分配不公的问题。欧盟的碳市场经验值得借鉴,其通过四个阶段的发展建立了跨国市场机制,包括市场稳定储备机制、统一碳价策略、总量控制和拍卖机制,以解决配额分配不公的问题。

第三,我国碳市场的活跃度较低,可能由于较高的准入门槛和碳价波动较大。为提高市场活跃度,可以借鉴国际经验。例如,欧盟通过调整碳配额分配上限应对市场波动,北美碳市场则通过引入社会资本和创新金融工具来稳定市场。这些措施有助于提升碳市场的活跃性。

第三节 ESG 环境保护的重要议题

一、议题概览

环境保护具有复杂性和长期性的特点，其影响往往难以通过单一指标直接传导到资本市场。传统的资本市场通常更关注短期的经济利益，而忽略了环境保护的长期价值。这种短视行为使得环境保护议题在资本市场中处于次要地位，无法有效推动可持续发展。此外，环境层面的气候变化、生物多样性丧失、水资源污染等问题都具有广泛的社会影响和潜在的经济风险，这些风险也往往难以通过传统的财务指标来衡量。为了让资本市场更好地响应环境保护的需求，必须将这些问题进行量化和标准化，使其能够与资本市场的运作机制相对接。要解决这一问题，需要将环境保护的多维度特性转化为资本市场可以理解和操作的标准。这个抓手就是聚焦环境保护中的实质性议题。通过识别和聚焦这些关键议题，能够更清晰地界定环境保护的优先方向，并将其融入资本市场的决策过程。

全球环境信息研究中心(CDP)作为一家独立的非营利性组织，提供全球性的气候变化和环境信息报告平台，具有信息丰富的企业气候变化信息数据库；气候相关财务信息披露工作组(Task Force on Climate-related Financial Disclosures，TCFD)负责研究气候相关问题对于金融中介机构、投资者以及整个全球金融融资结构的影响，提供气候相关财务信息披露框架，环境保护议题主要参照了 CDP、TCFD 框架中的披露和评价内容。此外，与公司治理和社会责任维度相同，环境保护议题的来源主要有准则和评级机构，准则包括 GRI、ESRS、ISSB 以及我国三大交易所发布的“中国上市公司可持续发展报告指引”，评级机构主要有国际的 MSCI、FTSE、Sustainalytics 和国内的中证、Wind、华证、妙盈、商道融绿等。环境保护维度的重要议题及主要内容总结如表 5-5 所示。

表 5-5 环境保护维度的重要议题及主要内容

维度	重要议题	主要内容
环境保护	应对气候变化	涉及温室气体排放、应对气候风险与机遇等
	“三废”治理	涉及废水、废气、废弃物等
	自然资源	涉及能源消耗、水资源、生物多样性等
	环境管理	涉及环境管理战略、规划、目标，环境管理体系等

二、气候变化

面对温室气体排放引起的全球环境恶化，采取积极措施应对气候变化已经成为全球共识。对中国而言，应对气候变化是国家参与全球治理的重要领域，并已成为推动经济高质量发展和生态文明建设的重要抓手。2020 年 9 月，习近平总书记在联合国大会中提出，中国二氧化碳排放争取在 2030 年达到峰值，并于 2060 年前达成“碳中和”。中国陆续发布“1＋N”政策体系，致力于推动经济社会有序稳妥开展低碳转型。作为我国碳达峰碳中和顶层设计文件的《中共中央 国务院关于完整准确全面贯彻新发展理念做好碳达峰碳中和工作的意见》提出要“健全企业、金融机构等碳排放报告和信息披露制度”，《2030 年前碳达峰行动方案》也将上市公司定期公布企业碳排放信息列为一项重点任务。

（一）内容

应对气候变化议题主要涉及温室气体排放和应对气候风险与机遇。

1. 温室气体排放

目前，国际可持续准则理事会（ISSB）和欧盟已发布准则提出气候相关披露要求。在美国，美国证券交易委员会（SEC）已发布其气候相关披露规则，要求企业披露对投资者具有财务重要性的温室气体排放信息。尽管具体要求有所差异，但这些规定有一个共同的支点，即温室气体排放披露。温室气体排放信息披露，不仅是气候变化减缓和问责的重要手段，也是实现双碳目标的关键步骤。

与以前相比，更多企业将面对监管要求，需要报告与其业务相关的直接排放和间接排放。温室气体核算体系的“三个范围”框架是企业温室气体核算的基石。估算一家企业的温室气体排放总量，需评估以下三个范围：范围一，是指企业拥有或控制的排放源产生的直接温室气体排放；范围二，是指外购的电力、蒸汽、供热和制冷所产生的间接温室气体排放；范围三，是指企业上下游活动产生的间接温室气体排放，这些排放发生在企业控制范围之外，与其价值链相关。通过标准化的方法来核算和报告温室气体排放，企业得以识别可减少碳足迹的潜在领域，并有助于企业识别与价值链排放相关的风险和机遇。

2. 应对气候风险与机遇

在“双碳”目标下，我国处于低碳转型的关键进程中，相关企业不仅在短期内面临生产成本的变化，气候相关风险与机遇也会对实际运营产生不可忽视的财务影响。2015 年 12 月，由 G20 成员国组成的金融稳定理事会（FSB）设立了气候相关财务信息披露指南工作组（TCFD）。2017 年，TCFD 发布了一份“最终报告”，详细介绍了 11 项自愿性披露建议。TCFD 建议为企业披露气候相关风险、机遇和财务影响提供了一个全球认可的框架，企业根据 TCFD 来披露气候变化的财务影响，可以为投资者提供具有一致性和可比性的信息。

TCFD 将气候相关风险划分为实体风险和转型风险两大类别：实体风险，即与气候变化的实体影响相关的风险，主要源自急性气候事件与长期性气候模式转变；转型风险，即与低碳经济转型相关的风险，主要指社会在向低碳经济转型的过程中，为了缓解和适应长期气候变化，所面临的政策和法规、技术和市场相关风险的总和以及由此可能为企业带来不同程度的财务风险和信誉风险。气候相关机遇，是指企业为减缓与适应气候变化而所做出的努力将会为自身创造机遇。气候相关风险、机遇对企业所造成的财务影响具体会体现在收入和支出、资产和负债两个方面。

（二）测度

对于应对气候变化议题的测度，可以采用以下指标进行衡量，测算指标具体如表 5-6 所示。在温室气体排放方面，可以通过温室气体排放管理政策、温室气体减排目标、温室气体排放强度等具体指标反映温室气体排放的管理情况；在应对气候风险与机遇方面，通过气候变化风险与机遇识别、气候变化风险与机遇应对、气候变化情景分析、两年自然灾害事故舆情事件等指标来衡量。

部分评级机构会通过企业 CDP 表现来测度企业应对气候风险与机遇的表现情况。CDP 包括气候、水、森林三个主题的环境问卷，气候问卷受关注度较高，由 16 个模块组成，包括定性指标（治理、战略、风险和机遇）、定量指标（碳排放计算、碳排放核证、碳定价等等）和不评分指标（供应链模块），其中定性指标的设计框架与主流 TCFD 框架相似。CDP 问卷集中关注气候环境变化，采取全球统一标准，因此投资者可以比较不同地区企业的表现，具有较高的参考价值。

表 5-6 应对气候变化议题的测算指标

气候变化风险与机遇识别	温室气体排放管理政策
气候变化风险与机遇应对	温室气体减排目标
CDP 表现	温室气体减排目标执行情况
董事会监管气候变化风险与机遇	温室气体减排措施
气候变化管理架构	温室气体总排放量
气候变化情景分析	温室气体排放强度
响应气候变化相关的公共政策	温室气体净排放量
两年自然灾害事故舆情事件	

三、“三废”治理

对废水、废气合规排放，对固体废弃物依法合理处置，能够尽可能减少废弃资源排放对环境造成的压力，严防环境污染事件发生；同时，“三废”治理能够促使企业采用更环保的生产技术和工艺流程，推动产业绿色转型，这有助于企业降低能耗、减少排放，提高资源利用效率，实现经济效益和环境效益的双赢。

（一）内容

“三废”治理议题主要涉及对废水、废气、废弃物的治理。

1. 废水治理

根据《中华人民共和国水污染防治法》《中华人民共和国水法》《地下水管理条例》《城镇排水与污水处理条例》等相关法律法规及标准，国家对工业废水和生活污水的排放提出了严格的要求，明确了废水排放的标准、监测和处罚措施。

企业需根据废水性质，选择合适的处理工艺，去除废水中的悬浮物、有机物、重金属等污染物，使其达到排放标准或回用要求。国家也鼓励企业研发相关废水回用技术，实现废水的资源化利用。

2. 废气治理

《中华人民共和国大气污染防治法》《大气污染物综合标准》(GB 162971996)、《环境空气质量标准》(GB 3095-2012)等法律法规及相关标准对工业废气的排放进行了严格限制，包括建立废气管理程序，加强对 SO_2、NO_x、烟尘等废气的深度减排管理。

3. 废弃物治理

《“十四五”循环经济发展规划》指出，要遵循“减量化、再利用、资源化”原则，着力建设资源循环型产业体系，加快构建废旧物资循环利用体系。

企业需要依照《中华人民共和国固体废物污染环境防治法》《国家危险废物名录》《一般工业固体废物贮存、处置污染控制标准》(GB 18599-2020)及《危险废物贮存污染控制标准》(GB 18597-2001)等国家法律法规及标准要求，按照“减量化、资源化、无害化”原则，对一般固体废弃物和危险废弃物进行管理，确保废弃物合规、安全处置。

（二）测度

对于“三废”治理议题的测度，可以采用以下指标进行衡量，测算指标具体如表 5-7 所示。在废水治理层面，可以通过废水排放量和减排量、废水排放强度衡量废水治理程度，具体包括对化学需氧量(COD)排放浓度、氨氮排放浓度、总磷排放浓度、总氮排放浓度、悬浮物排放浓度等指标进行测量；在废气治理层面，可以通过废气排放量和减排量、废气排放强度衡量废气治理程度，具体包括硫氧化物排放量、氮氧化物排放量、烟尘年排放量、挥发性有机化合物(VOCs)排放量等指标进行测量；废弃物治理层面的测算指标更加多元化，包含废弃物管理政策、废弃物减排措施等定性指标，也包括固体废弃物排放强度、危险废弃物排放强度等定量指标。

表 5-7 “三废”治理议题的测算指标

废水排放量和减排量	危险废弃物占比
废水排放强度	废弃物管理政策

续　表

废气排放量和减排量	减少废弃物的目标
废气排放强度	减少废弃物目标的执行情况
固体废弃物排放量和减排量	废弃物减排措施
固体废弃物排放强度	废弃物综合利用率
危险废弃物排放量和减排量	废弃物综合利用量
危险废弃物排放强度	两年三废处置不当事件

案例5-1　陆家嘴集团的“毒地”纠纷

2016年10月17日，陆家嘴集团下属企业在经过激烈的竞标后，以85.25亿元的价格成功购得苏州的数块土地，这些土地原计划用于住宅、商业和教育项目的开发。然而，到了2021年，陆家嘴子公司苏州绿岸在开发过程中意外发现，这些地块的土壤和地下水中含有严重超标的有害物质，包括一级致癌物苯并芘和高浓度的萘，这些污染物对人体健康构成巨大风险。2022年4月，中央第二生态环境保护督察组对该区域进行了点名批评，确认了苏州绿岸项目多处地块的土壤污染问题，严重超出了规划用地的安全标准。陆家嘴集团认为，在土地变性及出让过程中，涉及的五家被告——苏钢集团、苏州市环境科学研究所、苏州市苏城环境科技有限责任公司、苏州国家高新技术产业开发区管理委员会、苏州市自然资源和规划局存在违法违规、弄虚作假等侵权行为，导致严重污染的土地流入市场，并在股权转让时隐瞒了相关信息。因此，陆家嘴集团将这五家单位告上法庭，并索赔了高达100.44亿元的赔偿。

四、自然资源

保护自然资源是确保地球生态系统健康和可持续发展的基础。自然资源的过度开发和不合理的开发利用会导致生物多样性丧失和生态系统衰退等严重后果，会直接限制企业的商业活动，带来成本增加、运营中断等风险。许多环境议题之间具有紧密的协同效应，通过加强自然资源的保护，动植物的栖息地数量和面积都会增多，在促进世界实现温室气体“净零”排放方面也能够起到十分积极的作用。

（一）内容

自然资源议题主要涉及能源管理、水资源管理与生物多样性。

1. 能源管理

能源管理，是指对企业的能源消耗进行主动、系统地监测、控制和优化，从而节约能源消耗并降低能源成本。能源管理包括企业能源管理体系建设,企业可依据《能源管理体系》(GB/T 23331-2012)、《能源管理体系要求及使用指南》(GB/T 23331-2020)等文件建立企业自己的能源管理制度。能源管理也包括一些小的行动举措,如办公环节的节能减碳举措,用电设备节能和公务车辆节能等。

此外,一些能源管理活动还包括可再生能源的使用,推动能源的清洁化。推广光伏、外购绿电的使用,依托风能、太阳能等清洁能源发电,企业根据自身情况选择适合的可再生能源使用,促进能源结构绿色低碳转型,如造纸企业可利用原材料废料,持续加强树皮、木屑、浆渣等生物质能源的高效利用,达到节能降碳的目标。

2. 水资源管理

水资源不仅是维持生态平衡的关键要素,也是经济活动不可或缺的基础资源。水资源管理主要涉及水资源管理政策与制度和水资源使用与效率。企业应制定明确的水资源管理政策和制度,明确水资源管理的目标、原则、责任和措施,规范水资源使用,规划水资源使用量,实施节水与污水减排措施;同时,企业应当披露报告期内使用水资源的具体情况,包括但不限于总耗水量及使用强度等基本指标以及水资源节约的具体情况。

3. 生物多样性

2022 年 12 月,《生物多样性公约》第十五次缔约方大会在加拿大蒙特利尔举办,大会通过了具有里程碑意义的“昆明-蒙特利尔全球生物多样性框架”。企业运营对生物多样性的影响正日益受到利益相关方的关注,由此面临着一系列与生物多样性相关的风险。

生物多样性保护重点包括了对高保护价值(High Conservation Value, HCV)区域的保护,并采取积极措施维持和提升其保护价值。高保护价值主要包含物种多样性、景观水平的生态系统和生态系统镶嵌、生态系统和生境①、关键的生态系统服务、社区需求以及文化价值六种类型。采取积极措施管理运营对生物多样性的影响,投入生物多样性保护的队伍中,是企业规避这一领域风险、获得未来更多竞争力的重要行动。

(二)测度

对于自然资源议题的测度,可以采用以下指标进行衡量,测算指标具体如表 5-8 所示。在能源管理方面,可以通过能源使用管理政策、能源管理体系认证等定性指标以及能源消耗总量、能源消耗强度等定量指标衡量企业能源使用情况;在水资源管理方面,也可以通过水使用管理政策、监控运营中的水资源风险等定性指标和取水量、取水强度等定量指标衡量企业水资源使用情况;在生物多样性保护方面,主要是通过

① 生境指物种或物种群体赖以生存的生态环境。

在所占土地实施可持续发展项目、与其他机构合作开展保护生物多样性的项目等定性指标衡量。

表 5-8 **自然资源议题的测算指标**

能源使用管理政策	减少水资源消耗的目标
减少能源消耗的目标	减少水资源消耗目标的执行情况
减少能源消耗目标的执行情况	减少水资源消耗的措施
能源管理体系认证	取水量
能源消耗总量	监控运营中的水资源风险
能源消耗强度	设置水资源回收利用系统
汽油消耗量	水资源回收利用量
柴油消耗量	水资源回收利用率
天然气消耗量	取水强度
液化石油气消耗量	水源地披露
煤炭消耗量	生物多样性管理
蒸汽消耗量	土地资源保护措施
耗电强度	在所占土地实施可持续发展项目
能源结构优化	与其他机构合作开展保护生物多样性的项目
水使用管理政策	

五、环境管理

环境管理是企业落实国家生态环境保护的大政方针，组织落实生态环境保护工作、履行企业生态环境保护主体责任的顶层设计，有助于企业从上至下减少环境风险、提升企业形象、促进可持续发展。

（一）内容

环境管理议题主要包括环境管理的战略、规划和目标，以及环境管理体系等内容。

1. 环境管理的战略、规划和目标

企业需要根据国家的生态环境保护战略和决策部署制定企业内部环境管理战略、规划和目标，这些内容可以在环境维度单独披露，也可以与社会和治理维度的相关内容进行统筹。明确的环境目标是环境管理工作的核心，这些目标通常包括减少温室气体排放、保护生物多样性、提高能源利用效率等，如中国石化在 2023 年可持续发展报告中披露的环境保护三大目标分别为污染治理水平行业领先、污染物排放量

5

持续下降、不发生较大及以上突发环境事件。在实践中，上市公司在 ESG 报告中披露的相关信息还包括相关的环保投入、培训宣传等内容。

2. 环境管理体系

环境管理体系是企业实施环境管理的重要保障。它要求企业建立一套完整的环境管理制度和流程，明确各级管理机构和人员的职责和权限，确保环境管理工作的有序进行。ISO14001 是世界上首个国际环境管理标准体系，也是目前全球最受广泛认可的环境管理体系，已于 2015 年 9 月正式升版发布为 ISO14001：2015。企业根据《中华人民共和国环境保护法》（以下简称“《环境保护法》”等法律法规和 ISO14001：2015 标准，建立并持续完善环境管理体系。环境管理体系通常包括环境风险管理、环境风险应对措施、环境影响管理等多个环节。通过实施环境管理体系，企业可以系统地识别和管理环境风险，持续改进环境绩效。

（二）测度

对于环境管理议题的测度，可以采用以下指标进行衡量，测算指标具体如表 5-9 所示。在环境管理战略、规划、目标方面，直接衡量战略、规划、目标的披露情况，并主要通过环保总投入、两年环境处罚总额、环境保护相关培训等指标进行补充；在环境管理体系方面，可以通过环境管理体系认证、环境风险评估、环境应急预案等指标反映企业环境管理体系的健全程度。

表 5-9　环境管理议题的测算指标

环境管理体系与制度	环境风险评估
环境管理体系认证	两年环境处罚强度
环保总投入	两年环境处罚次数
员工环境意识	两年环境处罚总额
环保委员会或工作组的设置	两年环境违规事件
被列入重点排污单位	两年绿色产品舆情事件
环境应急预案	环境保护相关培训

核心概念

庇谷税；科斯定理；信息不对称；碳排放；绿色金融；资源管理；生物多样性

思考与练习

1. 相比于经济激励型环境政策，明晰产权型环境政策的优点是什么？
2. 简述在监管不严时，企业会通过怎样的方式逃避命令控制型环境政策以及在监管严格时，经济激励型环境政策可能带来怎样的挤出效应。
3. 我国在建立全国性碳排放权交易市场的进程中面临哪些阻碍？

第六章
ESG 信息披露

本章导读：

在整个 ESG 生态中，企业的 ESG 信息披露是至关重要的基础设施，是推动 ESG 评级和 ESG 投资的必备条件。企业采用明确、准确、系统的 ESG 信息披露有助于投资者和公众更准确、客观地评估企业的管理质量和业务风险，进而做出更理性的决策。为此，本章将首先介绍信息披露在资本市场中的地位，主要阐述信息披露的概念与重要性、财务信息披露和非财务信息披露，使读者对资本市场信息披露形成整体的认识，并了解 ESG 信息披露在资本市场的重要性。此外，本章还会介绍国际和国内主流的 ESG 信息披露标准，旨在帮助读者能够更加系统全面地了解主流的 ESG 信息披露框架。本章最后还介绍 ESG 信息披露的形式与载体，帮助了解 ESG 信息披露报告的基本内容和主要形式。通过本章的学习，读者将能对 ESG 信息披露的重要性和 ESG 信息披露的基本准则、主要载体等有初步的认识，并据此来分析相关企业 ESG 信息披露的现状和问题。

第一节　信息披露的概念与内涵

一、信息披露的概念与重要性

信息是市场运行的关键要素，信息披露是投资者了解公司经营业绩和财务状况，减轻信息不对称的基本途径，也是保护投资者权益的重要机制。考虑到无论是财务信息的披露，还是 ESG 信息的披露，主要限于公众性公司，因此本节主要以上市公司为对象，分析信息披露的概念与内涵和一般化逻辑。在股票发行实行注册制度下，信息披露更为重要。股票发行注册制以信息披露为核心理念，将核准制下的价值判断尽可能地转化为信息披露要求，这要求证券发行人真实、准确、完整地披露信息，同时，以投资者需求为导向着重强调披露信息的决策有用性和价值相关性，让投资者可以获得必要的信息，以此对证券价值进行自主判断并决定是否投资，证券监管机构对证券的价值好坏、价格高低不作实质性判断，最大程度促使市场机制的充分发挥。

（一）信息披露的概念

上市公司信息披露即上市公司信息公开或公布，主要是指上市公司通过一定形式的媒介载体，将能够直接或间接影响投资者和社会公众的重要信息公开发布的行为。上市公司信息披露是证券化市场发展和信用社会化的必然结果，也是建立公正、公开证券市场的前提之一，更是资本市场健康运行的基础。按照披露的内容划分，上市公司信息披露可分为财务信息披露和非财务信息披露。按照披露的强制性划分，上市公司信息披露可以划分为法律、法规和章程要求必须披露的强制性披露和公司出于某种动机自主选择发布信息的自愿性披露。按照披露的时点不同，上市公司信息披露可分为初次披露（包括发行和上市新股的招股说明书、上市公告书）以及持续披露（包括中报、季报、年报等定期报告和重大事项公告、会议决议等临时报告）。

（二）信息披露的重要性

上市公司信息披露是保证信息公开透明、维护资本市场有效健康运行的根本所在，对于缓解信息不对称、提高资源配置效率具有重要意义。信息披露是上市公司向外界传递有效信息的主要方式，也是决定上市公司股票价格和市场价值的重要因素，是资本市场高效、健康、稳定运行的关键。具体而言，上市公司的信息披露具有以下几个方面的价值：

1. 信息披露对资本市场效率的价值

有效市场理论认为，在信息披露充分的情况下，市场会及时将所有可得的信息反映在资产价格中，即市场价格会充分反映所有已知信息，投资者无法通过分析已公开的信息来获取超额利润。然而，现实中存在信息不对称的情况，即市场参与者拥有不同程度的信息优势，这导致了市场的不完全有效性，可能导致投资者无法准确评估资产价值，从而影响市场的有效运作。信息披露是解决信息不对称问题的关键机制之一，通过及时披露相关信息，可以减少市场信息不对称程度，提高市场的有效性和透明度，从而促进市场的健康发展。

2. 信息披露对投资者保护的意义

信息披露可以保护投资者的合法权益，使其能够获取到真实、准确的信息，避免因信息不对称而导致的投资损失，这有助于提升投资者的信心和参与度，促进资本市场的发展。投资者在作出投资决策时需要充分的信息支持，而信息披露提供了投资决策所需的基础数据和参考依据，使投资者能够更加理性地进行投资分析和判断。信息披露的透明度和可靠性直接影响着投资者对市场的信任程度。只有在信息披露透明度高、披露内容真实可靠的情况下，投资者才会更愿意参与市场交易，从而促进市场的流动性和发展。

3. 信息披露对资本市场稳定性的作用

充分的信息披露有助于市场参与者更好地识别和管理风险，降低投资风险，提高市场的稳定性和抗风险能力。同时，充分的信息披露也有助于监管机构及时发现和解决市场风险，保护市场的稳定运行。信息披露不充分或披露的信息质量低劣可能导致市场价格波动加剧，甚至引发市场崩盘等严重后果。因此，加强信息披露力度，提高信息披露的质量和透明度，对于维护市场的稳定性和健康发展具有重要意义。历史上的金融危机往往与信息披露不足或信息披露质量不高有关，市场参与者缺乏对市场真实情况的了解和判断，导致市场信任危机和流动性危机的发生。因此，加强信息披露，防范金融危机的发生，是维护资本市场稳定的重要举措。

二、财务信息披露

财务信息披露，是指上市公司依照法律法规和监管要求，向投资者、监管机构和其他利益相关者公布其财务状况、经营成果、现金流动等关键财务信息的过程。这一过程对于维护资本市场的透明度、公平和效率至关重要。财务信息披露按照披露的时间，可分为定期报告和临时报告。

（一）定期报告

定期报告，是指在特定时间节点上，上市公司根据法律法规和证券市场的规定，向投资者和公众披露的财务和非财务信息。定期报告通常包括：季度报告，即一般每三个月发布一次，包含公司的财务状况和经营成果；半年度报告，即每年中期发布的报告，包含上半年公司的财务状况经营情况；年度报告，即每年结束后发布的报告，详细反映公司的整体经营成果、财务信息、管理层讨论与分析等。根据中国《上市公司信息披露管理办法》，上市公司应当披露的定期报告包括年度报告、中期报告（半年报）。凡是对投资者作出价值判断和投资决策有重大影响的信息，均应当披露。年度报告中的财务会计报告应当经符合《证券法》规定的会计事务所审计。年度报告应当在每个会计年度结束之日起四个月内，中期报告应当在每个会计年度的上半年结束之日起两个月内编制完成并披露。其中，年度报告应当记载以下内容：公司基本情况；主要会计数据和财务指标；公司股票、债券发行及变动情况；报告期末股票、债券总额、股东总数；公司前十大股东持股情况；持股百分之五以上股东、控股股东及实际控制人情况；董事、监事、高级管理人员的任职情况、持股变动情况、年度报酬情况；董事会报告；管理层讨论与分析；报告期内重大事件及对公司的影响；财务会计报告和审计报告全文；中国证监会规定的其他事项。而中期报告的要求相对较少，具体包括：公司基本情况；主要会计数据和财务指标；公司股票、债券发行及变动情况、股东总数、公司前十大股东持股情况；控股股东及实际控制人发生变化的情况；管理层讨论与分析；报告期内重大诉讼、仲裁等重大事件及对公司的影响；财务会计报告；中国证监会规定的其他事项。

此外，上市公司预计经营业绩发生亏损或者发生大幅变动的，还应当及时进行业绩预告。定期报告披露前出现业绩泄露或者出现业绩传闻且公司证券及其衍生品种交易出现异常波动的，上市公司应当及时披露本报告期相关财务数据。中国证监会等监管机构会对上市公司的信息披露进行监督管理，确保信息披露的合规性。而且上市公司的财务会计报告必须经过符合《证券法》规定的会计事务所审计，以保证其独立性和客观性。如果上市公司及其董事、监事、高级管理人员违反信息披露规定，可能会面临监管措施、行政处罚甚至刑事责任。除了依法披露的信息外，上市公司也可以自愿披露与投资者决策有关的信息，但这些信息应当真实、准确、完整，且不得与依法披露的信息相冲突。

（二）临时报告

上市公司临时信息披露，也称为重大事件信息披露或即时报告，当发生可能对上市公司证券及其衍生品种交易价格产生较大影响的重大事件，投资者尚未得知时，上市公司应当立即披露，说明事件的起因、目前的状态和可能产生的影响。根据中国《上市公司信息披露管理办法》规定，重大事件通常包括但不限于以下几种情况：公司的经营方针和经营范围的重大变化；公司的重大投资决策及重大购置财产的决定；公司发生重大债务和未能清偿到期重大债务的违约情况；公司发生重大亏损或重大损失；公司生产经营的外部条件发生的重大变化；公司的董事长、经理或者其他高级管理人员的变动；持有公司5%以上股份的股东或者实际控制人，其持有股份或者控制公司的情况发生重大变化。

临时报告披露的信息必须真实、准确、完整，不得有虚假记载、误导性陈述或者重大遗漏。监管机构如中国证监会对上市公司的临时信息披露进行监督，确保其符合法律法规的要求。如果上市公司未能及时或准确地进行临时信息披露，可能会面临监管措施、罚款或其他法律责任。而且，对于临时报告，上市公司也应在指定的信息披露平台如证券交易所网站等发布，确保所有投资者都能平等地获取信息。上市公司在首次披露重大事件后，若事件有新的进展或变化，也应及时更新披露信息。临时信息披露是上市公司信息披露体系的重要组成部分，它有助于维护证券市场的透明度和公平性，保护投资者的知情权。

三、非财务信息披露

随着资本市场的进一步发展和社会的进步，各方利益相关者对上市公司的要求并不仅限于其营利性，对上市公司的经营要求进一步多样化，企业的非财务信息越来越受到投资者和监管部门的关注。非财务信息不依赖于货币进行计量，其内容不一定与企业财务状况有关，包含企业经营的各种信息和资料。它们以非财务信息的形式出现，大多数不反映在财务报表中，但与公司的生产经营直接或间接密切相关，如企业可持续发展状况、行业背景、经济政策和法律风险等。非财务信息披露主要包括企业内部控制和ESG信息披露两方面。

（一）内部控制信息披露

1992年，美国COSO委员会①发布了《内部控制——整合框架》，1994年对其进行了修订，该报告认为“内部控制是企业的董事会、管理层和其他员工共同执行，以经营效率和效益、财务报告的可靠性、遵循适用的法律法规等为目标，并为实现这些目标提供合理保证的过程”。2008年，中国在《企业内部控制基本规范》中将内部控制定义为，内部控制是由企业董事会、监事会、经理层和全体员工实施的、旨在实现控制目标的过程。可以看出，虽然国内外关于内部控制的定义在表述上有所差异，但其本质是相同的：第一，内部控制是各项制度、程序和措施；第二，内部控制最终是为了合理保证企业目标的实现；第三，企业内部控制是一项贯穿企业整体的控制活动，需要企业全员参与和完成。

根据《企业内部控制基本规范》，企业内部控制的目标是合理保证企业经营管理合法合规、资产安全、财务报告及相关信息真实完整，提高经营效率和效果，促进企业实现发展战略。企业建立与实施有效的内部控制，应包括内部环境、风险评估、控制活动、信息与沟通、内部监督等五要素。这五要素在内部控制中发挥的作用各不相同，它们之间相互联系、相互制约、相辅相成。内部控制并不等于五要素的简单累加，而是由上述五要素，按照一定的结构组成的完整的，能对变化的环境作出反应的系统。具体而言：内部环境是整个内控系统的基石，支撑和决定着风险评估、控制活动、信息传递和监督，是建立所有事项的基础；实施风险评估进而管理风险是建立控制活动的核心；控制活动是内部控制的主要组成部分；信息沟通贯穿上下，将整个内控结构凝聚在一起，是内部控制的实质；内部监督位于内部控制顶端的重要位置，是内控系统的特殊构成要素，它独立于各项生产经营活动之外，是对其他内部控制的一种再控制。

继2008年《企业内部控制基本规范》出台之后，2010年4月26日，中国五部委再次联合发布了《企业内部控制应用第1号——组织架构》等18项应用指引、《企业内部控制评价指引》和《企业内部控制审计指引》（以下简称“《企业内部控制配套指引》”），要求所有上市公司分步执行，2011年1月1日起在中国境内外同时上市的公司实施，2012年1月1日起在沪深两市主板上市公司实施。《企业内部控制基本规范》和企业内部控制配套指引的发布，标志着中国内部控制信息披露制度体系基本形成。为配合企业内部控制配套指引的实施，上海证券交易所和深圳证券交易所在2011年的年度报告要求中均增加要求，强制要求同时在境内外上市的公司以单独报告的形式，披露由注册会计师出具的内部控制审计报告。2012年8月，财政部联合证监会发布《关于2012年主板上市公司分类分批实施企业内部控制规范体系的通知》，明确了上市公司实施内部控制基本规范的具体时间表。自此，在中国沪深两市主板

① COSO是美国反虚假财务报告委员会下属的发起人委员会（The Committee of Sponsoring Organizations of the Treadway Commission）的英文缩写。

的上市公司，开始全面实行内部控制自我评价报告强制性披露，意味着中国内部控制信息披露进入新阶段。

（二）ESG 信息

ESG 信息披露也是企业非财务信息披露的重要内容。ESG 信息披露是企业参照一定的标准和指标体系，将过去一段时期环境（E）、社会责任（S）、公司治理（G）三个方面的表现和面临的困难通过单独或综合报告的方式报送给信息使用者的过程。其中，环境维度主要包括资源综合利用、减少碳排放、降低污染物排放、减弱对气候负面影响等方面；社会维度主要关注企业在职工劳动权益保护、人力资本培养、产品质量与安全、消费者权益保护、公共关系等方面的情况；公司治理维度则主要涵盖商业道德、内部控制制度、董事会构成、薪酬制度、反腐败监督等方面。信息披露是 ESG 治理过程中的重要环节，持续规范披露 ESG 相关信息，一方面，可以推动企业践行绿色发展、履行社会责任、提升治理水平，促进企业落实可持续发展战略；另一方面，通过信息的交流，也有利于企业以更加公开、透明、持续的方式积极向资本市场沟通与 ESG 相关的潜在价值和风险管理情况，促使投资者更好地将 ESG 因素纳入投资决策，更好地发挥资本市场服务实体经济和支持经济转型的功能。

ESG 信息披露的实践逻辑首先从国际组织制定 ESG 信息披露指导原则或编制指南开始，政府监管部门或行业协会根据指导原则出台相关制度文件引导或强制企业按照指引编制 ESG 信息披露报告，企业根据制度文件要求定期或不定期出具 ESG 信息披露报告，第三方评级机构根据 ESG 报告对企业的 ESG 表现进行评价，投资者依据企业 ESG 表现和评级情况进行投资分析并制定投资策略。同时，资本市场的行为也会对企业 ESG 信息披露起到塑造作用：第一，投资者的投资实践要求国际组织不断丰富完善 ESG 信息披露原则，并推动政府部门规范 ESG 信息披露政策；第二，基于 ESG 信息的投资实践有助于引导企业提升在环境、社会、公司治理方面的表现，并积极做好 ESG 信息披露；第三，投资活动会促使评级机构优化 ESG 评级方法。由此可见，ESG 披露是整个资本市场投资和资源配置的一项基础性工作，是开展 ESG 评价和 ESG 投资的基础。

从发展的视角来看，ESG 所包含的维度从社会责任（S）开始。在经济发展过程中，环境问题日渐凸显，环境保护愈发受到政府管理部门和社会公众的重视，环境（E）维度的地位不断提升。随着企业社会责任融入战略管理框架中以及发达国家财务造假丑闻频发，与公司治理（G）有关的价值和风险受到重视，公司治理也被作为一个新维度被引入投资分析中。与 ESG 的发展过程相一致，早期 ESG 信息披露的主要形式是企业社会责任报告，是指企业定期或不定期向信息使用者报送企业在过去一段时期内履行社会责任情况的报告，它可以作为一份单独的报告，也可以是财务报告的一部分。随着 ESG 理念逐步深入，企业社会责任报告在全球大多数大中型企业中稳步推行，愈来愈多的企业开始单独发布 ESG 报告。

第二节　ESG 信息披露国际准则

一、基本概况

目前国际上存在多个 ESG 信息披露准则，且不同准则之间存在较大差异，主要包括 GRI 标准、ISO 26000（International Organization for Standardization 26000）标准、SASB 标准、TCFD 标准等几种主要的标准与框架。这些标准和框架都旨在帮助企业披露与 ESG 相关的信息，并提供一套指南和准则，使投资者、利益相关方和公众能够更好地了解和评估企业的可持续发展表现。其中，GRI 标准是全球使用最为广泛的披露框架，在欧洲企业中尤其普遍。美国企业较多采用 SASB 标准进行一般性披露，并辅以 TCFD 标准进行气候相关问题披露。这些标准在指标体系、侧重点、主要目标、应用范围等方面各具特点，四种主要 ESG 信息披露标准如表 6-1 所示。

表 6-1　四种主要 ESG 信息披露标准

标准	GRI 标准	ISO 26000 标准	SASB 标准	TCFD 标准
成立时间	1997 年	2010 年	2011 年	2015 年
发起组织	全球报告倡议组织（GRI）	国际标准化组织（ISO）	可持续发展会计准则委员会（SASB）	金融稳定委员会（FSB）
目标	组织能够公开披露其对经济、环境和人最重大的影响，包括对人权的影响，以及组织如何管理这些影响组织可因此提高自身影响的透明度，并加强责任承担	开发适用于包括政府在内的所有社会组织的“社会责任”国际标准化组织指南标准	通过与当前的金融监管体系合作，制定与传播企业可持续会计准则	可引用的气候相关财务信息披露架构，帮助投资人、贷款机构和保险公司了解公司重大风险
核心议题	经济、环境和人	组织治理、人权、劳工实践、环境、公平运营实践、消费者问题、社区参与和发展	环境、社会资本、人力资本、商业模式与创新、领导与治理	治理、策略、风险管理、指标和目标

二、代表性准则

（一）GRI 标准

GRI 标准是一套全球性的可持续发展报告框架，旨在指导组织披露其经济、环境和社会绩效的信息，GRI 是目前全球最常用的 ESG 报告标准。

1. GRI 标准的发展历程

1997 年，全球报告倡议组织(GRI)成立，这一非营利性组织由联合国环境规划署(UNEP)和环境责任经济联盟(CE-RES)共同发起，其目的是创建第一个负责任机制，以确保公司遵守负责任的环境行为原则，并扩大到社会、经济和治理问题等领域。GRI 一直致力于为企业、政府和其他机构提供一套可持续发展的全球通用语言——GRI 指南，包含报告原则、关键议题、具体标准和实施手册等，为 ESG 可持续发展报告的编制提供参照标准，服务并助力于全球范围内商业活动的可持续发展。GRI 从成立至今，历经了 G1、G2、G3、G3.1、G4 到 GRI Standards 版本的更新迭代，具体如表 6-2 所示。

表 6-2 GRI 发展历程

时间	具体事件
1997 年	GRI 在美国波士顿成立
2000 年	GRI 发布第一代《可持续发展报告指南》(以下简称“G1”)，在当时对可持续发展产生深远影响，多家机构在报告时应用其报告指南
2002 年	GRI 正式成为独立的国际组织，并发布第二代《可持续发展报告指南》(以下简称“G2”)，同时 GRI 总部搬迁至阿姆斯特丹
2006 年	GRI 在荷兰首都阿姆斯特丹发布了第三代《可持续发展报告指南》(以下简称“G3”)，同时被翻译成 10 多种语言版本
2008 年	开展认证培训合作伙伴计划
2011 年	GRI 发布《可持续发展报告指南》的 G3.1 版本，相对于 G3 版本而言，G3.1 增加了有关人权、性别和社区方面的报告指引
2013 年	GRI 在北京发布第四版中文版《可持续发展报告》(以下简称“G4”)，也是世界上使用最广泛的可持续发展报告披露工具
2015 年	SDG 框架通过
2016 年	发布 GRI 可持续发展报告标准(GRI Sustainability Reporting Standards)，并表示不再发布新一代指南，而是根据公众意见对 GRI 标准不断升级；同时 GRI 社区计划启动
2017 年	与联合国全球契约合作推出的关于可持续发展目标的企业报告指南
2019 年	部门计划启动，同时发布新的税收标准
2020 年	发布新的废弃物标准

2. GRI 标准框架体系

在框架内容上，GRI 标准最初的 G1 版本主要包含《可持续发展报告指南》(以下简称“《指南》”)以及各类《指标规章》《技术规范》等。《指南》中的内容较少，需要一系列相关文件进行补充指引，在框架设计上相对比较烦琐，应用较为复杂。后续，GRI 在这方面进行了一系列改进，逐渐将多个文件进行整合梳理，形成了目前使用的 GRI 标准框架体系，主要分为通用标准和议题专项标准两部分内容。GRI 从 G1 到 GRI

6

标准的总体框架比较，如表6-3所示。

表6-3　GRI标准的G1到GRI标准总体框架比较

	G1	G2	G3	G3.1	G4	GRI标准
框架内容	《可持续发展报告指南》，各类《指标规章》《技术规章》以及《行业附加指引》	《可持续发展报告指南》，行业补充，专题指引，技术准则	原则和指导，标准披露项目，规程，行业补充项目	报告原则和指导，标准披露（包括绩效指标），规章，行业补充指引	报告原则和标准披露、实施手册	通用标准和议题专项标准
特色	指标分为一般通用和机构特有；全球第一个基于三重底线的可持续发展报告框架	三重底线，区分核心指标与补充指标	GRI应用等级	“GRI应用等级制度”，宣布其应用GRI报告框架的程度	新增标准披露部分（包括常规标准和分类标准披露）	报告框架结构更加模块化，清晰易懂

（二）ISO 26000标准

ISO 26000是国际标准化组织制定的社会责任指南标准，该标准在全球统一了社会责任的定义，明确了社会责任的原则，确定了践行社会责任的核心主题，描述了以可持续发展为目标将社会责任融入组织战略和日常活动的方法，为企业建立完善和长期的企业责任战略提供了一个框架体系。

1. ISO 26000标准的发展与演变

ISO 26000的名称有其独特的来源。地球除了自转、公转外，还进行着由南极逐渐向北极翻转、由北极渐向南极翻转的运动。具体而言，每隔13 000年，地球的南北极会完全互换。26 000年正好是南北极翻转一周的用时。每一次南北极的翻转都会给地球带来巨大变化。比如13 000年前，猛犸象、剑齿虎和北美洲穴居人突然灭绝，地球进入长达1 000年的冰冻期。社会责任的目的是可持续发展，将这一指南标准命名为“26000”，是为了让人类关注我们共同的星球，这便是ISO 26000名称的来源。自2005年第一次会议以来，ISO 26000开发过程中，一共召开了8次全体会议，这些会议反映出ISO 26000标准开发的历史性结果和进程。ISO 26000标准的发展与演变如表6-4所示。

表6-4　ISO 26000标准的发展与演变

会议	时间	地点	代表性结果
第一次会议	2005年	巴西萨尔瓦多	确定开发ISO 26000的任务，决定社会责任工作的组织结构，配备下属任务小组的领导和制定特殊工作流程
第二次会议	2005年	泰国曼谷	工作草案1（WD1），设计规范达成一致，建立任务小组
第三次会议	2006年	葡萄牙里斯本	工作草案2（WD2），同意对工作草案1（WD1）的评论，进一步建立为增加参与人数和提高可信度的运作框架，讨论母语不是英语的参加者的困难

续　表

会议	时间	地点	代表性结果
第四次会议	2007 年	澳大利亚悉尼	工作草案 3(WD3),进一步评论工作草案 2(WD2),同意工作草案 3 的详细内容计划、讨论如何清楚地描述指南,使之适合所有组织,如何能最佳地识别其利益相关方,如何指导使用者在供应链上的行为
第五次会议	2007 年	奥地利维也纳	工作草案(WD4.1)和(WD4.2),建立新的草案集成任务小组,深入讨论供应链关系的处理,第三方评价的作用以及国家或者当地法律与国际行为规范有冲突时问题的处理。组织应该(而不是可以)报告 7 个社会责任的核心主题
第六次会议	2008 年	智利圣地亚哥	委员会草案 1(CD1),一致同意工作草案(WD)上升为委员会草案(CD),讨论草案是否会被视为非关税贸易壁垒,草案适应于政府机构的程度,国际规范和协定在世界各国的适用性,包括人权宣言及对中小企业的重要性
第七次会议	2009 年	加拿大魁北克	国际标准草案(DIS),提高文件共识的程度,同意委员会草案上升为国际标准草案(DIS),讨论包括:在环境和消费者问题中是否包括预警原则,在公平运营实践中是否包括公平处理供应链中实施社会责任的成本和利益,如何处理过去、现在以及将来其他有关社会责任的倡议和工具等
第八次会议	2010 年	丹麦哥本哈根	准备最终国际标准草案(FDIS)投票,多利益相关方多方位的辩论,其中包括如下问题:讨论 ISO 26000 标准中引用现有认证标准和自愿性倡议的程度,当国家法律和传统习惯与联合国文件表达的国际规范不一致时,使用者如何处理,对发展中国家、全球跨国公司、中小企业以及非营利或者公共服务组织的适应性,对世界贸易和国际义务的影响,预警方法,指南普遍适用性以及某些法律验证等。总体达成共识、结束最终谈判,是将标准推向最终成熟阶段的决定性一步

2. ISO 26000 标准的主要内容体系

ISO 26000 标准参照和引用了 68 个国际公约、声明和方针,其正式文本有 109 页,重点描述了“社会责任七个原则”和“七个核心主题”。与其他社会责任标准相比较,ISO 26000 标准的内容涉及面更广、更全面。ISO 26000 标准是国际标准化组织制定的社会责任指南,包括组织治理、人权、劳工、环境、公平运营、消费者问题、社会参与和发展七大项,共计 37 个核心议题及 217 个细化指标。ISO 26000 标准除前言与引言外,共有七章内容,具体各章节内容设置如表 6-5 所示。

表 6-5　　ISO 26000 标准各章节内容介绍

章节及名称	具体内容
第一章　范围	主要强调本国际标准为所有类型组织提供指南,无论其规模大小和所处何地。这实际就是强调社会责任的定义适用于除行使主权职责时的政府以外的任一组织。当然也包括了企业这一经济类组织

续　表

章节及名称	具体内容
第二章　术语	包括定义和术语缩写。影响社会责任发展并继续影响其性质和实践的因素、条件和主要问题。同时明确社会责任的相关概念—社会责任意味着什么，它如何应用于组织，组织的社会责任、社会责任的新趋势、社会责任的特征、国家与社会责任等。该章介绍了27个术语分为两大类，一类是非直接与社会责任相关联的通用术语；另一类是直接与社会责任相关联的特定术语
第三章　了解社会责任	包括组织社会责任的发展历史和背景；社会责任的最新动向；特别是介绍社会责任的特点；社会责任概念与可持续发展概念之间关系的四个条款，核心是对社会责任定义的进一步阐述
第四章　社会责任原则	由总则、承担义务、透明度、道德行为、尊重利益相关方、尊重法律规范、尊重国际行为规范、尊重人权八个条款组成。实际上是对定义的具体阐述
第五章　识别社会责任和约束利益相关方	由总则、辨识社会责任、利益相关方识别和约束三个条款组成。无论是理解社会责任，还是利益相关方的识别与参与，都是对定义的深化和具体化理解
第六章　社会责任核心主题	阐述与社会责任有关的核心主题和相关问题，针对每个核心主题，就其范围和与社会责任的关系、相关原则与思考以及相关行动与期望等提供了信息，包括组织治理、人权、劳工实践、环境、公平运营实践、消费问题、社区参与和发展等方面。将组织的决策和活动划分为七大主题，确保组织在七大主题及其37个议题内表现出“对社会负责任的组织行为”
第七章　社会责任全面融入组织	提供将社会责任融入组织实践中的方法，包括：组织的特征与社会责任的关系、理解组织的社会责任企业贯彻社会责任实践、社会责任沟通、提升社会责任的可信度、审查和改进组织的社会责任相关行动与实践、自愿性社会责任倡议等。实际上就是指导组织如何将社会责任定义的各个方面的内涵通过组织的变革得到贯彻，从而使组织行为“对社会负责任”，并得到利益相关方和社会的信任

（三）SASB标准

SASB成立于2011年，是一家位于美国的非营利组织，致力于制定一系列针对ESG的披露指标，以促进增加投资者与企业交流对财务表现有实质性影响且有助于决策的相关信息。本节对SASB标准的发展与演变、主要内容体系进行介绍。

1. SASB标准的发展与演变

SASB标准于2011年制定，旨在指导公司披露以投资者为中心的可持续性信息。2022年，SASB并入IFRS基金会，目标是成为金融市场可持续性披露的全球标准制定者。SASB采取了与其他国际公认的披露标准制定机构，如财务会计标准委员会（FASB）以及国际会计标准理事会（IASB）——相似的治理架构，由董事会（The Foundation Board）和标准委员会（The Standard Board）组成。董事会负责监督整个机构的战略、募资、运营和任命标准制定委员会成员；标准委员会负责研发、发布和维护SASB标准。自从2011年成立以来，SASB标准发展历程如表6-6所示。

表 6-6　　SASB 标准发展历程

时　间	具体事件
2011 年	SASB 在美国成立
2014 年 7 月	SASB 发布了不可再生资源临时可持续性标准，主要针对不可再生资源领域内的行业
2016 年 12 月	成立投资顾问小组，致力于改善对投资者的可持续性相关披露，为该组织提供投资者反馈和指导
2018 年	SASB 发布了全球首套 SASB 标准
2018 年 11 月	SASB 针对最具有可能对某一行业的具有代表性企业造成重大财务影响的可持续因素集合，该标准给出了对应指导，旨在帮助投资者和企业做出更为明智的决策
2019 年 12 月	SASB 宣布成立四个新项目，以解决通过循证研究和市场咨询提出的关键问题，这些问题推动了其标准制定过程
2020 年 2 月 4 日	SASB 推出了《SASB 标准使用指南》，这是一个将 SASB 标准纳入投资者沟通核心为目的所提供的在线资源
2020 年 2 月 27 日	SASB 宣布了三个新项目，以解决通过循证研究和市场咨询提出的关键问题
2020 年 6 月	SASB 投票启动了一个新的标准制定项目，以解决化学品和纸浆造纸行业的一次性塑料和生物过滤器问题
2020 年 9 月	SASB 再次投票启动了一个新的标准制定项目，以解决互联网媒体和服务行业的内容整治问题
2021 年 6 月	IIRC 和 SASB 宣布合并成一个统一的新组织——价值报告基金会（Value Reporting Foundation），主要是为了降低企业 ESG 信息披露成本，提高 ESG 信息的有效性，建立有广泛影响力的整合性质的 ESG 标准

2. SASB 标准的主要内容体系

在传统行业分类系统的基础上，SASB 推出了一种新的行业分类方式：根据企业的业务类型、资源强度、可持续影响力和可持续创新潜力等对企业进行分类，自主创造了可持续工业分类系统（Sustainable Industry Classification System，SICS），SICS 将企业分为 77 个行业。每个行业在 SASB 标准中都有一套自己独特的可持续性会计标准。具体而言，SASB 标准包括环境、社会资本、人力资本、商业模式与创新、领导与治理五个可持续主题，且每个主题之下包含众多的细分议题。

（四）TCFD 标准

1. TCFD 标准的发展与演变

TCFD 标准是一个由国际金融稳定理事会（Financial Stability Board，FSB）设立的倡议，旨在推动企业和机构向投资者和利益相关方披露与气候变化相关的金融信息。TCFD 标准的发展与演变可以追溯到其成立和发布的初期以及其后的推广和采用过程。TCFD 标准的主要发展和演变过程如表 6-7 所示。

6

表 6-7　TCFD 标准的主要发展历程和演变过程

阶段与时间	取得成果
成立和发布时期（2015—2017 年）	TCFD 于 2015 年年底由国际金融稳定理事会（FSB）设立，并于 2017 年 6 月发布了首个报告，即气候变化相关财务信息披露指南（TCFD）。提出了 TCFD 框架的基本原则和核心要素
全球推广时期（2017 年至今）	自发布以来，TCFD 标准得到了全球范围内的推广和采用。多个国家、金融机构、企业和投资者纷纷表达支持和采用 TCFD 框架的意愿。一些国家和地区还制定了推动 TCFD 应用的指导文件和政策。例如，英国金融市场监管机构金融行为监管局（Financial Conduct Authority, FCA）于 2019 年 7 月发布了《气候相关金融披露要求》（Climate-related Financial Disclosures Requirements），要求英国上市公司（标准上市）和大型合格发行人（Premium Listed）披露符合 TCFD 标准的气候相关金融信息
报告披露的增加（2019 年至今）	越来越多的企业开始采用 TCFD 标准进行气候相关金融信息的披露。许多大型公司、金融机构和投资者已经在其可持续发展报告中包含 TCFD 标准要素，以提供更全面和透明的气候风险披露。例如，苹果公司是首批采用 TCFD 标准框架进行披露的企业之一，其在可持续性报告中详细披露了与气候相关的风险管理、减排目标和清洁能源采购等信息
法规要求的增加（2019 年至今）	越来越多的国家和金融监管机构开始将 TCFD 标准披露作为法规要求的一部分。例如，英国、欧洲联盟和加拿大等地制定了法规或指导意见，要求特定企业进行 TCFD 标准披露，以增加披露的一致性和可比性。例如，欧盟委员会于 2021 年 4 月发布了《欧洲联盟可持续金融披露条例》（EU Sustainable Finance Disclosure Regulation），该法规要求欧盟内的金融机构和相关实体，在披露可持续性信息时采用 TCFD 标准框架，并于 2022 年逐步生效

2. TCFD 标准的主要内容体系

TCFD 标准基于核心的四项元素建立了报告架构，四项元素为治理、策略、风险管理、指标和目标，这四项元素相互联系、相互支持。其中，治理是指该组织针对气候相关风险与机会的治理；策略是指气候相关风险与机会对于组织的业务、策略和财务规划的实际和潜在风险；风险管理是指组织识别、评估和管理气候相关风险的流程；指标和目标是指用以评估和管理与气候相关风险。此外，TCFD 标准的框架结构分为四部分：建议、建议披露事项、所有行业通用指引、特定行业的补充指引。其中，“建议”建立在四个组织运作的核心因素——治理、策略、风险管理、指标和目标的基础上，向投资者和其他利益相关者说明如何看待和评估气候相关风险与机会。

第三节　ESG 信息披露国内准则

在介绍了国际的 ESG 信息披露准则之后，本节我们将主要介绍中国的 ESG 信息披露准则。我们首先梳理中国ESG信息披露制度的沿革，然后详细介绍具有代表性的中国财政部和三大证券交易所的ESG信息披露准则。

一、国内ESG信息披露制度沿革

我国的ESG信息披露制度建设虽然才刚刚起步，但与ESG相关的非财务信息披露也有了20余年的探索。2003年，国家环保总局发布《关于企业环境信息公开的公告》，要求被列入重污染名单的企业进行环境信息披露，未列入名单的企业可以自愿披露，这是我国第一个关于企业环境信息披露的政策文件。2006年深交所制定《深圳证券交易所上市公司社会责任指引》，倡导上市公司积极承担社会责任，同时定期评估社会责任履行情况，将职工保护、环境污染、商品质量、社区相关等方面的社会责任建设和执行情况自愿对外披露。2008年，上交所发布《关于加强上市公司社会责任承担工作的通知》，要求上市公司充分关注包括员工、债权人、客户消费者及社区在内的利益相关者的共同利益，促进社会经济可持续发展，并且鼓励上市公司及时披露在承担社会责任方面的特色做法和取得的成绩。2010年，中华人民共和国生态环境部发布《上市公司环境信息披露指南（征求意见稿）》，要求重污染行业上市公司发布年度环境报告，定期披露污染物排放、遵守环保法规、环境管理等方面的信息，同时要求发生突发环境事件的工作披露临时报告。2016年，证监会发布《关于发挥资本市场作用服务国家脱贫攻坚战略的意见》，鼓励上市公司在年度报告中披露履行扶贫社会责任的有关情况。2017年，中华人民共和国生态环境部和证监会签署《关于共同开展上市公司环境信息披露工作的合作协议》，旨在建立强制性环境信息披露制度，形成完整的环境信息披露监管链条。2018年，证监会修订了《上市公司治理准则》，新增了利益相关者、环境保护和社会责任章节，规定上市公司应当根据相关法律法规要求披露环境、社会责任及公司治理等方面的信息。2020年，上交所发布《上海证券交易所科创板股票上市规则》规定上市公司应当在年度报告中披露履行社会责任的情况，并视情况编制和披露社会责任报告、可持续发展报告、环境责任报告等。

经过近20年的探索，随着ESG理念的引入，我国企业的ESG信息披露制度近年来也开始逐步建立。2022年，国资委发布《提高中央企业控股上市公司质量工作方案》，提出贯彻落实新发展理念，探索建立健全ESG体系，立足国有企业实际，积极参与构建具有中国特色的ESG信息披露规则、ESG绩效评级和ESG投资指引，推动更多央企控股上市公司披露ESG专项报告，力争到2023年相关专项报告披露"全覆盖"。2023年7月，国资委发布《关于转发〈央企控股上市公司ESG专项报告编制研究〉的通知》，进一步规范央企控股上市公司ESG信息披露工作。2024年4月12日，在中国证监会的统一部署和指导下，上交所、深交所和北交所正式发布了《上市公司可持续发展报告指引》，要求上证180指数、科创50指数、深证100指数、创业板指数样本公司及境内外同时上市的公司应当最晚在2026年首次披露2025年度可持续发展报告，鼓励其他上市公司自愿披露。2024 年 12 月，中国财政部也发布《企业可持续披露准则——基本准则》，标志着统一的中国可持续披露准则体系建设拉开序幕。2024 年 3 月，国资委启动编修可持续发展报告指南，《中国企业可持续发展报告指南 CASS-ESG 6.0》正式启动编修工作，旨在辅导中国企业编制符合监管要求的高质量可持续发展报告。以上一系列 ESG 政策的出台，也标志着我国的 ESG 标准评价体系在逐步走向成熟。下面重点介绍证券交易所和财政部的 ESG 信息披露准则。

二、证券交易所 ESG 披露指引

2024 年 4 月 12 日，在中国证监会的统一部署和指导下，在前期公开征求意见的基础上，上交所、深交所和北交所正式发布了《上市公司可持续发展报告指引》（以下简称"《指引》"），并自 2024 年 5 月 1 日起实施。《指引》要求上证 180 指数、科创 50 指数、深证 100 指数、创业板指数样本公司及境内外同时上市的公司应当最晚在 2026 年首次披露 2025 年度可持续发展报告，鼓励其他上市公司自愿披露。具体而言，三大交易所此次的指引分别为《上海证券交易所上市公司自律监管指引第 14 号——可持续发展报告（试行）》《深圳证券交易所上市公司自律监管指引第 17 号——可持续发展报告（试行）》《北京证券交易所上市公司持续监管指引第 11 号——可持续发展报告（试行）》，除执行范围和制定依据中所引用的上市规则等略有不同外，指引的具体内容基本一致。指引的发布填补了境内资本市场本土化可持续报告指引的空白，对我国上市公司在环境、社会和公司治理等可持续信息披露作出了规范，明确了首批强制执行范围，并将通过示范效应，带动上市公司及其他市场参与主体的可持续信息披露的规范化发展。

《指引》正式发布稿共 6 章 63 条，包括四大核心内容，即对于具有财务重要性的议题，指引要求披露主体应当围绕"治理，战略，影响、风险和机遇管理，指标与目标"四个核心内容进行分析和披露。证券交易所《指引》核心内容如表 6-8 所示。

表 6-8　证券交易所《指引》核心内容

议题	概　念	具体内容
治理	公司用于管理和监督可持续发展相关影响、风险和机遇的治理结构和内部制度	（1）负责监督和管理的机构、管理层设置情况，包括人员构成、职权范围、工作任务及目标等 （2）上述机构和人员的专业技能和能力 （3）信息报告机制，包括报告方式、报告频率等 （4）上述机构和人员监管管理目标设定、战略执行、目标实现进展的情况，包括内部控制制度、监督程序、监督措施及考核情况等 （5）上述机构和人员监督披露主体将可持续发展相关影响、风险和机遇纳入决策考虑的措施、方法

续　表

议题	概　念	具体内容
战略	公司应对可持续发展相关影响、风险和机遇的规划、策略和方法	(1) 识别并评估在短期、中期或长期内将对公司产生重大影响的可持续发展相关风险和机遇 (2) 识别并评估公司对经济、社会、环境是否存在重大影响以及公司的措施与行动 (3) 可持续发展相关影响、风险和机遇对公司战略和决策的影响 (4) 可持续相关风险和机遇的当期财务影响以及是否会对下一年度资产和负债产生重大影响，鼓励披露预期财务影响 (5) 鼓励评估并披露对可持续相关风险的适应性
影响、风险和机遇管理	公司用于识别、评估、监测与管理可持续发展相关影响、风险和机遇的措施和流程	(1) 公司识别、评估可持续发展相关影响、风险和机遇的方法以及评估这些影响、风险和机遇发生的可能性、大小和影响的途径 (2) 公司对可持续发展相关影响、风险与机遇的优先级排序及排序标准 (3) 公司监测可持续发展相关影响、风险和机遇的情况，如管理机制、具体流程等 (4) 可持续发展相关影响、风险和机遇管理流程融入公司内部管理流程的情况以及报告期内的调整情况(如有)
指标与目标	公司用于计量、管理、监督、评价其应对可持续发展相关影响、风险和机遇的指标和目标	(1) 相关法律法规、《指引》要求以及自身需要设定的可持续发展目标及相关指标 (2) 报告期末相关目标整体实现情况以及报告期内的进展情况

在具体议题方面，《指引》也综合考虑了我国国情和回应了公众关注的重点。具体而言，针对环境、社会、可持续发展相关治理等方面，《指引》设置了应对气候变化、污染物排放、生态系统和生物多样性保护、乡村振兴、创新驱动、员工等21个议题，充分考虑了我国国情，反映了在可持续方面的关注重点。而且，《指引》通过定性与定量、强制与鼓励相结合的方式对不同议题设置了差异化的披露要求，特别是应对气候议题方面，指引对气候议题设置了详细的披露要求，包括披露气候适应性、转型计划、温室气体排放总量、减排措施、碳排放相关机遇等信息，这也与国际主流的气候披露框架保持相当程度的一致性。此外，披露要求设置不同层次、执行范围将逐步扩大，即指引的披露要求分为强制、鼓励与自愿三个层次，对于复杂度和挑战性高的信息，定性与定量披露要求相结合。例如对于温室气体排放量，《指引》未进行强制要求，但鼓励有条件的披露主体披露；对于气候适应性评估所采用的方法也未进行强制要求，鼓励有条件的披露主体采用情境分析等方式。可持续相关风险和机遇的财务影响，包括定性和定量信息，对于定量信息提供一定程度的豁免，在满足一定条件时，可以不提供定量信息，但应提供定性及其他替代性信息。从执行范围来看，当前《指引》要求上证180指数、科创50指数、深证100指数、创业板指数样本公司及境内外同时上

市的公司作为第一批实施的上市公司，并明确过渡期安排。交易所的新闻稿还指出后续将根据指引执行情况，探索扩大可持续发展信息披露主体范围，推动上市公司高质量发展。

三、财政部可持续披露准则

2024年12月，中国财政部发布《企业可持续披露准则——基本准则》（以下简称“《基本准则》”），标志着统一的中国可持续披露准则体系建设拉开序幕。《基本准则》明确了中国可持续披露准则体系，对企业可持续信息披露提出一般要求。该《基本准则》坚持“积极借鉴、以我为主、兼收并蓄、彰显特色”的总体思路。一方面，以“我”为主，体现中国特色。《基本准则》在制定目的、适用范围、披露目标、重要性标准、体例结构以及部分技术要求等方面基于我国实际做出规定。另一方面，积极借鉴了国际可持续准则理事会（ISSB）所发布的两项国际可持续披露准则（以下简称“国际准则”），特别是其“可持续相关财务信息披露一般要求（以下简称‘S1’）”的有益经验。基本准则与S1在信息质量特征、披露要素和相关披露要求上总体保持衔接，有利于中国可持续披露准则与国际可持续准则实现趋同。具体而言，财政部的企业可持续披露准则包括以下关键特点。

构建完整统一的中国可持续披露准则体系。基本准则和随同发布的《起草说明》中明确中国统一的可持续披露准则体系由基本准则、具体准则和应用指南组成。其中，基本准则规范企业可持续信息披露的基本概念、原则、方法、目标和一般共性要求等，统驭具体准则和应用指南的制定。《起草说明》提出财政部的目标是到2027年相继出台企业可持续信息披露基本准则、气候相关披露准则，到2030年，基本建成国家统一的可持续披露准则体系。在此过程中，鉴于准则体系建设周期较长，可由相关部门根据实际需求先行制定针对特定行业或领域的披露指引、监管制度等，未来逐步调整完善。

明确中国可持续披露准则的目标和定位。基本准则指出，企业可持续信息披露的目标，是向信息使用者提供重要的可持续风险、机遇和影响的信息，以便其作出经济决策、资源配置或其他决策。可持续信息使用者包括投资者、债权人、政府及其有关部门（以下统称“主要信息使用者”）和其他利益相关方。其他利益相关方包括利益受到或者可能受到企业活动影响的群体或者个人，如员工、消费者、客户、供应商、社区以及企业的业务伙伴和社会伙伴等。这表明，中国的可持续披露准则不仅需要满足投资者的信息需求，也需要满足其他信息使用者和其他利益相关方的信息需求。

彰显中国特色，保持国际衔接。基本准则一般性要求与国际准则总体保持衔接，如报告主体、信息质量特征、关联信息等均与国际准则总体保持衔接。在议题设置、具体设置要求等方面则基于中国实际作出规定。在议题设置方面，将在具体准则中提出具体要求，根据《起草说明》中提出的环境、社会责任和公司治理方面的具体议题，其中环境方面的主题包括气候、污染、水与海洋资源、生物多样性与生态系统、资源利用与循环经济等，社会责任方面的主题包括员工、消费者和终端用户权益保护、社区资源和关系管理、客户关系管理、供应商关系管理、乡村振兴、社会贡献等，公司治理方面的主题包括商业行为等。上述主题覆盖了国际可持续准则理事会（ISSB）已发布的气候议题，也包括 ISSB 决定优先启动披露研究的生物多样性与生态系统以及人力资本相关议题，为国际衔接提供基础；同时，还明确提出乡村振兴等更具有中国特色的可持续议题内容。

在可持续信息披露内容方面，基于重要性原则，基本准则既考虑了可持续风险和机遇是否对企业造成重要的当期或预期财务影响，又兼顾了企业活动是否对经济、社会和环境产生重要的影响。对于重要的可持续发展机遇和风险的信息，引入国际较为通用的“四要素”框架（治理，战略，影响、风险与机遇管理，指标与目标），有利于与国际准则衔接。但对于具有重要影响的信息，未完全套用“四要素”框架，而是要求结合基本准则的总体要求，按照具体准则和应用指南的规定进行披露，以减少企业披露负担。同时，考虑到企业的成本效益及可操作性，在识别可持续风险、机遇和影响，确定价值链范围，编制可持续风险或机遇预期财务影响的信息以及可持续影响的信息等方面，允许企业使用与其能力和资源相匹配的方法，无须过度付出成本，这些要求都提高了信息披露的可操作性与可行性。

第四节　ESG 信息披露形式与 ESG 报告

ESG 信息披露除了常态化沟通机制以外，编制并发布 ESG 报告也是重要的沟通机制。规范的报告编制流程是确保公司 ESG 信息披露与沟通质量的重要方式。本节介绍 ESG 信息披露形式与信息披露报告的编制，从而更好地帮助企业了解 ESG 报告编制工作的方法和内容要点。

一、ESG 信息披露的形式

ESG 信息披露的形式可通过披露方式、披露意愿、披露载体三个方面来分析。

（一）披露方式

ESG 信息披露的方式可分为“硬披露”（Hard Disclosure）和“软披露”（Soft Disclosure）两种方式：“硬披露”，是指客观清晰、可从其他渠道验证，且绩效差的企业难以编造模仿的信息；“软披露”，是指客观模糊、难以验证且缺乏实质性绩效的信息。“硬披露”除耗费更多资源外，向外界展示相关负面信息或数据会给企业带来一定的外部压力，向利益相关方展示更加真实可靠的信息，其目的是展现更好的绩效表现和更低的风险。而“软披露”则很难减少信息不对称，对消除利益相关方的疑虑所起的作用很小。也有学者将披露方式划分为实质性披露和选择性披露两种：实质性披露即企业真实披露所有信息；选择性披露即企业仅披露部分信息尤其是有利信息。

（二）披露意愿

ESG 信息披露的意愿可分为强制性披露和自愿性披露：强制性披露是企业出于满足政府、监管、管理部门等的要求被动披露；自愿性披露则是企业出于展示企业实力等原因主动对外披露。企业开展信息披露工作不仅需要付出成本，甚至由于披露负面信息给公司带来不好的影响，因此会倾向于不披露、少披露和选择性披露，或者仅选择披露强制性信息，但是企业也会出于对外展示良好的 ESG 表现而选择主动进行披露更多的 ESG 信息。

（三）披露载体

ESG 信息披露的载体可分为独立报告和非独立报告：独立报告的具体形式包括可持续发展报告、社会责任报告和 ESG 报告等，部分企业不严格区分报告名称；非独立报告即 ESG 信息与财务信息等一并披露的方式。相较非独立报告，独立报告提供信息量更加丰富，且能体现企业整体表现，披露质量更高，也是目前国内上市公司披露 ESG 信息的主要载体形式。

二、ESG 报告

（一）ESG 报告标准的选择

随着政府、监管机构、投资者等利益相关方对企业的 ESG 信息披露提出更高要求，越来越多的企业发布 ESG 报告。同时，通过主动披露 ESG 报告，企业能够提高信息透明度，与利益相关者形成良性互动，营造良好的内外部运营环境。编写 ESG 报告的第一步是选择可参考的报告标准体系。企业在报告编写过程中可参考的报告体系大致分为三类：一是以 GRI《可持续发展报告标准》、SASB 准则为代表的国际报告标准；二是国内外主要交易所 ESG 信息披露要求的报告体系，如中国三大证券交易所的上市公司可持续发展披露指引、纳斯达克证券交易所的《环境、社会及治理报告指南》、香港联交所发布的《环境、社会及管治报告指引》；三是其他可以参考的报告体系，如以 MSCI 明晟 ESG 评级、FTSE Russell 富时罗素 ESG 评级为代表的 ESG 评级体系等。对于以上部分 ESG 标准体系的详细内容，本文已在第二节和第三节进行了详细介绍，这里不再详细展开。

（二）ESG 报告、CSR 报告和可持续发展报告的对比

随着越来越多的投资者将 ESG 元素纳入评估与投资策略，促使更多企业开始有意披露 ESG 相关信息。但载有 ESG 信息的报告名称不一而足，企业的 ESG 信息也可能以其他报告的形式刊出，例如企业社会责任报告（以下简称“CSR 报告”）、可持续发展报告（以下简称“SDR 报告”）等。尽管这些报告名称不同，但都是为了对企业经营过程中实质性的非财务信息进行披露，并没有本质差别。企业社会责任报告、可持续发展报告和 ESG 报告的目的都是向信息使用者披露企业在可持续发展方面的表现、努力和困难，同时三者在内容和目标使用者上存在一定区别，三者的异同点如表

6-9 所示。但从发展趋势来看，三者有逐步融合的趋势，越来越多的企业不对三者进行区分，直接在可持续发展报告或社会责任报告中对 ESG 进行相关表述。例如，2018 年中集集团首创了“社会责任暨 ESG 报告”，这种报告往往是企业在发布几年 CSR 报告后向 ESG 治理转型的一个缩影。

表 6-9　ESG 报告、CSR 报告与 SDR 报告的异同点

比较维度	ESG 报告	CSR 报告	SDR 报告
目标用户	主要是资本市场参与方，特别是投资者及监管机构	兼顾各利益相关方，除了投资人以外，还包括企业员工、政府部门、供应商和客户、社会公众等	
披露重点	重点披露各个议题对自身业务的影响	主要披露自身的业务对各利益相关方的影响	
报告框架	遵循相关 ESG 报告要求，同时参考 GRI 标准等框架	一般遵循 GRI 标准、中国社会科学院 CASS4.0 等框架，从经济、社会和环境维度来披露	主要回应联合国 2030 年提出的可持续发展目标，同时一般遵循 GRI 等框架，从可持续发展角度进行披露
指标披露	更加系统，强调量化指标	更加全面，强调利益相关方回应和作为	更精准，强调对 SDGs 的落实行动
报告内容	主要披露 ESG 风险识别、管控和绩效等方面的信息，这些信息大多是可量化的，主要为投资者进行投资分析提供参考	综合社会表现，内容更加宽泛，没有明显的风险和绩效导向性	侧重于绿色环保，内容更加宽泛，没有明显的风险和绩效导向性
是否强制	从半强制(不披露则解释)逐步过渡到强制	鼓励发布较为常见	不强制，常见于能源、电力等行业
发布时间	与财务报告同步或在财务报告后的 3 个月内	无明确规定，企业自行确定	
发布形式	与财务报告同时发布或直接上传到公司网站，一般还要同时提交给交易所	单独发布或与品牌活动结合	
相关标准	香港联交所《环境、社会与管治报告指引》	全球报告倡议组织《可持续发展报告标准》、ISO 260000《组织社会责任指南》	联合国《全球可持续发展目标(SDGs)》

(三) ESG 报告内容

ESG 报告是一类规范性非财务信息报告，报告的内容应当用于以下目标的实现：第一，满足证券交易所建议或要求上市公司进行年度 ESG 信息披露的要求，所披露的信息能供投资者分析公司的 ESG 风险和绩效。第二，体现上市公司整体管理的闭环，体现环境、员工、客户、社区关系和公司治理等方面的经营结果。第三，作为标准化、可复用的沟通工具，上市公司可借此与投资者、政府、客户、媒体等利益相关者交流，帮助公司积累社会资产、构建社会品牌。因此，ESG 报告应当具备以下章节：公司业务与组织结构、ESG 管理、反映报告期间企业 ESG 开展的章节（即公司治理、环境责任、员工责任、客户责任、社会贡献等）、ESG 关键定量绩效表、报告编制说明以及其他 ESG 报告相关信息（如报告标准索引、第三方鉴证意见等）。

1. 公司业务与组织结构

在公司业务和组织结构中可以披露（包括但不仅限于）：组织名称、组织结构、组织提供的活动、品牌、产品和服务、总部位置、所有权与法律形式、服务的市场、组织规模等。

2. ESG 管理

ESG 管理的内容一般包括 ESG 战略规划与目标、ESG 管理理念和管理模型、对实质性议题分析与回应。企业社会责任管理战略规划、目标制定；利益相关方沟通、实质性议题分析等内容。

3. 公司治理、环境责任、员工责任、客户责任、社会贡献等

公司治理、环境责任、员工责任、客户责任、社会贡献等为报告的主要内容。在这部分章节中，公司对报告参考体系中的主题、议题和关键绩效以及对公司重要的实质性议题进行回应和披露。高质量的 ESG 信息披露是一个集公司 ESG 现状研究、体系建立以及对外传播于一体的过程。

核心概念

信息披露；财务信息；非财务信息；ESG 报告；社会责任报告

思考与练习

1. 资本市场信息披露按内容可以划分为哪两类？ESG 信息披露属于哪一类？
2. 中国的 ESG 信息披露有哪些中国特色元素？
3. 针对中国 ESG 披露所存在的问题，你有哪些好的建议？

第七章
ESG 评级体系

本章导读：

ESG 信息涉及面很广且其披露以非标准化为主，因此在 ESG 领域，评级扮演着至关重要的角色。监管部门、投资者和其他利益相关方，往往就以 ESG 评级来进行相关管理和投资决策。本章将深入探讨 ESG 评级的起源背景、评级逻辑、指标体系和代表性的国内外主流 ESG 评级体系。首先，我们将追溯 ESG 评级的起源，解析其发展历程及背后的动因。其次，随着全球对可持续发展的关注日益增强，ESG 评级作为衡量企业社会责任和可持续性的重要指标体系逐渐崭露头角。因此，我们将具体分析其在投资决策、企业治理以及社会责任履行方面的作用以及其在不同利益相关者中的影响力。再者，我们将剖析 ESG 评级的逻辑框架和核心指标体系。通过深入理解 ESG 评级的评价标准和方法，读者可以深化对 ESG 评级重要性的认识，增强其在投资决策和企业管理中的应用能力。

第一节　ESG 评级概述

一、ESG 评级的概念

在过去的几十年里，全球社会和环境问题的复杂性逐渐受到广泛关注，气候变化、资源枯竭、社会不平等等问题成为全球范围内的热点话题。许多专家学者警告称，如果再不采取行动应对这些问题，这些问题将会对全球经济、社会和环境造成严重影响。在这种背景下，企业社会责任的概念逐渐受到重视，不仅要求企业追求经济利益，还要求企业承担对社会、环境和利益相关方负责任的行为。因此，企业社会责任和可持续发展逐渐成为企业经营的重要考量因素，引发了全社会对企业在环境、社会和治理方面表现的关注。与此同时，投资者对 ESG 因素的认识也逐渐提升。

一系列研究表明，企业的 ESG 评级与长期财务绩效之间存在正相关关系，这意味着 ESG 不仅有助于提高企业的社会声誉，还可以为企业创造可持续的竞争优势。因此，投资者开始将 ESG 因素纳入其投资决策的考虑范围，希望通过投资于 ESG 表现优秀的企业来实现长期价值的增长。然而，由于缺乏统一的标准和评估方法，投资者往往难以获取到准确的、可比较的 ESG 数据，从而引发了对 ESG 评级机构的需求增加。

为了满足投资者对 ESG 信息的需求，一批专门从事 ESG 评级的机构开始兴起，利用各种数据源和评估方法对一家企业或一个投资组合中所披露的有关环境、社会、公司治理三个维度的信息及表现进行打分，从而将零碎的指标型数据变为综合得分，并根据得分生成评级和排名。具体而言，ESG 评级体系一般由环境、社会和公司治理三个维度构成，其中环境维度主要关注企业在环境领域的表现，包括碳排放、水资源管理、污染排放、能源效率、生态保护等；社会维度主要关注企业与员工、客户、供应链、社区等利益相关者之间的关系，一般包括员工福利、人权、客户权益、社区参与、社会贡献等；治理维度则关注企业内部的治理结构和实践情况，包括董事会构成、高管薪酬、股东权益、合规性、透明度等。

二、ESG 评级发展史

考虑到 ESG 评级对于投资者、企业以及社会的重要意义，本节将进一步探讨 ESG 评级的发展历程，了解其起源、演变和未来发展趋势，以深入理解其在全球经济和社会中的重要性和影响。具体而言，ESG 评级的发展历程大致可以划分为四个阶段：

（一）初期阶段（1970—1990 年）

20 世纪 70 年代初期，随着工业化进程的加速和大规模生产方式的采用，环境污染问题日益突出，例如美国的油品泄漏、空气和水质污染等引发了社会和政府的高度关注，逐渐形成了现代环保运动的雏形。为应对环境问题，美国、加拿大掀起轰轰烈烈的环保运动，通过了严格的环境立法，迫使许多忽视生态保护的企业倒闭，并由此孕育了“可持续发展”（Sustainability）理念。此外，随着西方国家人权运动、公众环保运动和反种族隔离运动的兴起，在资产管理行业也催生了相应的投资理念，即投资者在投资选择中开始强调劳工权益、种族及性别平等、商业道德、环境保护等问题。例如，美国的帕斯全球基金（Pax World Funds，1971）拒绝投资利用越南战争获利的企业，英国的梅林生态基金（Merlin Ecology Fund，1988）则只投资于注重环境保护的企业。由此可见，在初期阶段，ESG 理念主要受到社会运动的推动，投资者对社会责任关注度的提高为后续 ESG 评级体系的建立奠定了基础。

（二）成长阶段（1990—2000 年）

20 世纪 90 年代至 21 世纪初，随着全球对可持续发展和企业社会责任的关注增加，ESG 评级逐渐制度化，并形成了一些全球公认的标准和框架。其中，2000 年联合国全球契约(United Nations Global Compact)的成立标志着国际社会对企业社会责任的共识和重视。该倡议呼吁企业在人权、劳工、环境和反腐败等方面发挥更加积极的作用,成为了全球范围内企业社会责任的主要框架之一。同时,社会责任投资也开始由道德层面转向投资策略层面,越来越多的投资者在投资决策中综合考量企业的ESG绩效表现,衡量ESG投资策略对投资风险和投资收益的影响。在此背景下,道琼斯可持续发展指数(The Dow Jones Sustainability Indexes, DJSI)成为了全球第一个可持续发展基准指数,旨在帮助投资者识别在经济、环境和社会责任方面表现优异的企业。联合国于2006年推出的负责任投资原则(Principles for Responsible Investment, PRI)也为全球投资者提供了一个框架,以便其在投资决策中将ESG因素纳入考虑,并推动ESG评级体系逐步趋于完善和深化。

(三)快速发展阶段(2010—2020年)

自2010年以来,随着气候变化和社会不平等问题的加剧,ESG投资逐渐成为全球投资的主流趋势之一,ESG评级随之也得到了快速发展。2015年,联合国通过了可持续发展目标(SDGs),为全球可持续发展提供了共同愿景和指导原则。SDGs的制定进一步推动了ESG评级体系的发展和应用,将ESG与全球可持续发展目标对接,促进了企业在ESG方面的实践和改进。在全球范围内,越来越多的投资者开始意识到ESG因素对企业长期价值和风险的影响,并要求企业提供更多的ESG信息和报告,以此来评估企业的可持续性和长期投资价值,从而作出更为理性的投资决策。随着ESG投资的普及和投资者对ESG信息的需求增加,ESG评级体系的标准和框架得到了进一步的完善和规范化。一些国际性的组织和标准制定机构相继发布了一系列的ESG标准和指南,不仅为企业提供了更具操作性和更标准化的ESG报告指引,还有助于提高ESG信息的透明度和可比性,便于后续ESG评级工作的开展。

(四)多元化阶段(2020年至今)

2020年以后,ESG评级变得更加复杂和多样化,同时,监管机构也开始加强对ESG信息披露的要求。2021年国际可持续发展标准委员会(ISSB)的成立标志着全球对统一的ESG标准的需求,旨在创建一套全球适用的可持续发展报告标准,减少评级机构间的差异,提升市场透明度。据不完全统计,目前全球ESG评级机构有600家以上,包括Bloomberg、MSCI、Vigeo-EIRIS、FTSE Russell、Refinitiv、CDP等,这些机构从数据、研究、咨询、技术,到投资策略及股东议合,为市场提供多种产品与服务。同时,国内ESG评级行业也逐渐兴起,但相对于国外,仍处于起步阶段。目前,国内涉足ESG评级的机构数量有限,以中国本土的独立ESG评级机构以及国际知名评级机构的中国分支为主,如社会价值投资联盟、中诚信绿金、华证指数、中证指数、润灵环球(RKS)、万得(Wind)、妙盈科技等自律组织、指数编制机构以及金融科技企业。近年来,随着中国的资本市场蓬勃发展,一些国际知名的评级机构也开始将A股企业纳入评级范围。2018年6月,MSCI正式将A股纳入MSCI新兴市场指数和全球指数的评级范围；路孚特自2018年起逐渐将ESG的评级范围由179家中国企业扩大到MSCI中国中盘指数，共包含300多个中国上市企业；富时罗素也于2019年宣布进一步扩大在亚太地区的可持续发展投资分析，目前评级对象已覆盖800家A股上市企业。此外，晨星于2022年年底新增加了中国市场400家企业的ESG风险评级覆盖，以便服务更多资产类别和地区对重大ESG风险的评估。这些机构通过收集和分析企业的ESG数据，对其在环境、社会和治理方面的表现进行评估，并发布相应的评级报告，进而为投资者决策提供服务。

三、ESG评级的作用与意义

作为衡量企业社会责任和可持续发展表现的重要指标，ESG评级在现代商业环境中发挥着至关重要的作用。ESG评级的广泛应用反映了全球对环境、社会和公司治理问题的日益关注，代表了一种全新的企业评价和管理思路，不仅成为投资者评估企业长期价值和风险的有力工具，还促使企业提升治理水平，履行社会责任，推动社会整体进步。具体而言，ESG评级的作用和意义主要体现在以下三个方面：

（一）服务投资者决策

从投资者角度来看，ESG评级是评估企业长期价值和风险的重要指标。首先，ESG评级有助于风险管理。通过评估企业在环境、社会和公司治理方面的表现，投资者可以识别出潜在的风险，并据此调整投资组合。其次，ESG评级有助于收益增长。一方面，投资者可以根据ESG评级判断企业在促进经济可持续发展、履行社会责任等方面的贡献，从而找到既能创造经济效益又能创造社会价值、具有可持续成长能力的投资标的。另一方面，ESG评级还能帮助投资者发现与ESG相关的机会，如可再生能源、社会创新、高效治理等领域的投资机会。例如，挪威政府养老基金（Government Pension Fund Global）作为全球最大的主权财富基金之一，自2004年起便将ESG因素纳入其投资策略，并于2010年正式发布了ESG投资准则，要求基金管理人在投资决策中考虑环境、社会和公司治理方面的因素，如气候变化、人权和反腐败等，以确保投资组合的长期价值和可持续发展。

（二）促进企业发展

从企业角度来看，ESG评级也具有重要意义：

（1）ESG评级促使企业建立良好的治理体系。ESG评价体系要求企业在环境、社会和公司治理三方面均达到一定的标准，这迫使企业不仅要符合法律法规，更要建立一个健康、完善、可持续发展的治理体系。

（2）ESG评级能够帮助企业提前识别并规避ESG风险。良好的ESG评级往往意味着企业具有较高的ESG表现和透明度，这有助于提高企业内部控制和治理水平，监督企业股东及管理层行为，并限制内部人士的自利行为。同时，遵守ESG标准还可以帮助企业建立良好的品牌形象和信誉，避免舆论风险。

（3）ESG 评级有利于企业削减成本、提高财务表现，吸引投资者关注。一般来说，ESG 表现良好的企业在利润率和增长率方面往往表现优异，而且更容易识别风险，并通过节能减排、改善供应链透明度等方式来降低经营成本。

（4）ESG 评级有助于企业吸引和留住高素质员工。相对而言，具备完善 ESG 体系的企业更加注重员工福利，并且拥有更加多元化且包容性的工作氛围，因此能够提高员工的积极性、满意度、忠诚度，也能吸引到更多新鲜血液加入企业，进而提高企业生产力和竞争力。

（三）维护社会稳定

从社会角度来看，ESG 评级在营造和谐稳定的社会环境方面具有重要作用。首先，ESG 评级敦促企业履行社会责任，推动企业实现可持续发展。例如，许多企业在追求高 ESG 评级过程中积极参与社会公益活动、支持环保项目等，不仅提升了企业形象，而且直接改善了社区和环境的质量，促进了社会和谐发展。其次，ESG 评级有利于推动产业升级。ESG 评级通过鼓励企业采取更多的环保和社会责任举措，进而推动整个产业向更加可持续的方向发展。例如，一些行业领先企业为了提高自身的 ESG 绩效，不断创新技术、优化生产工艺，减少资源消耗和环境污染，不仅推动了整个行业的进步，也为社会经济发展注入了新的动力和活力。

综上所述，与传统财务指标不同，ESG 从环境、社会以及公司治理的角度去审视企业应对风险、长期发展的能力，是一种新兴的企业评价方式和治理思路，不仅引导企业朝着更加可持续的方向发展，还为整个社会的可持续发展提供了重要支撑和保障。

第二节　ESG 评级体系构建

通过前文论述，ESG 评级不仅为投资者提供了更全面、更深入的企业评估指标，也推动了企业更加积极地履行社会责任，促进了全球的可持续发展。因此在这一节中，我们将进一步介绍 ESG 评级的核心目标，了解评级主体的选择标准，审视数据来源的重要性，探讨评级指标的选取逻辑以及权重确定方法，从而全面解析 ESG 评级体系构建的内在逻辑和运作机制。

一、明确评级目标

明确评级目标是搭建 ESG 评级体系的起点，也是确定评级对象、选择参考依据、确定指标权重等后续流程的重要依据。因此，评级机构需要根据其需求主体设定相应的目标函数。首先，评级机构在制定目标函数时，一般以考察企业的非财务表现为主，并且主要选取能够反映企业可持续表现以及履行社会责任程度的 ESG 指标。但也有一些机构认为在评价企业的 ESG 表现时，不用局限于环境、社会、公司治理三个维度，而应将企业的财务信息也纳入评级体系。比如，盟浪可持续数字科技（深圳）所独创的 FIN-ESG 评级模型是第一个将企业财务评估和非财务可持续发展价值评估相结合的综合评价模型。该模型在传统评级模型的基础上，还系统考察了企业的财务表现（F）、企业的创新发展方式（I）和企业的商业伦理和价值观（N），从而深化了 ESG 的核心内涵。其次，在 ESG 的分数构成中，一些评级机构不仅考察了企业的管理实践表现，还对潜在的风险暴露水平或 ESG 争议性事件进行了评估。比如，MSCI 作为首个将企业风险敞口纳入 ESG 评级的机构，在评估企业的 ESG 分数时便实现了企业风险暴露评分与风险管理评分的相结合；路孚特对企业进行可持续评分时，也在传统的 ESG 评价体系基础上增加了企业争议项得分；Sustainalytics 的评价体系则直接从 ESG 风险角度出发，根据企业治理、重要 ESG 议题和特殊问题（如黑天鹅）三个核心部分来衡量企业的 ESG 表现。国内的评级机构也基本上遵循类似的思路，包括商道融绿、中财绿金院、中诚信绿金、万得等在内的多家机构均将能够反映企业应对风险能力的指标或风险事件得分直接纳入 ESG 评级模型中。

二、选择评级主体

在具体的评级过程中时，评级机构首先需要精确选择评级对象，以确保评级的准确性和实用性。评级对象的选择涉及多个因素，需要综合考虑企业的特征、市场需求、法律法规要求以及评级机构自身的能力和资源等方面。

（一）市值和规模

评级机构通常会选择市值较大、规模较大的企业进行评级，因为这些企业往往在市场上拥有较大的影响力。它们可能是行业领军者，具有广泛的客户基础、强大的品牌影响力和较高的市场份额，其经营行为和 ESG 表现对整个行业和市场的影响将更加显著。因此，评级机构选择对这些企业进行评级，可以更好地反映行业的 ESG 整体状况，帮助投资者更准确地评估风险和机会。其中一种常用的方式就是选择所有被纳入指数的上市企业作为评级对象，比如 MSCI（明晟）的评级对象是所有被纳入明晟指数的上市企业；富时罗素的评级对象是富时罗素全球指数系列、富时罗素新型指数系列、罗素 1000 指数系列等的成分股；中证 ESG 评级则以自行发布的 ESG 指数成分股为评级对象，并联合润灵环球推送 RKS 中证 800ESG 评级。

（二）法律法规要求

在许多国家和地区，政府和监管机构通过法律法规要求企业履行 ESG 披露和评级义务，以促进企业的社会责任的履行和可持续发展。这些法规通常涵盖了不同类型和规模的企业，并规定了它们需要披露的 ESG 信息的范围和频率。比如，美国证券交易委员会（SEC）要求上市企业强制披露气候相关风险和温室气体排放信息；日本、新加坡的证券交易所以及中国港交所等亚洲主要证券交易所，均要求上市企业披露ESG相关信息。此外，中国上交所、深交所、北交所也于2024年发布了《上市企业自律监管指引——可持续发展报告（试行）》，规定上证180、科创50、深证100、创业板指数样本企业、境内外同时上市的近460家企业需开展ESG披露。ESG的强制披露为ESG评级提供了大量透明可用的信息，因此，评级机构在选择评级主体时，通常会优先考虑符合这些法规要求的企业，以确保评级的合规性和有效性。

（三）投资者需求

评级机构通常会根据客户的需求和利益来挑选评级对象，以确保评级结果符合客户的投资策略和偏好。这种定制化的评级服务能够更好地满足不同客户的需求，提供更有针对性的投资参考和决策支持。比如，CDP（Carbon Disclosure Project）是一家国际性的非营利组织，致力于通过披露企业的环境数据，推动企业降低碳排放和应对气候变化。投资者经常委托CDP向特定企业发出调查问卷，要求这些企业披露其在气候变化和环境管理方面的信息。CDP根据委托向被选定的企业发出调查问卷，要求这些企业披露与气候变化、水资源管理、森林保护等相关的环境数据和信息。接受CDP委托的企业在收到调查问卷后，需要按照要求填写相关信息，并将其提交给CDP。这些调查问卷通常涵盖了企业的碳排放情况、能源使用、水资源管理、气候变化战略、环境政策等方面的内容。CDP利用收集到的数据进行ESG评级，评估这些企业在环境管理和气候变化方面的表现。这些评级结果将被投资者和利益相关者用于评估企业的ESG风险和机会，从而影响其投资决策和战略规划。并且，需要注意的是，尽管参与CDP的调查是自愿的，但对于接受CDP委托的企业而言，填写问卷和披露信息通常是强制性的，因为这是与投资者和利益相关者保持透明沟通的重要方式。如果企业未能按要求填写问卷或披露相关信息，可能会影响其在投资者和利益相关者中的声誉，甚至可能导致投资者的负面反应和投资风险的增加。

（四）数据的可得性

评级机构需要确保评级主体提供的数据和信息充分可靠，以保证评级的准确性和可信度。数据的可得性直接影响评级的准确性和可靠性，如果相关数据无法获得或验证，评级结果可能会受到影响，从而影响投资者的决策。评级机构更倾向于选择信息透明度高的企业，因为这些企业通常会主动披露关键的ESG数据和信息，有利于评级机构对其进行全面评估。此外，数据的可验证性也是评级机构关注的重点，确保所获取的数据是真实、准确、可验证的，有助于提高评级结果的可信度。评级机构还需要考虑数据来源和采集成本，选择数据可得性较高、来源稳定的企业进行评级，以降低评级过程中的成本和风险。

综上所述，评级机构在挑选评级主体时必须充分考虑数据可得性问题，以确保评级工作的顺利进行和结果的准确可靠。根据上述几个选择评级对象时的考虑因素，国内外主流ESG评级机构如表7-1所示。

表 7-1　　国内外主流 ESG 评级机构

评级机构	覆盖时间	覆盖范围
MSCI	1992 年起	全球 8 500 家企业和 68 万多只股票和固定收益证券、基金、政府
路孚特	2002 年起	超过 12 500 家上市和私营企业
富时罗素	2004 年起	全球约 7 200 只证券
标普道琼斯	1999 年起	全球 7 300 家企业
商道融绿	2015 年起	1700 多家上市企业，2020 年起覆盖全部 A 股上市企业
社投盟	2016 年起	沪深 300 成分股
华证	A 股：2009 年起 港股：2019 年起	全部 A 股上市企业， 670 多家港股上市企业
万得	2017 年起	全部 A 股和港股上市企业

三、选取评级指标

（一）指标选取原则

ESG 评级指标选取是评级机构在评估企业 ESG 表现、构建评级体系的核心工作之一。对不同指标的综合处理旨在为投资者提供一个全面的、准确的视角，以便他们可以更好地理解企业的 ESG 风险和机会，从而作出更明智的投资决策。具体地，在选取指标时，评级机构通常会考虑六个方面的关键性原则，如图 7-1 所示。

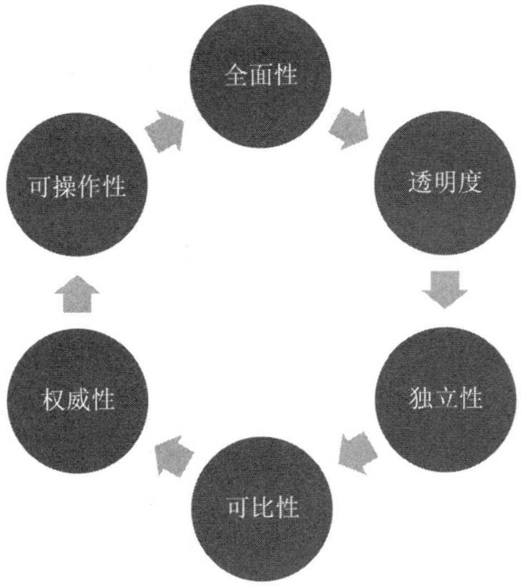

图 7-1　ESG 评级指标选取的关键性原则

1. 全面性

全面性原则是评级机构在设计评级指标体系时的重要原则之一。这一原则要求评级机构不仅要全面考虑企业在环境、社会和公司治理三个方面的表现，还要确保评价的全面性和客观性，避免片面评价的情况发生。在环境维度中，评级机构通常考虑企业的环境管理、资源利用效率、碳排放情况、水资源管理、废物处理和生态保护等方面的表现，旨在评估企业对环境的影响和管理水平。在社会维度中，评级机构则关注企业与员工、供应商、客户、社区和其他利益相关方的关系以及企业的社会责任和社会影响。在公司治理维度中，评级机构更关注企业在治理结构、内部控制、透明度和问责制度等方面的表现。通过全面考虑企业在环境、社会以及公司治理方面的表现，评级机构可以更准确地评估企业的可持续发展水平和社会责任承担情况，从而为投资者提供更全面的风险和回报评估。

2. 透明度

透明度原则要求评级机构在建立 ESG 评级指标体系时必须确保其评价方法和评价标准是公开和透明的，这意味着评级机构应该披露其评价方法和数据来源，以便投资者了解评级的依据和逻辑。具体而言，透明性原则包括以下几个方面：首先，评级机构需要公开其所采用的评价指标、数据收集方法、权重分配和评分标准等，以使投资者能够清楚地了解评级的计算过程和结果。其次，评级机构应该清晰地说明其所使用的数据来源和数据质量，包括公开数据来源名称、数据收集方法、数据更新频率以及数据的准确性和可靠性评估等信息，以便投资者评估数据的可信度和适用性。此外，评级机构还应该提供透明的报告和解释，说明评级结果和评价标准，包括评级结果的解释、评价指标的定义和解释、评级结果的影响因素以及评级结果的历史数据等信息，以便投资者能够全面了解评级结果的背后逻辑。最后，为增强评级结果的可信度和透明度，评级机构可以考虑建立外部审计和验证机制，由第三方机构对其评价方法和评级结果进行审计和验证，提供独立的验证意见，增强评级结果的可信度和可接受性。

综上所述，透明性原则在 ESG 评级中具有重要意义，它能够增强评级结果的可信度和适用性，为投资者提供更可靠和准确的 ESG 信息，从而促进可持续投资的发展和推广。

3. 独立性

在 ESG 评级过程中，独立性原则至关重要，其旨在确保评级结果的客观性和可信度。评级机构及其内部评级人员、ESG 评级委员会成员应在评级过程中保持独立，不受被评对象及其外部因素的影响。首先，这需要评级机构以客观、公正、公平的态度进行评估，避免受到任何利益团体的影响，以确保评级结果符合事实和数据的真实情况。其次，评级机构及其评级人员应避免与被评对象存在利益冲突，包括避免与其有过度的商业往来或持有其股权，以确保评级结果的客观性和独立性。此外，建立独立的决策机制和透明的运作机制也是确保评级独立性的关键，包括建立 ESG 评级委员会等机构来监督评级过程，以保障决策不受外部压力的干预。同时，评级机构应保证其在内部运作机制和评级信息披露的透明度，包括评级标准、评级方法、数据来源等，以增强评级结果的可信度和透明度。最后，评级机构应积极遵守行业准则和规范，以确保评级机构的独立性得到有效维护和落实。

综上所述，独立性原则是ESG评级过程中的基本要求，评级机构应积极落实该原则，以确保评级结果客观、公正和可信。

4. 可比性

在ESG评级中，可比性原则是评级机构设计评级指标体系时的另一个重要考量。这一原则要求评级机构确保其所采用的ESG指标和评价方法在不同企业之间具有一致性，使得不同企业之间的ESG评级可以进行横向比较，以便于投资者识别出表现优秀和表现不佳的企业。首先，对于同一类别的ESG指标，应采用相似的评价标准和计量单位。例如，对于环境维度中的碳排放量，评级机构需要采用统一的计量单位（如吨）和评价标准，以确保不同企业的数据可以比较。其次，评级机构需要确保其所使用的数据来源可追溯，并且提供足够的透明度，使投资者能够了解评级结果的计算方法和数据来源。具体包括公开数据收集的来源、数据处理和加工的方法、权重分配等信息。通过提供透明的数据来源和计算方法，投资者可以更容易地理解和比较不同企业的ESG表现。最后，考虑到不同行业和地区的企业可能面临不同的ESG挑战和要求，为确保评级方法在跨行业和跨地区之间具有一定的可比性，评级机构还需要根据行业和地区特点对评级结果进行适当调整。此外，评级机构还应制定标准化的报告格式和评级体系，以便投资者能够直观地比较不同企业的ESG评级结果。

综上所述，可比性原则在ESG评级中具有重要意义，它确保了评级结果的可比较性和有效性，为投资者提供了更有用的ESG信息和更可靠的投资参考。

5. 权威性

评级机构需要确保其ESG评级指标体系具有权威性和专业性，这意味着评价方法和评价标准应该基于充分的研究和专业知识，反映行业最佳实践和国际标准。首先，为了确保其ESG评级体系的权威性，评级机构需要拥有一支具备丰富经验和专业知识的专家团队，能够深入研究并了解ESG问题的最新趋势和发展。其次，评级机构还应该积极参与行业内的标准制定，与国际组织、学术界、行业协会等合作，参与ESG标准和框架的制定和修订，以确保其ESG评级指标体系符合最新的国际标准和行业最佳实践。目前参考居多的国际准则包括可持续会计标准委员会（SASB）制定的SASB标准、国际可持续发展准则理事会（ISSB）准则、国际综合报告委员会（IIRC）制定的国际IR框架、气候相关财务信息披露工作组（TCFD）建议等。此外，在制定评价方法和评价标准时，评级机构还应该充分考虑不同行业和地区的特点和差异，确保其评级指标和评价方法能够准确反映企业的ESG表现，并提供有益的参考和建议。通过建立权威性的评价方法和评价标准，评级机构可以为投资者提供可靠的ESG评级服务，帮助投资者更好地理解和评估企业的ESG表现。

6. 可操作性

可操作性也是评级机构必须考虑的一个重要原则。该原则包含两层含义：

① 第一层含义是站在评级机构的角度，评级机构在选取ESG指标时，应考虑数据的可获得性问题，即剔除基本框架中数据不易获得的指标，选择披露率更高、更容易量化的指标。一方面，从数据类型入手，尽可能选择定量指标而非定性指标。比如，在环境方面，用可量化的环境排污指标或环保投入指标来代替“绿色环保宣传”此类的定性指标，减少ESG评价过程中的个人主观性；另一方面，从数据质量入手，不仅要保证数据的可获得性，还要兼顾数据质量的可靠性。有些指标如数据安全、隐私保护等披露率较低、内容格式不规范，导致在评级过程中很难制定统一的评判标准，可能会使最终的评级结果存在偏差。

② 第二层含义是站在投资者的角度，要求评级机构不仅要提供ESG评级结果，还要确保这些结果具有实际可操作性，即能够指导投资者采取具体的投资行动。具体来说，评级机构可以根据企业的ESG表现和绩效，向投资者提供相关的投资建议和指导。对于表现优秀的企业，评级机构提供推荐投资的建议，鼓励投资者增加对这些企业的投资，以获取长期的稳定回报。而对于表现较差的企业，评级机构则提供警示和风险提示，建议投资者谨慎对待或减少对这些企业的投资，以避免潜在的风险和损失。例如，华证通过构建ESG尾部风险评价模型，从违法违规、负面经营事件、大股东行为、过度扩张、财务造假等五个维度出发，对上市企业的ESG尾部风险进行了较为全面及科学的跟踪与测量，通过将企业归为“严重警告”“警告”“关注”“低风险”四档，有效地帮助投资者规避了潜在的“黑天鹅”风险。除此之外，为了增强评级结果的可操作性，评级机构还需要为投资者和其他利益相关方提供相关的研究报告和分析，并与投资者和其他利益相关方保持密切沟通，了解他们的需求和关注点，及时调整和优化评价方法和评价标准，确保其能够满足投资者的实际需求和应用场景。

（二）关键议题

根据全面性、透明度、独立性、可比性、权威性、可操作性等指标选取原则，各机构主要从环境、社会、公司治理三个维度挑选关键议题，旨在衡量企业的可持续表现。ESG评级体系关键议题如图7-2所示。

1. 环境维度

环境维度的指标主要反映企业在生产经营过程中对环境造成的影响以及其管理这些影响的能力，旨在评估企业是否达到了环境保护目标并履行了相关责任。在挑选环境维度的ESG评级指标时，评级机构主要关注两个核心方面：一方面，企业的环境现状。这包括企业当前的环境表现和所面临的环境风险。相关指标包括碳排放、水资源使用、废弃物处理、能源消耗以及绿色产品等方面。通过这些指标，评级机构可以评估企业在生产经营过程中对环境的实际影响程度，并了解其所面临的环境风险。另一方面，企业的环境投入。这反映企业为实现环保转型所做的努力及其绿色转型的潜力。相关指标包括清洁技术的应用、可再生能源的使用、绿色收入和环保研究等。通过这些指标，评级机构能够评估企业在环保方面的投入和未来绿色转型的

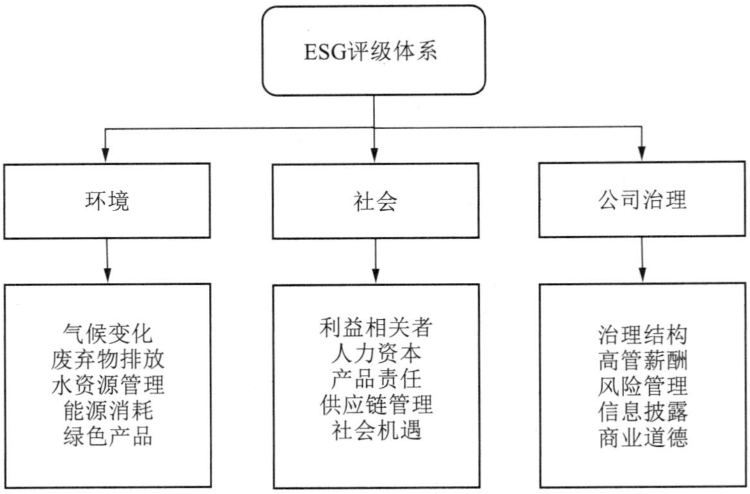

图 7-2　ESG 评级体系关键议题

潜力。总体而言，评级机构通过综合考虑企业的环境现状和环境投入，能够全面评估企业的环境绩效，为投资者提供准确的、全面的 ESG 评级数据。

2. 社会维度

社会维度的指标选取主要基于利益相关者理论，旨在反映企业与员工、客户、供应商和社区等利益相关方的关系，并评估企业在协调各方利益上的表现。通常地，国外评级机构在选择社会维度的 ESG 指标时，会将其分为三个关键领域：劳工、客户和社区。在劳工方面，评级机构主要关注劳工的健康与安全以及劳动力标准的管理。例如，评估企业是否保障员工的健康和安全，是否存在使用童工和强迫劳动等问题。在客户方面，评级机构重点评估产品质量和负责任的营销，因为这些因素会直接影响企业的声誉和可持续经营能力。在社区方面，评级机构则关注了企业与社区的关系以及对人权的尊重，这反映了企业在履行社会责任和关怀社会方面的表现。相比之下，国内评级机构在社会维度上的关注点有所不同，更加注重企业对整体社会发展的贡献，特别是在扶贫、农村金融发展和乡村振兴等战略性问题上的表现，而国外评级机构则更加关注企业的慈善事业和社区慈善活动。

3. 公司治理维度

评级机构在选取公司治理维度的 ESG 指标时，主要关注企业内部的管理情况和治理结构。一般情况下，公司治理维度被分为治理结构、风险管理、信息披露、商业道德等多个关键领域，其中最受关注的是公司的透明度和公司治理结构。透明度指标评估的是企业的信息披露程度，旨在鼓励企业公开关键信息，减少信息不对称性，为投资者提供更全面的信息，从而降低潜在风险。在公司治理结构方面，评级机构主要考察董事会独立性、高管薪酬、商业道德等指标，以判断公司的治理架构是否符合可持续经营的要求。此外，评级机构也关注其他指标的多样性，如薪酬与会计相关的财务指标、企业社会责任(CSR)政策以及反腐败指标等。这些指标帮助评级机构综合评价企业的审计、高管薪酬、客户关系、供应商关系等因素，从而全面评估公司的治理能力和风险管理水平。

四、获取和处理数据

（一）数据获取

评级机构在根据指标选取原则以及自身对 ESG 理念的认识选取评级指标后，ESG 评级体系的构建基本完成，接下来就进入实操阶段。为衡量企业在各个指标上的表现，评级机构需要通过各种方式获取足够的底层数据，并对数据进行后续处理，以保证数据的可用性。整体来看，ESG 数据主要分为三类，如图 7-3 所示。第一类是由企业自己主动披露的数据，包括企业年报、可持续发展报告、企业社会责任报告、企业官网等；第二类则由评级机构自行收集得到的数据，包括通过向企业发放问卷的方式进行人工采集，使用人工智能技术从新闻媒体、社交媒体等渠道爬取的舆情数据，如 CNRDS 根据对政府监管机构、社会组织的分析数据构建了自己的特色数据库；第三类是由政府机构、社会机构、其他利益相关方等第三方披露取得的数据。

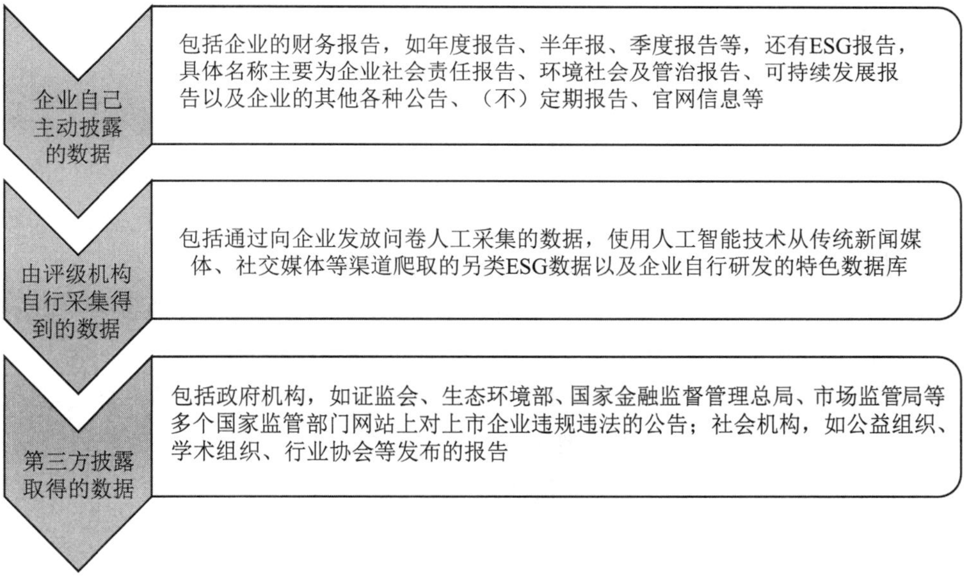

图 7-3 ESG 评级主要数据来源

（二）数据处理

在完成初步的数据收集工作后，各评级机构还会对所收集的数据进行处理，以保证数据质量的可靠性。具体的处理方法包括数据检查、数据清洗、数据整合与标准化、数据衍生、数据趋势分析等，如图 7-4 所示。

1. 数据检查

数据检查，是指评级机构通过在数据点内置错误检查逻辑工具与自动质量检查筛选器等方式对数据的质量进行监督检查，以帮助数据分析师和数据工程师及时发现和修复问题，确保数据的准确性和一致性。这类数据工具又可分为数据规则工具、数据比对工具、缺失值和异常值检测工具、数据统计分析工具等，来检查数据是否符合特定的规则条件、数据是否存在差异与不一致、数据是否存在丢失与重复、数据中存在哪些异常情况和趋势。一些高级数据错误检查工具采用机器学习算法，利用模式识别和异常检测技术来自动识别数据中的异常和错误。评级机构通常结合使用这类工具，帮助保证数据质量，减少因数据错误引起的 ESG 评级偏误。

2. 数据清洗

数据清洗，是指评级机构对于数据检查环节检测出的问题，采取对应的步骤对评级数据进行后续处理。对缺失值的处理方法主要包括删除缺失值、进行插值填充或使用其他数据源进行补充；对异常值的处理进行验证，确定是否是数据记录错误，然后根据需要进行修正或删除；对一些不合逻辑的数据，如污染排放与企业产量负相关的数据，评级机构会进行数据源验证以确保数据的可靠性，并进行修正。此外，针对 ESG 数据缺失的问题，盟浪研究院院长李文曾给出三个解决办法：①对正向指标直接赋零值；②使用与之相近且易获得数据的其他指标予以代替；③采用统计推断等数学方法模拟缺失值，基本上囊括了目前评级机构在处理缺失值时普遍采用的方法。

3. 数据整合与标准化

数据整合与标准化，是指评级机构制定一套标准或指南，用于规范 ESG 数据的收集和报告，主要包括以下几种方式：①数据映射和匹配，由于不同数据源可能使用不同的词汇和术语来描述类似的 ESG 指标，故评级机构会进行数据映射和匹配，将不同的术语转化成统一的标准词汇，以确保数据在整合过程中的一致性。②量化定性数据，评级机构一般通过专家打分的方式或建立某种量化框架，将 ESG 数据变为可计算的定量数据，通过将数据的定义、计量单位、时间范围等方面统一到一个维度上，以确保不同数据源提供的数据在标准上保持一致，从而可以进行比较。③单位转换，ESG 数据可能来自不同地区或国家，使用不同的度量单位，因此评级机构会对数据进行单位转换，将其统一到标准的度量单位，以确保数据在同一度量上进行比较。

4. 数据衍生

数据衍生，是指为服务其研究需要，个别评级机构还在原始数据上衍生了许多新数据，比如中金使用定量的方式新增了强度值、环比值、比率、文字型指标计数处理等不同形式的衍生数据，进一步提高了单项指标对企业 ESG 表现的刻画精度。

5. 数据趋势分析

数据趋势分析可以了解企业在一段时间内的表现变化，有助于评估企业在 ESG 方面的改进或退步，一般步骤包括时间序列分析、季节性分析、周期性分析、季节性检测等，以了解企业潜在的总体趋势与周期性变化。

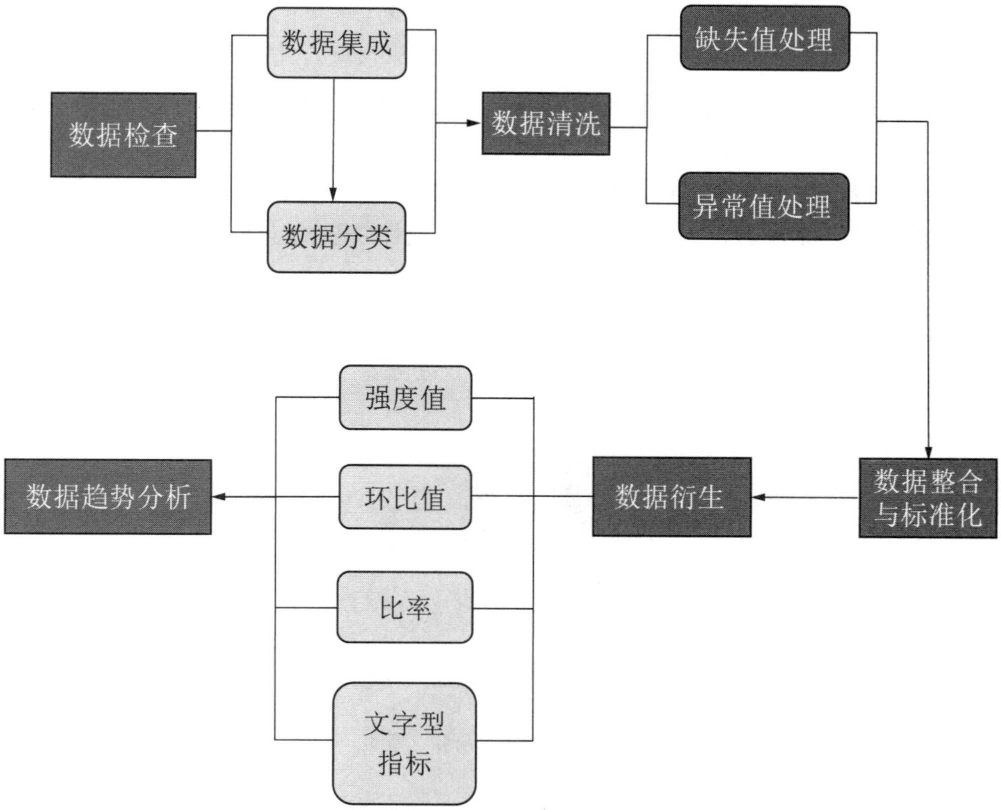

图 7-4　数据处理的基本流程

五、设定指标权重

（一）权重设定原则

完成底层数据的收集和处理后，ESG 评级机构会对每个指标赋予一定的权重，并通过加权计算得出最后的评级结果。在这一过程中，指标权重的设定是影响评级结果的重要因素，相较于数据收集部分具有更高的主观性。通常地，设定权重时需要遵循科学性、重要性、可得性等原则，如图 7-5 所示。

（1）科学性原则。科学性原则是指借鉴国际机构的经验做法，以均衡、适用的原则确定各指标的权重；此外，评级机构还可能会咨询行业专家、学者和利益相关者，以获取不同观点和意见，以确保权重设定是客观和全面的。

（2）重要性原则。重要性原则主要包含财务重要性和行业重要性两点，其中：财务重要性是指通过判断指标与企业财务表现的显著性水平，根据财务重要性强度赋予权重，如中金公司在设置权重时，考虑到事件型指标中的正面指标可能存在无法准确刻画企业实际 ESG 管理能力的问题，而负面指标则由于较高的关注度使得其对企业 ESG 评价和经营绩效所产生的影响更大，因此对负面指标进行升权处理。行业重要性则是指按照行业分类确定权重。具体而言，在划分行业后，先根据各指标对该行

7

业的影响时间和影响强度设置内部权重，影响时间越短或影响程度越高则权重越高；然后对不同维度进行重要性的判断和比较，设置外部权重。此外，个别机构在设置权重时不仅考虑被评级企业所处的行业，还考虑它的地理位置、具体业务等因素，使权重设定符合企业实际且具有独特性。

(3) 可得性原则。可得性原则也是设置权重时必须考虑的原则之一，即根据数据类型和数据质量设置权重。对于不易判断、主观性较强的定性数据和获得质量较差的数据赋予较低的权重。以中金公司 ESG 评级体系为例，该机构在设置权重时，考虑到环比类指标数据受基期影响较大，数据序列容易出现极端值，故为了减少数据波动所造成的不利影响，将环比类指标进行降权处理。

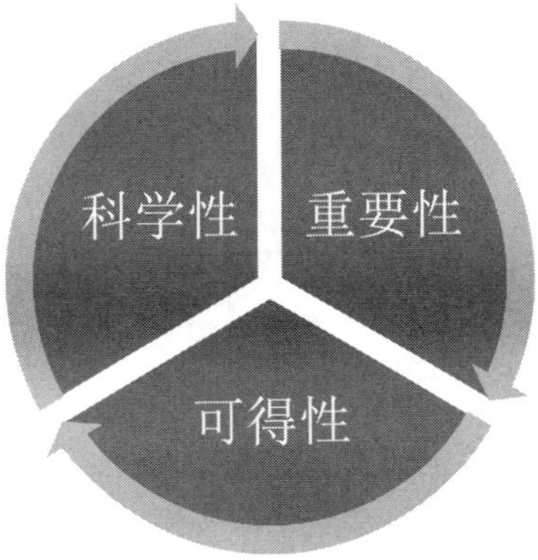

图 7-5　ESG 评级权重设定主要原则

(二) 权重设定方法

根据上述基本原则，各评级机构通常使用的权重设定方法如图 7-6 所示，具体包括熵权法、历史回测法、层次分析法、德尔菲法等。

(1) 熵权法。熵权法是一种基于信息熵的权重分配方法，通常用于处理多个指标的数据。它的基本思路是：数据的离散度越大，该指标的重要性越高，权重越大。在 ESG 评级中，熵权法根据 E、S、G 的变异程度，用信息熵计算出各指标的熵值，再通过熵值计算出指标的权重。

(2) 历史回测法。历史回测法通过分析过去的历史数据，评估不同权重配置对结果的影响。由于该方法有助于设定更加稳健和合理的权重，故一些机构可能会利用历史回测法来验证权重的有效性，以确保其评级能够有效预测企业的长期表现。

(3) 层次分析法(Analytic Hierarchy Process，AHP)。层次分析法是一种结构化的技术，适用于处理复杂的决策问题，因而在 ESG 评级中得到了广泛应用。例如，评级机构会在熵权法和历史回测法的基础上，根据企业 ESG 议题评分结果，使用 AHP 法从指标本身的重要程度和企业 ESG 管理现状对指标进行调权，降低评分结果的偏差。

（4）德尔菲法。德尔菲法，又称专家咨询法，通常用于在不确定性高的领域设定权重。它通过多轮匿名专家问卷，收集行业专家的意见，设置ESG评级中的关键指标权重，尤其是在面对新兴问题或缺乏历史数据的情况下，以减少权重设定过程中的个人主观性，增强权威性和说服力。

总体而言，以上几种方法在实践中有时会结合使用，以平衡主观和客观因素的影响，确保ESG评级的科学性和公正性，权重设定方法如图7-6所示。

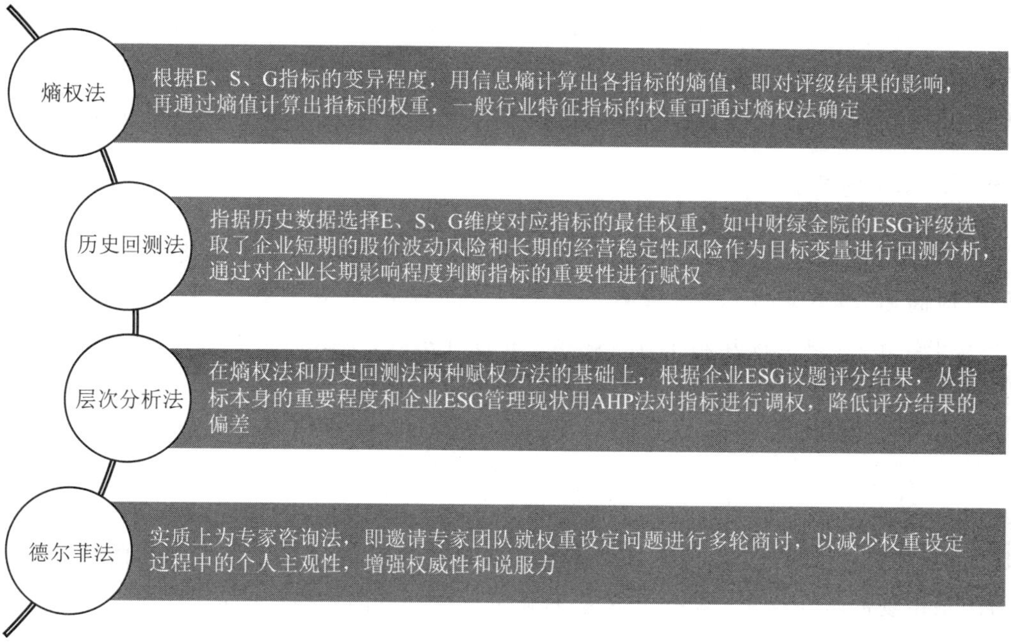

图7-6 权重设定方法

六、输出评级结果

ESG评级的最终得分通常要经过多个步骤的分数调整，不同机构采取的调整方式不尽相同，但通常包括以下几种：一是计算由前述指标的加权得分构成的ESG关键议题得分，作为总得分的基础。二是进行得分的行业调整，具体做法是分行业设定行业基准得分，并根据平均得分、最高得分、最低得分进行标准化处理。三是对于评级对象的负面信息进行额外关注，搜集其负面舆论与新闻事件并依此形成ESG争议得分。

最终根据上述几种得分调整得到评级对象最终的ESG评分，并在内部委员会审核或与被评估对象联系后对所有评级对象划分档次。此外，一些评级机构还会根据得分划分ESG评级档次，并选择按照日度、周度、月度、季度和年度对数据进行更新，直接服务于投资者的决策需求。

第三节　国际代表性 ESG 评级体系

在第二节中，我们深入探讨了 ESG 评级体系构建。评级机构在构建 ESG 评级体系时，遵循一般的评级原则，通常需要经过明确评级目标、选择评级主体、选取评级指标、获取和处理数据以及设定指标权重、输出评级结果等环节，从而最终得出 ESG 评级结果。为了更详细地展示 ESG 评级的流程和方法，我们选取国内外主流的评级机构，通过介绍它们的 ESG 评级体系搭建过程来进一步加强对 ESG 评级方法的理解。

一、MSCI（明晟）

MSCI（明晟）成立于 20 世纪 60 年代，是全球投资领域关键决策支持工具和服务的供应商，其旗下编制了多种指数，涵盖股权、固定资产、对冲基金、股票市场等。自 1988 年以来，MSCI 就开始了在 ESG 方面的研究，至今已积累了近 40 年的研究经验，它是全球首家根据行业的经济效益评估企业的 ESG 供应商，也是全球首家将企业的风险敞口纳入评估的 ESG 供应商。MSCI 的 ESG 评级目标是衡量一个企业长期的、与财务相关的 ESG 风险的适应性，其评级提供了企业对财务相关的 ESG 风险、机遇的管理能力的意见。每个评级都会考虑到企业面临的潜在的财务相关 ESG 风险，减缓潜在 ESG 风险的管理体系和提高治理结构的质量以及在适用的情况下，为满足市场需求而提供对环境或社会有积极贡献的产品和服务的定位。

（一）评级主体

MSCI 于 1990 年发布了首支 ESG 指数——MSCI KLD 400 指数。1999 年开始基于 ESG 行业实质性风险评价的角度给企业进行 ESG 评级。2010 年 MSCI 收购了 Risk Metrics，成立了 MSCI ESG Research，并以 IVA 模型为蓝本搭建了自己的 ESG 评级体系。2018 年 6 月，MSCI 正式将中国 A 股纳入 MSCI 新兴市场指数和 MSCI 全球指数，并在 2019 年 3 月将中国 A 股在 MSCI 全球基准值书中的纳入因子增加到 20%。目前，MSCI 的 ESG 评级对象包括了所有被纳入 MSCI 指数的上市企业。截至 2020 年 6 月，MSCI 的 ESG 评级覆盖了全球约 8 500 家企业（包括子企业在内的 14 000 家发行人）和超过 68 万只全球股票和固定收益证券，是全球范围内应用最广的评级体系之一。

（二）评级指标

MSCI 的 ESG 评价体系主要由 3 大范畴、10 项主题以及 35 个关键指标构成，用以衡量目标企业的 ESG 风险暴露程度和采取的 ESG 风险管理措施，具体的评级指标选取如表 7-2 所示。进一步地，MSCI 在确定关键议题的过程中，根据不同行业和企业的特异性，将议题分为通用的关键议题、行业关键议题以及企业特定关键议题。

首先，所有行业的企业都会被评估其治理支柱的关键议题，其中包括企业治理和企业行为。其次，根据全球行业分类标准（Global Industry Classification Standard，GICS）定义的163个子行业选择ESG关键议题。环境和社会关键议题因行业而异，选择依据是各行业企业在业务活动产生的环境或社会相关外部效应的程度。最后，根据企业实际情况设置特定的关键议题。具体操作步骤如下：

（1）对每家企业而言，报告的业务板块都与标准业务活动相对应。MSCI的ESG研究使用标准行业分类（SIC）系统以及行业特定的调整来定义业务活动。

（2）每项业务活动都会根据每个ESG关键议题所产生的外部性水平进行评估，从而得出业务部门风险敞口得分。

（3）根据外部效应的规模和业务板块风险敞口得分的评估结果，MSCI可能会建议对行业关键议题进行变更。例如，当外部效应的规模达到或超过所有子行业的第80个百分位，并且业务板块风险敞口平均评分大于或等于5.0分时，建议为该GICS子行业添加一个ESG关键议题。

（4）在每个日历年的第4季度，MSCI ESG研究部会设立一个为期30天的客户咨询和评论期，在此期间会征求行业关键议题拟议变更的反馈意见。

（5）某些情况下，一家企业可能会面临独有的环境或社会关键议题，而这些问题并不适用于该企业所在行业内的其他企业。此时，MSCI在分析中会考虑企业特定关键议题，同时其他关键议题的权重也将相应调整。

综上所述，MSCI通过细致的分析和反馈机制，确定关键议题，并根据不同行业和企业的特点进行权重设置，以确保其评级体系的准确性和适用性。

表7-2 MSCI评级指标体系

支柱	主题	关键性议题
环境	气候变化	碳排放、气候变化脆弱性、影响环境的融资、产品碳足迹
	自然资源	生物多样性和土地利用、原材料采购、水资源短缺
	污染和废弃物	电子废弃物、包装材料和废弃物、有毒排放和废弃物
	环境机遇	清洁技术机遇、绿色建筑机遇、可再生能源机遇
社会	人力资本	健康与安全、人力资本开发、劳工管理、供应链劳工标准
	产品责任	化学安全性、消费者金融保护、隐私与数据安全、产品安全与质量、负责任投资
	利益相关者异议	社区关系、争议性采购
	社会机遇	融资可得性、医疗保健服务可得性、营养和健康领域的机会
公司治理	企业治理	董事会、薪酬、所有权和控制、会计
	企业行为	商业道德、税务透明度

（三）数据来源

为了评估企业对ESG机会和风险的暴露情况和管理能力，MSCI主要从以下三个渠道收集数据：第一，学术界、政府、非政府组织数据集（如美国环保局、世界银行、CDP）的分部或地理层面的宏观数据；第二，上市企业信息披露，包括财务报告、可持续发展报告、代理报告、重大事项报告等；第三，政府数据库、3 400多家媒体、非政府组织、其他利益相关者披露的关于特定企业的信息。

为保证评级数据的质量和可靠性，MSCI的ESG团队将主动与被评级企业进行沟通，对ESG报告数据及相关信息进行反馈和修正。但是MSCI不发布调查或问卷，也不对企业进行一般性访谈，当然也不会接受或在分析中考虑发行人提供的、未向其他利益相关者公开的任何数据。通常情况下，当ESG评级审查完成后，企业会收到一个提示，MSCI则承诺根据需要及时更新企业资料。此外，MSCI还会对企业的争议性事件进行每日监控以及每周对关键因素指标的评分情况进行调整。这种密切关注和持续监控确保了MSCI评级体系的及时性和准确性。除了抓取上市企业的公开数据以外，MSCI还会使用替代数据，即由企业外部发布的与企业有关的信息，以弥补上市企业自身披露数据的不足。这种方法可以确保评级的全面性和准确性，尤其是在某些信息披露不完整或不准确的情况下，替代数据可以提供额外的参考和补充，为投资者提供更全面的信息基础。

（四）权重设定

在确定GICS子行业的关键议题后，MSCI的ESG研究部会着手设定权重，以确定这些关键议题对总评级的贡献。在环境和社会关键议题方面，各个议题通常占ESG总评级的5%～30%。对于治理支柱，权重是在支柱层面设置的而非关键议题层面。具体地，所有子行业的治理支柱权重都是在分别对企业治理和企业行为进行"高贡献/长期"和"中贡献/长期"评估的基础上确定的，且权重下限为33%。对于特定企业可能面临的多元化商业模式、争议或基于适用于某些行业的预定义规则的情况，允许使用企业特定的关键议题和权重，但需要经过行业团队负责人和ESG方法论委员会的批准，并在每个日历年的年底进行正式审核和反馈。而关键问题的权重则由影响程度和影响期限共同决定。首先，对相关数据（如平均碳排放强度）进行分析考察对社会或环境外部性的贡献程度。其次，在每个关键问题（短期、中期、长期）的时间范围内，根据其对企业产生的风险或机会的类型进行分类。基于这些考虑，特定风险或机会的预期时间范围会考虑到企业受到每个关键指标变化带来影响的时间长短。MSCI ESG评级权重设置评级如表7-3所示。MSCI基于自身研究设定了权重矩阵，并综合考虑了行业和地区差异，从而对影响力较大、出现风险与机遇的逾期较短的指标赋予更高权重。具体地，利用该框架，定义为"高度影响"和"短期"的关键议题的权重将比定义为"低度影响"和"长期"的关键议题的权重高三倍。

表7-3　MSCI ESG评级权重设置标准

	短期（少于2年）	长期（5年以上）
行业产生重大影响	最高权重	
行业产生较小影响		最低权重

（五）评级结果

最终，MSCI 对企业的关键议题的风险暴露和风险管理进行评分，并在经过行业调整后输出 ESG 评级结果。具体需要经过如下几个步骤：

第一，将治理支柱得分和单独的环境和社会关键议题得分进行加权平均，得到关键议题加权平均得分。

第二，将关键议题加权平均得分与 ESG 评级业内同行进行归一化处理，基准业内同行参照组用于计算行业相对评级，以确保在业内同行参照组添加或删除其他企业时，企业相对评级不发生变化。

第三，在发布 ESG 评级之前，启动额外的委员会审核步骤，包括 ESG 评级方法论委员会审核和 ESG 评估委员会审核。其中 ESG 评级方法论委员会负责对企业的具体评估，而 ESG 评估委员会处理来自 ESG 评级方法论委员会的升级和其他关键方法论应用案例，例如重大市场事件导致的案例。根据委员会审核流程的结果，各委员会可能会批准修改企业的行业调整得分。

第四，各企业的最终行业调整得分对应 ESG 评级最高（AAA）级别和最低（CCC）级别之间。但这些对企业表现的评估并不是绝对的，而是基于全球同业的相对结果。

此外，MSCI 还根据 ESG 评级输出多种形式的结果。比如，受评企业的 ESG 评级的呈现形式包括企业、行业与专题报告、投资组合分析、数据反馈、编制指数。

二、Refinitiv（路孚特）

路孚特是全球最大的金融市场数据和基础设施提供商之一，其前身是汤森路透的金融与风险管理部门，后来独立成为企业，并在 2021 年被伦敦证券交易所收购。路孚特通过收购 ASSET 4 企业并基于其评价体系开展 ESG 评级业务，目前已为全球超过 190 个国家和地区的 4 万多名客户和 40 万名终端用户提供服务。路孚特 ESG 评分旨在基于企业报告的 ESG 数据，透明、客观地衡量了企业的相对 ESG 绩效和能力，并同时考虑了行业重要性和企业规模的影响。整体上看，路孚特的 ESG 评级体系包括两个整体 ESG 分数：ESG 评分和 ESGC 评分。ESG 评分根据公开领域可验证的报告数据衡量企业的 ESG 绩效，而 ESGC 评分则将 ESG 评分与 ESG 争议叠加，对企业的可持续性影响和行为进行全面评估。

（一）评级主体

路孚特的 ESG 评级主体主要涵盖全球范围内的上市企业。首先，路孚特主要在公开市场上具有广泛影响力和可观的 ESG 表现的上市企业中选择评级对象。这些企业通常是各个市场的“领军者”，其 ESG 表现对投资者和利益相关方具有重要影响。其次，路孚特会选择那些公开披露 ESG 数据的企业作为评级对象，以确保数据的可验证性和透明度。路孚特的评级主体选取也符合一定的市场导向原则，在确定主体时充分考虑了公众和投资者关注因素。最后，选取各个行业中具有代表性的企业作为评级对象，以确保评级的广泛适用性和代表性。

综合来看，路孚特选择评级主体的标准是基于其在公开市场上的地位、数据披露的可靠性、公众关注度以及行业代表性等因素。这样的选择逻辑可以使评级结果更具有参考价值，并且更好地满足不同行业和利益相关方的需求。路孚特官方数据显示，其 ESG 评级的范围包括全球范围内超过 12 500 家上市和私营企业，其中包含了我国 A 股市场的 300 多家企业。

（二）评级指标

从细分指标来看，路孚特的 ESG 评价体系共包含 630 多项评价指标，186 个可比指标。路孚特评级指标体系如表 7-4 所示，涵盖了环境、社会及公司治理三个维度，其中具体细分了一系列一级指标和二级指标。在环境维度中，评价指标包括“排放”“创新”“资源利用”等一级指标。其中，“排放”指标主要考量企业在生产和运营过程中减少有毒气体排放的能力，“创新”指标则评估企业通过环境技术、工艺和生态产品创新来降低环境成本并创造新的市场机会。社会维度包含“社区”“人权”“产品责任”“劳动力”等一级指标，涵盖了企业对员工、社区和客户的影响。例如，“劳动力”指标评估企业在提升员工工作满意度、创造健康安全的工作环境、提供平等的工作机会等方面的表现，“人权”指标则考量企业对基本人权公约的尊重程度。公司治理维度包含了“CSR 政策”“管理能力”“股东”等一级指标，主要评估企业将经济、社会、环境信息整合到日常决策中、遵循最佳治理实践以及平等对待股东等方面的能力。此外，路孚特在构建 ESG 评级指标时也考虑了企业的争议性事件，包括“社区”“人权”“管理”“产品责任”“资源利用”“股东”“劳动力”等维度的二级指标，通过计算企业的 ESG 争议数据得分来进一步评估其 ESG 表现。

表 7-4　　路孚特评级指标体系

支柱	主题	关键性议题
环境	排放	排放量、废物、生物多样性、环境管理体系
	创新	产品创新、绿色收入和研究
	资源利用	水、能源、可持续包装、环保供应链
社会	社区	行业同等性
	人权	人权
	产品责任	负责任市场营销、产品质量、数据隐私
	劳动力	多样性和包容性、生涯发展和培训、工作条件、健康和安全
公司治理	CSR 政策	CSR 政策、ESG 报告和透明度
	管理能力	企业结构、补偿
	股东	股东利益、反对股权收购

（三）数据来源

在数据收集方面，路孚特将人工收集法和计算机算法相结合，保证接近 100% 的数据质量。具体地，主要包括以下三个收集渠道：第一，公开资料，包括企业官网、企业年报、企业社会责任报告等渠道。第二，公共及第三方信息，包括非政府组织、证券交易所、新闻媒体等渠道。第三，人工收集，700 多名经过培训的内容分析师人工收集。

此外，路孚特在 ESG 数据收集工具上运行大约 300 个自动质量筛选器；针对不同数据点，设置 400 余个内置错误检查逻辑；另有每日抽样审核与每周报告。其人工与算法的检查审核会随着学习、见解和反馈不断更新，以提高数据质量。完成底层数据的收集工作后，路孚特进一步对数据进行分类和处理。对于布尔型数据，通常采用“Yes”“No”“Null”作为答案，表示相应的情况。例如，对于问题“企业是否有节水政策?”，如果企业确实有此政策，则答案为“Yes”，等于 1。如果企业没有相关政策，或者只报告了部分信息，则答案为“No”，在此情况下，系统会自动将默认值分配为 0。换句话说，当企业的公开披露中缺乏相关数据时，布尔型数据点的默认值为 0。对于数值型数据，首先，对于企业报告的数字数据点，路孚特采用相对百分位排名。其次，排除与特定行业无关的指标，并将其数据值视为不相关。例如，环境资产管理下的指标仅与金融部门相关。最后，在计算类别得分时采用百分位排名计分法，并基于以下三个因素：“比现在差的企业有多少?”“有多少企业拥有相同的价值?”“有多少企业是有价值的?”。最后以行业组或国家作为基准，以计算各类别得分。

（四）权重设定

路孚特通过引入 ESG 重要性矩阵来设定权重，旨在客观、公正地评估每个 ESG 主题对不同行业的重要性。在这一过程中，重要性以类别权重的形式定义，并基于行业内每个主题的相对重要性。具体而言，首先，通过计算各行业组内数据点的中位数（即相对中位数）来确定各主题的相对重要性。然后，根据相对中位数确定十分位并分配权重。对于含有多个数据点的类别，则采用十分位权重的平均值，以确定该类别的重要性权重。治理类别的权重计算基于每个治理类别的数据点数与治理支柱总数据点数的比例，并乘以默认的类别权重。最后，将所有类别的重要性权重汇总到每个行业组中，得到类别权重。这一过程确保了权重的客观性和数据驱动性，并且路孚特 ESG 矩阵的规模值还会随着 ESG 企业信息披露动态进行定期调整，故进一步保证了权重的准确性和适应性。

（五）评级结果

经过上述操作后，路孚特将 10 个主题权重进行汇总，计算三大支柱分数以及 ESG 得分，并以 23 个 ESG 争议话题为基础计算 ESG 争议评分，得到 ESGC 评分。具体地，当所在会计期间存在争议事件时，ESGC 分数是 ESG 分数与 ESG 争议事件分数的均值；当 ESG 争议事件分数大于 ESG 分数时，ESGC 分数等于 ESG 得分。

三、FTSE Russell（富时罗素）

富时罗素隶属伦敦证券交易所集团（LSEG）信息服务部门，在 2015 年由伦敦证券交易所收购美国指数企业弗兰克罗素(Frank Russell)与自身的国际指数业务富时(FTSE International Business)相整合而成立。富时罗素是全球领先的指数编制企业,编制成千上万的指数,用以衡量和基准化 70 多个国家和地区的市场和资产类别,业务范围覆盖全球 98%的可投资市场。富时罗素指数的专业知识和产品已被全球机构和散户投资者广泛使用,大约有 20 万亿美元的资产以富时罗素指数为基准。近 30 多年来,领先的资产所有者、资产管理者、ETF 提供者以及投资银行均选择富时罗素指数作为其投资表现的基准,并创建 ETF、结构性产品以及基于指数的衍生品。在 ESG 领域,富时罗素则拥有超过 20 年的 ESG 数据经验,可以为投资者提供必要的模型和数据工具,以了解企业运营和产品相关的 ESG 风险和机会。

(一) 评级主体

截至目前,富时罗素 ESG 评级和数据模型覆盖了 47 个发达和新兴市场的 7 200 只证券,其中约 800 只 A 股,1 800 只中国上市企业证券(包括 A 股、港股、中概股等)。2020 年,富时罗素与万得(Wind)达成合作,在 Wind 金融终端展示富时罗素 ESG 评级数据,共同推进 ESG 投资在中国资本市场中的发展。进一步地,根据 FTSE 的 ESG 评级结果,富时罗素衍生富时社会责任指数系列,成为首个度量符合全球公认企业责任标准的企业表现指数系列。目前,FTSE 的可持续投资系列指数包含九类指数产品。其中,最为国内上市企业所熟知的是富时罗素 ESG 指数(“FTSE ESG 指数系列”)与富时社会责任指数系(“FTSE4 Good 指数系列”)。值得注意的是,在指数编制过程中,富时罗素基于所选择的 ESG 评级主体,还进一步筛除了煤炭、军工等特定行业企业、可能违反联合国全球契约(UNGC)原则的企业等,即受到国际投资者关于 ESG 投资偏好的影响。

(二) 评级指标

富时罗素 ESG 评价体系主要分为三层:第一层为环境、社会和公司治理三大支柱,如表 7-5 所示;第二层下的 14 个主题用于衡量企业管理 ESG 问题的整体质量,反映了联合国的可持续发展目标(SDG)中所有 17 个可持续发展目标;第三层是 300 余个独立的评估指标。其中,每一个主题下面包含了 19～35 个数据指标,每一个企业的评价里平均参考了 125 个数据指标。这种层次化的结构使 ESG 评级体系能够细致地覆盖多个方面,包括环境、社会和公司治理的关键领域,以捕捉企业在各个领域的表现,从而形成一个综合且有层次的评估框架。

表 7-5　　富时罗素评级指标体系

支柱	主　　题
环境	生物多样性、气候变化、污染和资源、水资源、供应链:环境
社会	消费者责任、健康与安全、人权与社区、劳动力标准、供应链:社会
公司治理	反腐败、企业管理、风险管理、纳税透明度

（三）数据来源

不同于其他评级机构，富时罗素 ESG 评级体系中的参考资料仅来自公开信息，包括企业季报和企业社会责任报告等强制性会计披露，监管文件，证券交易所、非政府组织和新闻媒体。但与此同时，富时罗素也会与每家企业单独联系，以检查是否已找到所有相关的公开信息。这样一来，被评估的企业也可以了解自己的失分项在哪里，也便于和指数编制方沟通。

（四）权重设定

在权重设定方面，富时罗素的评级指标权重采用敞口加权平均值，即为对各个不同的独立主体进行单独评分后加权平均计算所得出的综合分数。不同权重则根据企业在各个 ESG 议题上的风险暴露程度进行分别确定，这有利于计算出公允的、可供投资者参考和比较的最终得分，同时该做法使得与 ESG 议题相关性最高的主体拥有最高的权重。此外，对于不同行业的企业，指标的权重会有所不同，以便于更好地突出不同行业的企业所面临的不同风险点。

（五）评级结果

富时罗素 ESG 评级结果的输出大致需要经过以下几个环节：首先在适用的主题中对企业进行风险暴露识别，根据主题指标对企业进行评估并计算每个企业在每个主题里的得分，然后根据主题得分计算支柱的得分情况，最后通过支柱评分的暴露加权平均值计算得到初步的得分。其次，每年 4 月至次年 3 月，富时罗素分析员都会对被评企业做一次分析，分析结束后，富时罗素会开放约一个月的时间窗口允许被评级企业登录富时罗素 ESG Portal 进行回复。最后，针对企业的反馈结果，富时可持续投资数据分析师会对企业进行再次审查并确定是否需要更改评估结果。经过以上三个环节，富时罗素的 ESG 评级体系将会为每家符合条件的企业赋予一个 0～5 分的 ESG 整体评级，其中 5 分为最高评级。

四、DJSI（道琼斯可持续发展指数）

道琼斯可持续发展指数（DJSI）是 1999 年由道琼斯和 RobecoSAM 企业联合推出的全世界第一个可持续发展指数。该指数进一步完善了原用以确定道琼斯可持续发展指数成分股的 RobecoSAM 的 ESG 评分算法，基于 RobecoSAM 的年度企业可持续发展评估（Corporate Sustainability Assessment，CSA），将相关企业的 ESG 数据汇总为评分，主要从环境、社会及经济三个方面，以投资角度评价企业可持续发展的能力。

（一）评级主体

自 1999 年起，DJSI 便开始对企业的 ESG 表现进行评估，并一直被认为是 ESG 指数化投资的先驱。从 2013 年开始，标普道琼斯指数 ESG 数据为参与企业可持续发展评估（CSA）的企业以及合作企业 RobecoSAM 提供评分，截至 2020 年，评估企业数量达到 7 300 家。具体地，每年 3 月中旬，标普道琼斯会向受评企业（位列于道琼斯可持续发展指数系列的企业）发出邀请函；4—5 月，启动网上问卷调查，对企业的可持续发展表现进行评估;5—9 月,分析企业作答情况,计算可持续发展评分及道琼斯可持续发展指数;最后于 9 月月初,公布 CSA 结果和道琼斯可持续发展指数成分股(成分股为各行业得分位于前 10%的企业)。

(二) 评级指标

DJSI 所采用的 ESG 评级指标体系如表 7-6 所示,主要由环境、社会及经济三个维度构成,并同时包含了跨行业的通用指标和行业特定指标。不同于其他机构的评级体系,DJSI 评级体系中并未设置企业治理维度,而是使用"经济"维度予以代替。其中,环境维度下包含"环境绩效""环境报告"两个一级通用指标;社会维度下包含"人力资本开发""对专业人员的吸引力和人员稳定性""劳动力实践指标"等五个一级通用指标,经济维度则包含"企业治理""危机和危机经营管理"等四个一级通用指标。

表 7-6 DJSI 评级指标体系

支柱	指标
环境	与特定产业相关的环境绩效、环境报告及指标
社会	与特定产业相关的人力资本开发、对专业人员的吸引力和人员稳定性、劳动力实践指标、企业公民/慈善行为、社会报告及指标
经济	与特定产业相关的企业治理、危机和危机经营管理、商业行为准则、重要性及指标

(三) 数据来源

DJSI 评价体系中数据主要来源于以下四个渠道:

(1) 调查问卷。调查问卷数据来自 RobecoSAM 向企业发放的可持续发展评估问卷,并按照企业所处的行业区别而设计有所区别,具体的发放对象是企业 CEO 或企业相关投入机构中的高层经营管理人员,这是指标体系中评价信息最重要的来源。

(2) 企业文件。企业文件包含企业可持续进展报告、环境报告、社会报告、年报、特别报告(如关于智力资本管理、企业治理的报告)等。

(3) 公共信息。公共信息是在过去两年中,媒体对有关企业的报道以及投入企业对有关企业的研究报告等。

(4) 与企业直接联系。前三种来源的数据相互对照,必要时可以直接与企业联系获得必要的验证,从而保证解析数据的可靠性。

此外,RobecoSAM 的分析师会对企业的作答情况进行核实与验证,在对问题进行评分后经由第二名分析师进行审查。另外,评级的过程也受到 ESG 评级主管、RobecoSAM 高级分析师、第三方咨询企业的监督验证。

(四) 权重设定

首先,DJSI 根据评级体系赋予各个维度不同的权重,并在赋权时,更加偏重经济维度。其次,针对不同的行业和议题调整权重。具体而言,RobecoSAM 通过财务的重要性分析,分析得出 61 个行业中每个行业的重要性矩阵,并以此作为确定 CSA 问题和标准权重的基础。因此,RobecoSAM 企业采用的评估标准共分为两部分,一部分是对所有行业均适用的一般标准，占 40％～50％，另一部分则是适用于特定行业的标准，即在 DJSI 的指标体系中，不同行业的标准权重不同，具体由 ESG 标准对于特定行业的重要程度而定，从而增强了行业间的可比性。

（五）评级结果

DJSI 的综合分数计算是一个逐步加权和分数累加的过程，首先 RobecoSAM 分析师通过预先定义的评估标准对被评级企业的每一个可持续发展问题进行评估，并将评估结果转化为 0～100 的定量分数，即得到单个问题的分数；然后以单个问题分数为基础，将问题分数累计和加权，得到各个指标的分数；接着将这些分数按照同样的方式进行累计和加权，得到各个维度的分数；最后，以此类推，将维度分数累计加权后得到 ESG 总分。除此之外，DJSI 还会根据企业提供的支持问卷答案的文件数量以及 MSA（媒体和利益相关者分析）事件的数量对分数进行调整。

第四节　国内代表性 ESG 评级体系

一、华证

华证指数是一家面向各类资产管理机构的独立第三方专业服务机构，重点围绕指数与指数化投资的研发，提供包括研究咨询、产品设计、营销推广、估值以及数据信息等全产业链服务，旨在推动指数与指数化投资在我国的深入发展。华证 ESG 评级是该企业在环境、社会和公司治理（ESG）方面的评估体系，旨在帮助投资者更好地理解企业的可持续发展表现。该评级体系基于企业丰富的研究和数据资源，采用典型的“支柱—议题—指标”模型，在国际公认的 ESG 评价框架内，考虑中国特色及具体实践经验，自上而下构建四级指标体系。

（一）评级主体

华证 ESG 覆盖范围广泛，包括全部 A 股上市企业和超过 8 000 个债券主体，一般会在每个季度予以更新，并且当企业发生重大事件时进行临时调整。截至目前，华证 ESG 已经实现了对我国 A 股市场的全面覆盖，且最早可追溯至 2009 年；在港股市场上，华证 ESG 基本涵盖了恒生综合指数和市值大于 50 亿元港币的创业板企业。此外，自 2019 年起，华证 ESG 对港股通市场也实现了全面覆盖，覆盖市值占港股市场总市值的 95％。

（二）评级指标

华证 ESG 主要参考国际机构的评级方法，在经过专家商定，并结合中国特色后，构建了四级指标体系，其议题和关键指标如表 7-7 所示。其中，环境维度评估企业是否实现了既定的环境目标；社会维度评估企业是否履行对利益相关方的责任；公司治理维度则对治理架构是否有利于企业可持续经营进行评估。

表 7-7　　华证评级指标体系

支柱	议题	关键指标
环境	资源利用	水资源消耗、土地利用及生物多样性、材料消耗
	气候变化	温室气体排放、碳减排路线、应对气候变化、绿色金融等
	环境污染	工业排放、电子垃圾、有害垃圾
	环境友好	可再生能源、绿色建筑、绿色工厂等
	环境管理与处罚	可持续认证、供应链管理、环保处罚等
社会	人力资本	员工健康与安全、员工激励和发展、员工流失、劳工纠纷等
	产品责任	质量认证、产品召回与投诉
	供应商	供应商管理、供应链关系
	社会贡献	普惠、社区投资、就业、科技创新等
	数据安全与隐私	数据安全与隐私制度、数据安全事故
公司治理	股东权益	股东权益保护等
	治理结构	ESG治理、风险控制、董事会结构、高管稳定性
	信披质量	信息披露质量、ESG外部鉴证、财务可信度等
	治理风险	大股东行为、法律诉讼、偿债能力、税收透明度等
	外部处分	交易所处分、证监会处罚、高管违规等
	商业道德	商业道德与行为规范、反贪污和贿赂

（三）数据来源

华证ESG评价体系的数据来源具有两个主要特点。第一，除了ESG尾部风险预警外，该评价体系采用了AI驱动的大数据引擎。大数据引擎利用机器学习和文本挖掘技术，从政府和相关监管部门网站以及新闻媒体等多个渠道获取数据，从而实现了“传统＋另类数据”的标准化数据库，能够实时跟踪信息，解决了企业报告发布频率不一致的问题。第二，在数据获取后，华证对数据进行了标准化处理，并区分了数据的类型。对于非结构化数据，华证采用了NLP技术和语义分析等算法，对指标进行赋值；对于缺失的数据，则使用统计方法进行补充，最终确保了华证ESG评价体系的数据准确性和完整性。

（四）权重设定

华证指数在理论分析的基础上，借鉴国际机构的经验做法，以均衡、适用原则设置各指标议题的权重，并综合考虑各指标对每个GICS三级行业的影响程度和影响时间，按行业属性分别对三级指标议题设置权重。首先，判断每个行业的核心议题指标；其次，对每个议题指标对该行业的影响程度和影响时间进行判断；最后，根据各指标在影响程度和影响时间的象限进行赋值。赋值的原则为影响程度高的权重更高，影响时间短的权重更高。对于不是该行业的核心议题指标，不考虑其影响时间的长短，权重直接设置为“0”。

（五）评级结果

在确定权重的基础上，根据指标体系自下而上计算加权得到 ESG 评级主题指标的得分，E、S、G 评价分项得分，最终得到 ESG 评价综合分数，并根据评分为评级主体划分等级“AAA-C”九档。

二、商道融绿

商道融绿是国内最早发布上市企业 ESG 评级的机构，其 ESG 评级数据的目标为：科学、客观、透明、充分地衡量企业在纳入内外部 ESG 因素之后的可持续发展价值。根据评级目标，商道融绿 ESG 评级体系通过衡量企业在 ESG 方面的管理水平和风险暴露程度，综合评价企业的 ESG 绩效，旨在为投资机构、监管机构及其他利益相关方提供对企业全面价值判断的可靠依据。

（一）评级主体

商道融绿基于对 ESG 因素的长期研究经验，于 2015 年推出了自主研发的 ESG 评级体系，并建立了中国最早的上市企业 ESG 数据库。目前，商道融绿的 ESG 评级主体覆盖全部中国境内上市企业，港股通中的香港上市企业以及主要的债券发行主体。商道融绿的 ESG 评级结果和具体 ESG 数据可广泛应用于投资决策、风险管理、政策制定、可持续金融产品的创新和研发。

（二）评级指标

商道融绿 ESG 评级指标体系由三级构成，一级指标为环境、社会和公司治理三个维度；二级指标为一级指标下的 13 项分类议题；三级指标将会涵盖具体的 ESG 指标，共有 127 项三级指标。其主要特点为：

（1）评估为通用指标和行业指标。通用指标适用于所有作为评级目标的上市企业，行业指标仅适用于特定行业分类以下的企业，最终形成每个行业下企业特有的 ESG 指标体系。

（2）负面信息评估减分。如果企业出现负面 ESG 信息，会根据负面事件的严重程度和影响对相应指标进行减分。

商道融绿评级指标体系如表 7-8 所示。

表 7-8　　商道融绿评级指标体系

一级指标	二级指标	三级指标
环境	环境管理	环境管理体系、管理目标、员工环境意识、节能和节水政策、绿色采购政策等
	环境披露	能源消耗、节能、耗水、温室气体排放等
	环境负面事件	水污染、大气污染、固废污染等

续　表

一级指标	二级指标	三级指标
社会	员工管理	劳动政策、反强迫劳动、反歧视、女性员工、员工培训等
	供应商管理	供应链责任管理、监督体系等
	客户管理	客户信息保密等
	社区管理	社区沟通等
	产品管理	公平贸易产品等
	公益及捐赠	企业基金会、捐赠及公益活动等
	社会负面事件	员工、供应链、客户、社会及产品负面事件
公司治理	商业道德	反腐败和贿赂、举报制度、纳税透明度等
	企业治理	信息披露、董事会独立性、高管薪酬、董事会多样性等
	企业治理负面事件	商业道德、企业治理负面事件

（三）数据来源

商道融绿ESG评级数据主要源于公开信息，分为环境、社会和公司治理三大方面，每一方面都覆盖正面信息和负面信息：企业的正面ESG信息主要来自企业自主披露，包括上市企业年报、可持续发展报告、社会责任报告、环境报告、公告、企业官网等；企业的负面ESG信息主要来自企业自主披露、媒体报道、监管部门公告（如环保、安监、证监、银保监等）、社会组织调查等。

（四）权重设定

在权重设定方面，商道融绿主要根据行业特性来设定权重，即每项ESG评估指标将依据行业的不同被赋予不同的权重。

（五）评级结果

在对被评级企业的ESG信息进行评价打分后，商道融绿根据不同行业ESG的实质性因子进行加权计算（即每个行业都有一个独特的模型），从而得到各企业的ESG综合得分。然后依据中国上市企业ESG绩效的整体水平，将评级分数划分成10个商道融绿ESG评级：A+、A、A−、B+、B、B−、C+、C、C−、D。A+和A代表企业具有优秀的ESG综合管理水平，即过去三年几乎没出现ESG负面事件或极个别轻微负面事件；D代表企业近期出现了重大的ESG负面事件并产生重大负面影响。

三、社会价值投资联盟

社会价值投资联盟（以下简称“社投盟”，CASVI）成立于2016年，是中国首家专注于促进可持续发展金融的国际化新公益平台，由友成企业家扶贫基金会、中国社会治理研究会、中国投资协会、吉富投资、清华大学明德公益研究院领衔发起，近50家机构联合创办，也是国内最早推动企业可持续发展价值评估和应用的先行者，其开发设计的 ESG 评级模型与其他机构截然不同。为了号召企业做到“义利并举”，在创造经济效益的同时勇于承担社会责任，该模型按照“先筛选后评分”的逻辑，将 ESG 评级模型划分为“筛选子模型”和“评分子模型”。首先，根据“筛选子模型”，从产业政策、特殊行业、财务问题、负面事件、违法违规、特殊处理六个方面对评估对象作出是非判断，被评级对象一旦符合其中任何一个指标，则直接淘汰，无法参与后续的评估环节。然后，根据“评分子模型”对评估对象进行量化评分。“评分子模型”依据“3A 三力三合一”的原理，从目标的驱动力、方式的创新力、效益的转化力三个方面打分。在此基础上，社投盟还根据行业特点将评分子模型分为通用版、金融专用版和地产专用版三个类别。

（一）评级主体

社投盟 ESG 评价主要覆盖沪深 300 成分股企业，从 2017 年开始发布 A 股上市企业可持续发展价值评估报告，2018 年发布全球首个 A 股上市企业可持续发展价值评级数据库，2019 年上线可持续发展 ESG 2.0 数据库。

（二）评级指标

根据前面的论述，社投盟的 ESG 评级体系分为“筛选子模型”和“评分子模型”两部分。

（1）“筛选子模型”，按照产业政策、特殊行业、财务问题、负面事件、违法违规、特殊处理这 6 个方面和 17 个指标，对评估对象做是非判断；一旦符合任何一个指标则被淘汰，无法进入下一环节。

（2）“评分子模型”，依据“3A 三力三合一”的原理，从目标的驱动力、方式的创新力、效益的转化力三个方面对评估对象进行量化打分，具体的评级指标体系如表 7-9 所示。

表 7-9 **社投盟评级指标体系**

评级模型	具体指标		
筛选子模型	包括 6 个方面（产业政策、特殊行业、财务问题、负面事件、违法违规、特殊处理）、17 个指标		
评分子模型	目标的驱动力	价值驱动	企业文化、商业伦理
		战略驱动	战略目标、战略规划
		业务驱动	业务定位、持续发展
	方式的创新力	企业治理	治理结构、利益相关方、信息披露
		创新能力	研发能力、产品服务、业态影响
		运营管理	风险内控、激励机制
	效益的转化力	经济贡献	营利能力、运营效率、资本业务结构、效益质量、资产质量、偿债能力、成长能力、财务贡献
		社会贡献	客户价值、员工权益、合作伙伴、安全运营、公益贡献
		环境贡献	环境管理、资源利用、生态气候、污染防控、绿色金融

(三) 数据来源

可持续发展价值评估的信息来源于公开披露的信息,主要来自上市企业年度报告、社会责任报告、可持续发展报告、ESG 报告、企业官网、临时公告、监管部门的监管信息、第三方数据提供商等。此外,为突破数据困境,社投盟采取了如下措施:

(1) 制定了详尽的工作操作手册,对数据定义、类型、性质、功能、来源、期限、质量和数据样本和标杆进行了详尽的需求界定,并搭建出数据库雏形。

(2) 综合考虑了数据库规模、执行效率和利益冲突等因素,选取了万得资讯作为定量指标数据的合作方;组建了项目团队(20 人)进行定性指标的数据检索。

(3) 制定了周密的分工协同计划。数据团队在背对背检索、交叉验证、核心组参与下进行了第一次复核,在数据专家组指导下进行了第二次复核,明箱挑战下(专家在签署并遵循保密协议的情况下,有权对任何排名提出复议并调阅该企业的全部数据)进行了第三次复核。

(4) 与监管部门、主流媒体和产业协会组织的信息进行验证。在取得了资本市场规定披露的全部数据后,与国家生态环境部、国家安全生产监督管理委员会、国家税务总局、国家认证认可监督管理委员会、各级人民法院以及各产业主管部委公开的数据库和黑名单等进行了印证,对主流媒体披露的负面信息进行了检索和分析。

(四) 权重设定

在确定各指标权重时,社投盟主要采用了层次分析法和德尔菲法两种方法。通过邀请相关领域的专家学者进行讨论,收集他们对各个 ESG 指标和维度重要性的意见,并据此制定权重体系,确定各个 ESG 指标和维度的权重比例,从而确保评价结果的权威性和可信度。

(五) 评级结果

社投盟的 ESG 评价结果设置 A、B、C、D 四个档次,共十个基础等级(AAA、AA、A、BBB、BB、B、CCC、CC、C 和 D),并用“+”和“-”微调得到十个增强级别(AA+、AA-、A+、A-、BBB+、BBB-、BB+、BB-、B+和 B-),并于每年 6 月和每年 12 月进行两次评估。

四、万得

万得信息技术股份有限企业(Wind)是中国大陆领先的金融数据、信息和软件服务企业,其在深入研究包括 ISO 26000、SDGs、GRI Standards、SASB Standards、TCFD Recommendations 等国际标准和指南的基础上,结合我国企业 ESG 信息披露的政策和现状,依托自身强大的数据采集、分析及处理能力,构建了独具特色的我国企业 ESG 评级体系,简称“Wind ESG 评级”。

(一) 评级主体

Wind 的 ESG 评级主体包括股票、基金、债券等,目前已全面覆盖 A 股、港股上市企业、重要发债主体以及国内公募基金。

（二）评级指标

Wind的ESG评级体系参考了国际主流ESG评级体系，并针对我国资本市场发展情况以及企业特点进行优化调整，由管理实践得分（共7分，细分出27个议题，并下设300多个具体指标）与争议事件得分（共3分，着眼于新闻舆情、监管处罚、法律诉讼等）构成，其管理实践评估反映了长期ESG基本面的影响，争议事件评估反映了短期突发事件的影响，具体的评级指标体系如表7-10所示。

表7-10 万得评级指标体系

支柱	议 题
环境	环境管理、能源与气候变化、水资源、原材料与废弃物、废气、废水、生物多样性
社会	雇佣、职业健康与安全生产、发展与培训、研发与创新、供应链、产品质量、可持续产品、客户、隐私保护、社区
治理	公司治理（ESG治理、董监高、股权及股东、审计、业务连续性管理）、商业道德（贪污腐败、反垄断与公平竞争）

（三）数据来源

Wind ESG评级的数据来源包括上市企业自主披露的年报、ESG报告、社会责任报告，13 000余家政府及监管部门（包括国家、省、市、区、县等各级机构）数据，8 000余家新闻媒体、网络舆情信息源以及800余家行业协会、NGO等信息源，历史数据可追溯至2017年（2018年1月已有针对2017年Q4的Wind ESG评级）。技术上，Wind采用领先的AI和大数据技术识别、采集、分析ESG信息，并通过双人录入、“逻辑＋人工”校验、独立质检等流程来确保数据处理的及时性和准确性。此外，Wind ESG评级也开辟了企业沟通渠道，被评级企业可与Wind ESG评级基于公开信息进行交流。

（四）权重设定

对于各行业不同维度下设置的权重大小而言，整体来看Wind ESG评级对治理维度、社会维度的重视程度要略高于环境维度。各维度所赋权重范围存在差异，各行业环境维度权重范围为5.5%～40.0%，社会维度权重范围为21.0%～56.0%，治理维度权重范围为34.0%～50.0%，与MSCI ESG评级类似，所有行业企业Wind ESG评级的治理维度权重均高于33%，同时社会维度权重范围的最大值和最小值均高于环境维度权重的最大值和最小值。

（五）评级结果

Wind ESG综合得分对应不同的ESG评级，而ESG综合得分由管理实践得分和争议事件得分构成，评分范围为0～10分。其中，由于管理实践评分的权重占70%，争议事件评分的权重占30%，进一步地，管理实践评分又由环境、社会和公司治理三个维度的管理实践评分加权求和计算得到，每个维度评分又由各维度下不同议题评分加权求和计算得到，而不同议题评分则由各项细分指标评分经过计算而得。其中各议题评分是如何从各指标评分具体计算而得以及各指标的评分规则尚未公布，但根据资料分析，指标评分是基于评分基准进行赋分的，而评分基准则是根据同业 ESG 表现进行制定的、每年进行更新，因此可以判断指标赋分是将企业表现在同业内进行比较而得出的相对分数。争议事件得分由对 E、S、G 维度下的新闻舆情、监管处罚、法律诉讼三类争议及风险事件的扣分加权得到总扣分（具体权重、计算规则及评分规则尚未公开），再通过在总分的基础上扣减而得。管理实践得分一般是按季度进行更新，而争议事件得分在发生争议事件后即会进行更新。

经过上述操作后，最终按照分值区间给企业评为 AAA 到 CCC 的七档结果，评估企业实质性 ESG 风险及其可持续经营的能力。但需要注意的是，Wind 并未公布 ESG 分数与档次之间的关系，同一分数的企业可能被归于不同档次，可能是该机构根据行业特性进行了调整。

核心概念

ESG 评级；实质性议题；三大支柱；层次分析法

思考与练习

1. 为什么 ESG 评级在当今的投资环境中变得越来越重要？请列举至少三个理由。
2. 解释 ESG 评级中的“环境”“社会”“公司治理”三个方面的含义，并提供每个方面的具体示例。
3. 对比国内外主流的 ESG 评级体系，列举至少三个差异，并分析其背后的原因。
4. 如果你是一家中国企业的管理者，请阐述你为何认为 ESG 评级对你的企业至关重要以及你将如何利用 ESG 评级数据来提升企业的竞争力。
5. 站在投资者的角度思考，你会如何利用 ESG 评级数据来辅助你的投资决策？列举至少两个具体的案例或理由。
6. 你认为构建具有中国特色的 ESG 评级体系有哪些挑战？提出至少两个挑战，并提供解决方案或建议。

第八章
ESG 投资

本章导读：

在前面的章节中，我们探讨了各国政府对 ESG 政策的积极推动、上市公司 ESG 信息披露制度的逐步完善，以及第三方 ESG 评级体系的兴起。这些发展不仅为投资者提供了科学的依据以评估企业的 ESG 表现，还有效地引导了资本流向可持续发展的领域。作为一种新兴且迅速发展的投资理念，ESG 投资正逐渐从边缘走向主流，推动资本市场发生深刻变革。越来越多的投资者认识到，企业的可持续发展能力与其长期财务回报密切相关，ESG 投资能够在提升投资回报的同时有效降低风险。尤其是在气候变化、社会公平等全球性挑战日益严峻的背景下，ESG 投资被广泛视为应对这些问题的重要工具。本章将围绕 ESG 投资的基本概况、主要策略与相关产品展开系统探讨，全面梳理这一领域的核心概念和发展脉络，帮助读者提升对 ESG 投资的理解。

通过学习本章，读者将能够理解 ESG 的核心内涵，掌握 ESG 概念的基本框架，明确其与可持续发展的关联；厘清 ESG 投资与 CSR 投资的区别，聚焦两者的理念和实践差异，理解 ESG 投资更注重在财务绩效与可持续发展目标之间实现平衡；掌握 ESG 投资策略与产品，了解传统金融产品向 ESG 方向转型后形成的创新型投资工具，探索这些工具在实际投资中的具体应用场景和潜在价值。

第一节 ESG 投资概述

一、ESG 投资理论

（一）ESG 投资的定义

ESG 投资是指在投资决策过程中，将环境、社会和公司治理因素纳入考量，以实现长期的可持续收益。这种投资理念不仅关注财务回报，还考虑企业在环境保护、社会责任以及公司治理方面的表现，旨在实现经济效益与社会效益的双重目标。ESG投资的特点主要体现在以下几个方面：

（1）长期视角。ESG投资强调长期收益，不仅仅关注短期财务回报。它鼓励企业在环境、社会和公司治理方面采取持续改进的策略，以确保可持续的增长和稳定的财务表现。通过长期视角，投资者不仅能更好地应对市场波动，还能捕捉到企业在可持续发展方面带来的增长机会。

（2）多维度考量。ESG投资的决策不仅基于财务数据，还包括对企业环境保护、社会影响和公司治理结构等非财务因素的综合考量。这种多维度的分析有助于更全面地评估企业的长期价值和潜在风险。例如，环境因素可能涉及碳排放、能源使用和废物管理，社会因素可能包括劳工权益、工作条件和社区关系，而公司治理因素则关注公司治理结构、管理层独立性和股东权利。

（3）风险管理。通过将环境、社会和公司治理因素纳入投资决策，ESG投资可以有效识别和管理潜在的非财务风险。例如，环境风险包括由于气候变化带来的自然灾害，社会风险可能涉及劳工纠纷和消费者权益保护，公司治理风险则包括管理层的不当行为或信息披露不足。通过识别这些风险，投资者可以更好地制定风险应对策略，降低可能对企业造成的负面影响。

（4）积极的股东参与。ESG投资者通常会积极参与企业的管理与决策过程，通过投票权和对话推动企业在ESG方面的改进，以实现更高的社会和环境标准。这种积极的股东参与不仅限于年度股东大会，投资者还会通过定期与管理层会面、提交提案和公开倡议等方式影响企业的经营决策，确保企业在环境保护、社会责任和公司治理方面不断改进。

（5）社会责任与价值共创。ESG投资不仅追求经济效益，还注重创造社会价值。通过投资那些致力于改善环境、促进社会公平和提升治理质量的企业，ESG投资者能够在获得财务回报的同时，推动社会的可持续发展。这种价值共创的理念强调企业在追求利润的同时，应积极承担社会责任，如减少碳足迹、改善员工福利和参与社区建设，以实现企业与社会的双赢。

（6）市场竞争力的增强。采用ESG标准的企业通常在市场中具有更强的竞争力。这些企业通过更好的环境管理、更强的社会责任感和高效的公司治理，能够吸引更多的投资者、客户和高素质的员工。同时，这些措施也使得企业在面对监管变化、市场需求波动和消费者偏好变化时具备更强的应对能力，从而在市场中占据有利地位。

（7）声誉管理与品牌增值。ESG投资中的环境、社会和公司治理标准也与企业的声誉管理息息相关。通过在ESG方面取得良好表现，企业能够提升品牌形象，增强客户和投资者的信任感，从而实现品牌增值。一个具有良好ESG表现的企业往往被视为负责任、有远见的市场参与者，这对于吸引长期投资者和建立稳定的客户基础具有重要作用。

（8）政策与法规的契合。ESG 投资符合越来越多国家和地区出台的可持续发展政策和法规要求。随着各国政府加强对环境保护、社会公平和公司治理的监管，ESG 投资能够帮助企业更好地遵守法规，降低法律风险和合规风险。这种合规性不仅可以减少潜在的罚款和诉讼成本，还可以通过提升企业形象，增强其在政府和公众中的认可度。

（二）ESG 投资的内涵

从投资的驱动模式角度来看，目前全球 ESG 投资主要有两种模式：价值驱动和价值观驱动，前者注重 ESG 投资的高回报，认为资本市场的价值原则可以实现 ESG 的快速发展。而后者则是由价值观驱动的，即使 ESG 投资没有超额回报（甚至回报更低），投资者仍会推动 ESG 建设，这主要得益于价值观塑造的作用。

具体来说，对部分投资者和管理者而言，ESG 决策的驱动力更多来自价值观，尤其是非经济性的偏好，即那些不直接与金钱或财务回报相关的偏好。这些偏好通常反映个人的道德观、社会价值观或其他与金钱无关的考虑因素。这种投资行为往往受到个人信仰和社会责任感的驱动，体现了对社会公正和环境保护等价值的高度重视。价值观驱动的投资者希望通过自己的投资行为推动社会的积极变化，而不仅仅是追求财务回报。例如，投资者可能不愿支持与存在争议的产品或行为相关的企业，或者更倾向于投资符合自己价值观的公司。由于不同投资者和管理者的非经济性偏好存在差异，所以关注重点也会有所不同，如碳足迹、动物保护和使用童工等问题。举例来说，投资者可能会避免投资于烟草或酒精行业，因为他们认为这些产品会对人们的健康造成负面影响，违背投资者自身的道德观念。有些投资者可能会拒绝投资于涉及化石燃料开采的企业，因为他们高度重视环境保护，认为应该减少碳排放，降低气候变化的风险。此外，一些投资者可能特别关注公司在供应链中的劳工条件，不投资使用童工或剥削劳工的企业。还有的投资者更倾向于支持对社会产生积极影响的公司。例如，投资在清洁能源领域有突出贡献的企业或者在性别平等、员工福利等方面表现突出的公司。

对于另一些投资者和管理者，ESG 决策更多是基于财务价值，关注企业的风险与回报机会。价值导向的 ESG 决策通常将 ESG 因素视为识别财务风险和机会的工具，这些因素可能对企业的长期经济效益产生深远影响。具体而言，环境风险可能涉及资源稀缺性、排放法规力度的加强或气候变化带来的运营中断；声誉风险可能源于消费者或社会对企业行为的负面看法；人力资本风险包括员工流失、技能短缺或劳资纠纷；诉讼和监管风险可能直接影响企业的合规成本和法律责任；腐败和治理问题可能破坏投资者信心和企业价值。这些风险的管理不仅能够帮助企业规避潜在的损失，还可以通过提升运营效率、降低成本或开拓新市场，为企业创造额外的回报机会。因此，对于这些投资者和管理者而言，ESG 因素的核心价值在于其对企业财务健康和竞争优势的影响，而非仅仅体现某种道德或社会责任的追求。

若将 ESG 投资的驱动方式视为一个连续的光谱，光谱的两端分别代表完全基于价值观的社会责任投资和完全基于财务价值的传统投资。值得注意的是，大多数投资者和管理者并非处于光谱的极端，而是介于两者，即 ESG 投资往往同时受到价值观和财务价值的双重驱动。ESG 投资在这一光谱上的位置可以反映出投资者的不同优先级（Starks，2023）。在实际操作中，这种双重驱动可能表现为一种综合性的投资策略，即同时考虑 ESG 因素对社会影响和财务表现的作用。这种双重驱动的投资模式与 ESG 信息披露中的双重实质性原则一脉相承。

二、ESG 投资与传统投资、CSR 投资的区别

ESG 投资不同于传统投资和 CSR 投资，三者之间既存在紧密的联系，又有着显著的区别。首先，从驱动因素来看，传统投资以获取经济回报为主要目标，因此主要考虑诸如公司的财务状况、发展潜力、增长速度以及所在地区的宏观经济状况等与公司营利能力直接相关的因素。在这种投资策略下，即便公司严重污染环境或是从事烟草、赌博、军火等对人类健康、财产和生命安全有负面影响的行业，只要其能带来足够丰厚的投资回报，投资者仍会考虑投资。因此，传统投资策略存在两方面的不足：一是社会效益不佳，导致环境污染和全球变暖问题加剧，企业的负外部性难以减轻；二是投资风险较高，特别是在新兴市场中，许多公司追求短期利益而忽视长远规划，倾向于采用各种造假手段欺骗投资者，以在短时间内获取巨额收益。由于信息不对称，投资者往往难以及时识别这些问题公司，最终可能遭受重大损失。

鉴于传统投资的这些缺陷，投资者开始寻求能够弥补这些不足的投资方式，于是 CSR 投资应运而生。CSR 投资更加关注企业的道德责任和自发行为，与财务回报的直接关联度较低。然而，企业的逐利本性使得单纯追求价值而忽略价值观难以实现投资的可持续性。因此，ESG 投资作为一种更加全面和深入的投资理念逐渐兴起，日益受到关注。

ESG 投资不仅考虑公司的传统财务指标，还将环境、社会和公司治理等非财务指标纳入考量范围。这样，一方面，可以将外部性内在化，促使企业为获取更多成本更低的融资而积极践行 ESG 原则，减少污染排放、使用清洁能源，从而改善环境、减轻负外部性；另一方面，ESG 投资还能有效降低投资风险。随着全球对环境保护的重视程度不断提高，对环境造成严重污染的企业将面临越来越多的限制和罚款，其发展前景将受到严重影响。因此，通过 ESG 投资策略规避此类高风险企业成为降低投资风险的重要手段。同时，ESG 投资还关注公司治理情况，能够识别并规避那些存在管理漏洞、治理结构混乱、容易进行财务造假等违规行为的高风险企业。从这个意义上讲，ESG 投资兼具了价值投资与价值观投资的双重驱动属性。

从操作原则上来看，ESG 与其他投资方式最为明显的区别是 ESG 强调双重重要性，即企业实践中的 ESG 议题需要兼顾财务重要性和影响重要性。《欧洲可持续发

展报告指令》(CSRD)于 2019 年首次提出双重重要性。其中,财务重要性是指企业的环境、社会和公司治理因素如何影响其自身的财务绩效。影响重要性是指企业的行为如何对外部环境和社会产生影响,即企业需要考虑其活动对气候变化、资源消耗、员工福利、社区发展等方面的影响。例如,一家传统的化石燃料公司为了应对气候变化和日益严格的环保法规,投资于风能和太阳能等清洁能源技术。这类投资不仅减少了公司碳排放,符合环境法规要求,还降低了未来可能面临的碳税或排放罚款风险。同时,随着全球对可再生能源需求的增加,这类投资也为公司开拓了新的收入来源,提升了长期财务表现。因此,这一投资是属于 ESG 范畴的。同样地,企业实施绿色供应链管理政策,要求供应商采用环保材料,减少碳足迹,不仅降低了环境污染,还优化了供应链效率,提高了企业竞争力,这也是符合双重重要性原则的 ESG 行为。然而,若这家传统化石燃料公司给工厂所在地区的周边社区种树以减少污染物排放对居民环境带来的负面影响,则属于 CSR 范畴。因为它主要体现了企业履行社会责任、改善周边社区环境的外部影响,但与企业的主营业务及财务表现无关。显然,尽管种树和改进生产工艺、优化供应链管理等行为都改善了周边社区的环境,但它们通过不同路径实现,不能将 CSR 中的种树行为与 ESG 中的研发投入或绿色供应链管理行为等同视之。

从经济学理论与资本市场的视角来看,ESG 投资的影响已不再局限于表面上的社会责任承担,而是通过资本市场对企业的投资决策产生了实质性的作用。ESG 投资已成为资本配置和资源有效利用的关键变量,直接影响资本流向,并在理论层面重塑了企业的定价机制和权益归属,被资本市场用作衡量企业长期风险和收益的定量工具。通过引入 ESG 投资,资本市场重新评估了企业面临的系统性风险和非财务性风险,如环境政策、社会诉求或治理结构的变化对企业营利能力的潜在影响。经济学中的市场效率理论、资本资产定价模型等传统定价框架逐步被扩展,ESG 因子被嵌入到这些模型中,成为企业长期价值和系统风险的衡量维度。因此,ESG 投资不仅仅是资本市场的附属工具,而是影响资本定价与资产组合选择的核心要素。更重要的是,ESG 在经济学理论中推动了确权机制的革新。传统的确权主要集中在企业对股东的财务责任,但 ESG 使得企业对环境、社会等外部利益相关者的责任纳入了资本市场的考量范围。这一转变突破了以股东利益为中心的定价模式,扩展为涵盖多元利益相关方的定价体系,强化了企业在可持续发展方面的财务价值。

案例 8-1　ESG 投资、CSR 投资与传统投资举例

某煤炭开采企业购置了一台采煤设备,这个投资行为是典型的传统投资。企业购置采煤设备是为了提高生产效率、扩大产能或降低生产成本,这些都直接关联到企业的生产经营活动。然而,这种投资并未特别考虑设备的环境影响,如节能减

排效益，而是单纯追求经济效益。

该煤炭开采企业为周边社区种树，这个行为体现了企业的社会责任，属于 CSR 投资。企业为周边社区种树，虽然与煤炭开采这一主营业务不直接相关，但它有助于改善当地环境，提升企业形象，增强与社区的关系。这种投资更多是基于企业的道德责任和自发行为，而非直接追求经济效益。

该煤炭开采企业购置了一台新型的清洁煤设备，这个投资行为符合 ESG 投资的理念。企业购置清洁煤设备，一方面，能够提高生产效率、降低生产成本，与企业的生产经营直接相关，产生财务回报；另一方面，清洁煤设备的使用减少了污染排放，对环境保护具有积极意义，符合 ESG 投资中"环境"维度的要求。这种投资方式既追求经济效益，又注重环境保护，实现了"义利并举"的目标。

通过这个例子，我们可以清晰地看到传统投资、CSR 投资与 ESG 投资在动机、目标和影响方面的不同。传统投资主要关注经济效益；CSR 投资则更多关注企业的道德责任和自发行为；而 ESG 投资综合考虑了经济、社会和环境三方面的因素，力求实现可持续发展。

三、ESG 投资发展现状

根据全球可持续投资联盟(Global Sustainable Investment Alliance，GSIA)的数据显示，截至 2023 年 11 月 29 日，全球可持续投资总额为 30.3 万亿美元，欧洲和北美是主要的 ESG 投资市场，亚太地区增长显著。在 ESG 投资理念的迅速发展历程中，联合国负责任投资原则组织(UN PRI)在其中扮演了关键角色。作为 ESG 领域的权威组织，2006 年，联合国负责任投资原则的制定标志着 ESG 投资理论形成的重要里程碑。UN PRI 为投资者提供了将 ESG 因素整合到投资实践中的框架，制定了六项原则，通过签署并遵循这些原则，投资者承诺在投资决策中考虑 ESG 因素，推动责任投资的普及和深化。其宗旨是鼓励各方采纳并合作贯彻负责任投资原则，完善公司治理、诚信和问责机制，并通过消除市场运作、结构和监管方面的障碍，建立可持续的全球金融体系，从而促进长期、负责任的投资，惠及环境和社会。

近年来，签署负责任投资原则(PRI)的机构数量迅速增加。截至 2023 年 12 月 31 日，全球共有 5 372 家机构成为签署方，其中投资管理机构占比最高，高达 4 087 家，资产所有者和服务提供者分别为 736 家和 516 家。在中国，UN PRI 签署机构已超过 140 家，但在全球占比较低。成为 PRI 签署方的机构可以利用 PRI 丰富的研究、工具和资源库，获取有价值的案例研究、行业报告，并参与有助于可持续投资策略持续发展的合作项目。

与此同时，签署机构也需接受更多监督，并满足 UN PRI 的最低要求。首先，签署方必须制定责任投资政策，且该政策必须涵盖其资产管理规模的 50%以上。其次，签署方必须对责任投资的实施进行高层监督和问责，以确保组织执行其政策并实现与负责任投资相关的目标和指标。此外，签署方必须至少指定一名内部或外部人员负责在组织中实施负责任投资。如不满足以上要求，UN PRI将联系这些签署机构，提供必要的支持以帮助其改进，满足UN PRI的最低要求。若在两年内仍未达标，可能被PRI除名。此机制确保签署方达到责任投资的基本水平，防止机构仅为提升声誉或吸引客户而签署PRI，却未采取实际行动，从而确保PRI的有效性。因此，UN PRI可被视为第三方监督机构，激励有ESG理念的机构签署UN PRI。签署机构数量可作为衡量特定地区或行业ESG实践水平的指标。随着全球对可持续投资的关注日益增加，UN PRI在推动责任投资方面发挥着关键作用。

第二节　ESG投资策略

根据全球可持续投资联盟（GSIA）的定义，ESG投资策略主要可以分为七个类别，分别是负面筛选策略、正面筛选策略、国际惯例筛选策略、ESG整合策略、可持续发展主题投资策略、股东参与策略、影响力投资策略。其中，占据主流地位的投资策略是ESG整合策略，其次则是负面筛选策略。

一、ESG投资策略分类

（一）负面筛选策略

负面筛选策略是指在投资过程中排除在ESG指标上表现不佳的行业或公司，或涉及严重争议的企业。具体而言，这种策略包括：第一，剔除ESG评分较低的公司，通过对上市公司进行ESG评分并排名，排除ESG分数排名靠后的公司。第二，排除在ESG指标上不可接受的公司，例如，大量生产或使用煤炭、油砂等对环境有较大负面影响的公司以及生产烟草、化学武器、生物武器、核武器等对社会有较大负面影响的公司。MSCI ESG筛选指数（MSCI ESG Screened Indexes）在选择公司及确定权重时运用了负面筛选策略，通过从某一基准指数中剔除争议性公司，并对剩余公司进行自由流通市值加权，以供投资者参考。MSCI ESG筛选指数中针对环境、社会与公司治理三个维度分别剔除的行业，具体如图8-1所示。

通过采取停止或减少对在环境、社会和公司治理等方面表现不佳的公司的投资策略，一方面，能够延缓此类公司的发展速度或降低其规模，从而减少其对环境和社会的负面影响；另一方面，由于此类公司相较于ESG表现良好的公司更容易因未来可能制定的环保政策而导致利润下降，投资者减少或停止对其投资有助于降低风险。

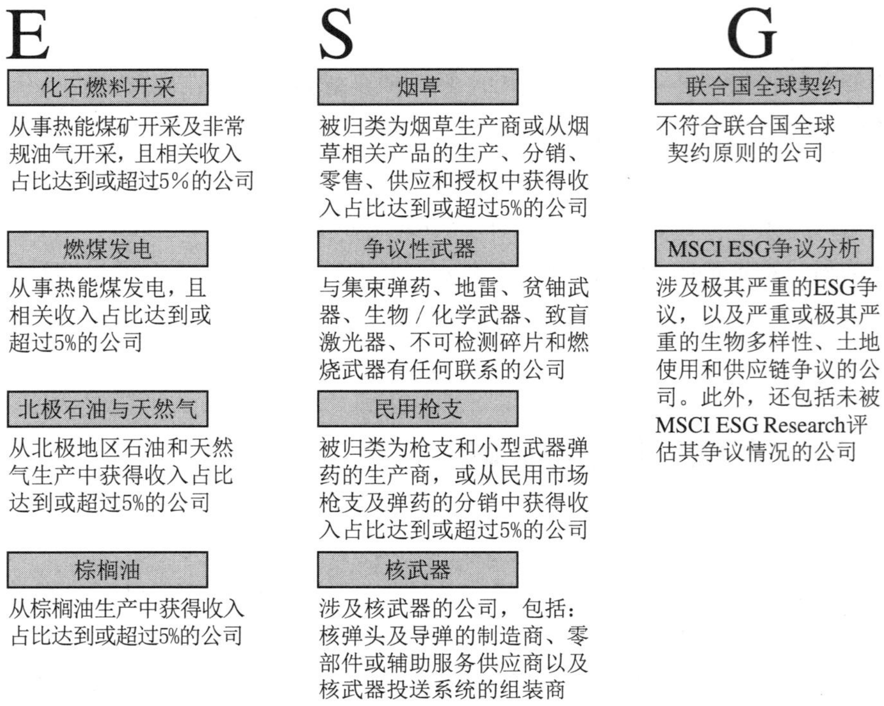

图 8-1　MSCI ESG 筛选指数剔除的行业(企业)

(二) 正面筛选策略

正面筛选策略是指在投资过程中，选择在 ESG 指标上表现优异的行业或公司。与负面筛选策略类似，采用正面筛选策略的投资者通常对上市公司进行 ESG 评分并排名，将 ESG 分数排名靠前的公司纳入投资组合。从另一个角度看，正面筛选策略可被视为更严格的负面筛选策略，因为其选择的公司 ESG 表现远超平均水平，相当于剔除了更多公司。

以 MSCI ESG 领先指数(MSCI ESG Leaders Indexes)为例，该指数从基准指数中按照一定比例挑选出 ESG 表现最优秀的公司，并根据自由流通市值加权合成。该系列包括多个指数，如 MSCI China ESG Leaders 指数、MSCI USA ESG Leaders 指数、MSCI World ESG Leaders 指数和 MSCI Emerging Markets ESG Leaders 指数等，分别涵盖了不同市场和地区。采取此策略的投资者旨在挑选高成长性的公司，以提高收益。MSCI China ESG Leaders 指数的前十大成分股公司名称及占比，如表 8-1 所示。ESG 表现优秀的公司融资更为便利，成本更低，这激励 ESG 表现较差的公司提升自身 ESG 评级，促进产业结构朝着有利于环境和社会的方向发展，在提高投资者收益的同时，惠及大众。

表 8-1　　MSCI China ESG Leaders 指数前十大成分股及占比

前十大成分股公司名称	占　比
腾讯控股有限公司	27.75%
阿里巴巴集团控股有限公司	14.62%
中国建设银行股份有限公司	6.04%
京东集团	3.81%
中国工商银行股份有限公司	3.40%
比亚迪股份有限公司	2.84%
网易	2.79%
百度	1.99%
百胜中国控股有限公司	1.48%
招商银行股份有限公司	1.48%

资料来源：MSCI China ESG Leaders Index 官网，数据截至 2024 年 10 月 31 日

（三）国际惯例筛选策略

在正面和负面筛选策略中，投资者拥有较大的裁量权，以决定纳入或剔除哪些公司以及调整各公司的投资权重。相比之下，国际惯例筛选策略（Norms-based Screening）则依据联合国、国际劳工组织（International Labour Organization，ILO）、经济合作与发展组织（Organization for Economic Co-operation and Development，OECD）等多边权威机构发布的 ESG 相关倡议和准则，如《联合国全球契约》、OECD 的《跨国企业准则》和 ILO 的《关于多国企业和社会政策的三方原则宣言》，将不符合这些国际规范的公司排除出投资组合或指数。由于国际惯例筛选策略主要剔除未达到最低标准的公司，筛选范围相对较小，具有更强的客观性。《联合国全球契约》十项原则，如表 8-2 所示。

表 8-2　　《联合国全球契约》十项原则

议题	原则	具体内容
人权	原则 1	企业应该遵守和维护国际公认的各项人权
	原则 2	绝不参与任何漠视和践踏人权的行为
劳工标准	原则 3	企业应该维护结社自由，并承认劳资集体谈判的权利
	原则 4	企业应该消除各种形式的强迫性劳动
	原则 5	企业应该支持消灭童工制
	原则 6	企业应该杜绝任何在用工与职业方面的歧视行为

8

续 表

议题	原则	具体内容
环境保护	原则 7	企业应对环境挑战应该未雨绸缪
	原则 8	企业应该主动增加对环保所承担的责任
	原则 9	企业应该鼓励开发和推广环境友好型技术
反腐败	原则 10	企业应该反对各种形式的贪污，包括敲诈勒索和行贿受贿

（四）ESG 整合策略

ESG 整合策略是指将 ESG 因素系统性地纳入投资分析和决策过程，将其与传统财务分析相结合。采用该策略的投资者通过公司披露的信息和第三方机构的调查报告，获取公司的 ESG 数据。投资者结合定性和定量分析，识别对公司发展有重大影响的 ESG 因素，并将这些因素纳入相关经济模型，调整公司的估值，从而利用更全面的信息识别具有增长潜力的公司。与负面筛选策略和正面筛选策略不同，ESG 整合策略通常不直接剔除公司，而是为投资者提供更大的选择空间，使其在投资组合中保留更多公司。例如，MSCI ESG 通用指数（MSCI ESG Universal Indexes）主要采用 ESG 整合策略来确定公司库及公司权重。该方法增加 ESG 表现较好或近期有所改善的公司的权重，减少 ESG 表现落后的公司的权重，即通过对基准指数进行 ESG 评分和趋势加权合成。采用 ESG 整合策略的投资者，将部分原本可能流向 ESG 表现较差公司的资金转向流向 ESG 表现较好的公司。这不仅发挥了负面筛选策略和正面筛选策略的作用，还激励 ESG 表现不佳的公司提升其 ESG 评级，促进产业结构朝有利于环境和社会的方向发展。同时，投资者也能在实现可持续发展的同时获得更高的回报。

（五）可持续发展主题投资策略

可持续发展主题投资策略是指将资金投向有助于全社会可持续发展的领域，如可再生能源、绿色建筑、性别平等、多样性和循环经济等。与短期投机行为不同，此策略关注中长期收益，基于对未来趋势的预判进行投资布局。例如，投资者预见气候变暖趋势和经济向低碳模式转型，因而围绕相关主题进行投资。可持续发展主题投资策略的独特之处在于为投资组合赋予特定主题特色，吸引对该主题感兴趣的投资者，降低可持续发展相关产业的融资难度。同时，支持这些领域的企业有助于推动社会整体向可持续方向发展，实现经济效益与社会效益的双赢。

（六）股东参与策略

股东参与策略是指投资者通过行使股东权利，积极影响公司决策，以实现 ESG 目标。具体而言，投资者在持有公司股份后，利用提名董事会成员、参与股东大会投票等方式，推动公司在 ESG 方面的改进。此举不仅旨在提升投资组合经风险调整后的长期回报，还致力于应对全球变暖、减少极端天气事件，保障公众健康，促进环境和社会的可持续发展。与仅关注短期或局部利益的策略不同，股东参与策略强调整体利益和长期价值创造。相较于被动的筛选策略，股东参与策略具有更强的主动性，允许投资者运用自身丰富的经验，直接协助公司提升 ESG 表现。例如，投资者可能会主动要求公司披露 ESG 相关信息，提出具体改进建议，或在股东大会上支持与 ESG 相关的决议。若公司未能满足这些要求，投资者可能考虑撤资。通过积极参与公司治理，投资者不仅推动了企业的可持续发展，也有助于实现更广泛的社会和环境效益。这种策略体现了投资者在追求财务回报的同时，承担了社会责任的承诺。

（七）影响力投资策略

影响力投资策略旨在追求财务回报的同时，实现可衡量的、积极的社会和环境影响。投资者需提供可信的解释，说明其投资如何对环境和社会产生积极影响，并依据公认标准进行定量分析，评估提升的程度。与股东参与策略不同，影响力投资策略并非通过影响公司决策来间接作用于环境和社会，而是直接将资本投向能够产生积极影响的项目或企业。此外，影响力投资策略区别于慈善行为，其主要目标之一是获取经济利益。若投资持续亏损，投资者将不再采用此策略。影响力投资策略的核心特征包括：

（1）意向性：投资者在决策时明确追求积极的社会或环境影响，将此作为投资的主要驱动力。

（2）循证投资设计：基于可靠的数据和影响力评估，设计投资策略。投资者利用现有的研究、统计和影响力数据，确保所选项目能够实现预期的社会或环境目标。

（3）致力于管理影响力绩效：持续监测和评估投资所产生的社会和环境影响。这包括设定明确的影响力指标，定期收集数据，并根据评估结果调整投资策略，以确保实现既定的影响力目标。

（4）致力于促进行业发展：推动影响力投资领域的整体进步。投资者积极参与行业交流、分享最佳实践，并支持制定相关标准和政策，促进影响力投资的广泛应用和认可。

通过上述多种策略，ESG 投资旨在规避风险并获取经济利益的同时，推动各行业企业改善自身的 ESG 表现，提升 ESG 评级，从而增进环境效益和社会福祉，缓解企业融资约束，提升技术创新能力。这种方法兼顾投资者、ESG 目标和企业利益，实现了多方共赢。表 8-3 汇总了 ESG 投资的各类策略。

表 8-3　ESG 投资的各类策略

大类	小类	具体内容
筛选类策略	负面筛选策略	基金或投资组合按照特定的 ESG 准则剔除若干特定行业、公司或业务，常见的排除标准包括特定的产品类别（如武器、烟草）、公司行为（如腐败、侵犯人权、动物试验）以及其他争议行为
	正面筛选策略	投资的 ESG 表现优于同类的行业、公司或项目，且其评级达到规定阈值以上，方法包括“同类最佳”“整体最佳”“尽力而为”
	国际惯例筛选策略	基于联合国（UN）、国际劳工组织（ILO）、经合组织（OECD）和非政府组织（如国际透明组织）等国际机构定义的标准和规范，制定最低商业或发行人标准来筛选投资标的

续　表

大类	小类	具体内容
整合类策略	可持续主题投资策略	投资有助于可持续解决方案的主题或资产，本质上致力于解决环境类和社会类问题，如缓解气候变化、绿色能源、绿色建筑、可持续农业、性别平等、生物多样性等
	ESG 整合策略	投资经理将环境、社会和公司治理因素系统而明确地纳入财务分析中，融入传统投资框架
参与类策略	股东参与策略	利用股东权利影响企业行为，提交或共同提交股东提案，在 ESG 准则指导下提交股东提案、进行委托投票
	影响力投资策略	对解决社会或环境问题的特定项目进行投资，目的是在获得财务回报的同时产生积极的社会和环境影响

资料来源：全球可持续投资联盟（GSIA）

二、ESG 投资策略应用

根据全球可持续投资联盟（GSIA）发布的《全球可持续投资回顾 2020》报告，截至 2020 年，全球可持续投资策略的资产占比分别为：

第一，ESG 整合策略：占比 42.2%，管理资产总额为 25.2 万亿美元。其中，美国市场的资产总额最大，为 16.06 万亿美元；其次是欧洲市场，总额为 4.14 万亿美元；加拿大、日本和澳大利亚的资产总额分别为 2.3 万亿美元、1.9 万亿美元和 0.8 万亿美元。

第二，负面筛选策略：占比 26.75%，管理资产总额为 15.9 万亿美元。其中，欧洲市场的资产总额最大，为 9.24 万亿美元；其次是美国市场，为 3.4 万亿美元；日本、加拿大和澳大利亚的资产总额分别为 1.25 万亿美元、1.04 万亿美元和 0.09 万亿美元。

第三，股东参与策略：占比 17.67%，管理资产总额为 10.5 万亿美元。其中，欧洲市场依然是资产总额最大的市场，为 4.74 万亿美元；其次是美国市场，资产总额为 1.98 万亿美元。

第四，国际惯例筛选策略：占比 6.97%，管理资产总额为 4.14 万亿美元。其中，欧洲市场依然是资产总额最大的市场，为 3.07 万亿美元；其次是加拿大市场，资产总额为 0.8 万亿美元；日本市场资产总额为 0.26 万亿美元。

第五，可持续主题投资策略：占比 3.28%，管理资产总额 1.95 万亿美元。其中，美国市场资产总额为 1.69 万亿美元；欧洲市场资产总额为 0.15 万亿美元。

第六，正面筛选策略：占比 2.33%，管理资产总额为 1.39 万亿美元。其中，美国市场资产总额为 0.66 万亿美元；欧洲市场资产总额为 0.57 万亿美元。

第七，影响力投资策略：占比0.59%，管理资产总额为0.35万亿美元。

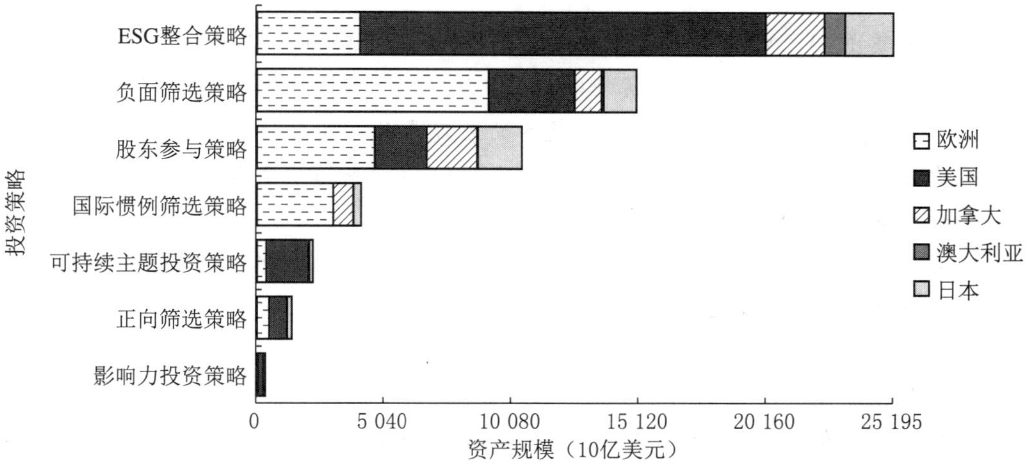

图8-2　全球主要地区可持续投资策略的资产规模

资料来源：全球可持续投资联盟(GSIA)发布的《全球可持续投资回顾2020》

全球主要地区可持续投资策略的资产规模如图8-2所示。全球可持续投资策略的应用呈现出多元化趋势，各地区在采用不同ESG投资策略方面存在显著差异。例如，美国投资者在可持续主题投资策略、影响力投资策略、正面筛选策略和ESG整合策略方面占据更大的全球资产比例，但是未统计基于国际惯例筛选策略的资产，并且在核算可持续投资资产总量时，仅包括与ESG议题相关的股东提案部分的公司参与资产。欧洲的大部分可持续投资资产采用国际惯例筛选、负面筛选策略和股东参与策略。日本虽然仅占全球可持续投资资产的8%，但在公司参与与股东行动相关的全球资产中，其占比高达17%。由于投资者通常会采用多种可持续投资策略，将可持续性风险与机遇纳入其投资流程。因此，单独划分这些策略可能无法全面反映全球可持续投资行业所面临的整体趋势。从历史上看，欧洲在基于国际惯例筛选策略和负向筛选策略中长期占据主导地位。随着欧盟《可持续金融披露条例》(Sustainable Finance Disclosure Regulation，SFDR)于2021年3月正式实施，要求投资管理人将可持续性风险纳入其投资决策，这使得负面筛选策略、基于国际惯例筛选策略以及ESG整合策略成为该地区所有金融产品的标准化实践，从而极大地推动符合ESG标准的全球资产增长。根据德勤(Deloitte)在《将可持续发展根植未来ESG投资》的预测，按当前ESG投资的增长趋势，到2024年，符合ESG标准的资产(即在投资决策中纳入ESG因素或涉及上市公司提交与ESG相关股东决议的专业管理资产)预计将占全球专业管理资产总量的一半。总体而言，全球可持续投资策略的应用正在不断演变，各地区根据自身市场特点和投资者偏好，采用不同的ESG策略组合，以实现可持续发展目标。

案例 8-2　安盛集团的 ESG 投资策略

安盛集团（AXA）是一家全球领先的保险和资产管理公司，总部位于法国巴黎，业务覆盖保险、健康保障、资产管理等多个领域。集团致力于通过创新解决方案满足客户的长期需求，同时在可持续发展方面表现卓越。凭借强大的国际影响力和社会责任承诺，安盛集团在全球范围内推动了 ESG 理念的深度实践。

一、投资限制策略

安盛集团为减少投资活动中的气候和生物多样性相关风险，制定了严格的投资限制政策。这些政策主要针对高碳排行业和不符合可持续发展目标的活动。具体来说，包括：

1. 煤炭政策

安盛计划在 2030 年前完全退出经合组织（OECD）国家的煤炭业务投资，并在 2040 年前退出所有煤炭相关投资。具体排除标准包括：煤炭业务收入占比超过 30％的公司；能源生产中超过 30％依赖煤炭的公司；每年计划新增 300 兆瓦以上煤炭电厂装机容量的公司。

2. 不可再生能源政策

安盛对高风险油气行业的投资采取了进一步限制措施，例如，禁止投资从北极和页岩油气中获取化石燃料的项目；强化对能源公司的筛选机制，重点关注其可再生能源转型计划的执行情况。

3. 森林保护政策

安盛将投资限制扩展至可能导致毁林的项目，如与不可持续的农业和商品供应链相关的项目。

4. 生物多样性影响

对生物多样性破坏较大的项目（如大型采矿项目或破坏性农业实践项目），安盛实行了严格限制，并确保投资组合对生态系统的影响保持在可接受水平。

5. 高风险行为公司

排除涉及严重环境、社会或治理违规行为（如污染和人权侵犯）的公司；对重大争议的公司进行动态监控和审查。

6. 其他政策

安盛的投资限制还涵盖军火、烟草及其他与可持续发展目标不符的领域。

这些政策的执行纳入定期审查流程，以确保持续符合国际最新标准。

二、ESG 整合及其他策略

安盛集团在其投资策略中全面整合了 ESG 因素，具体体现在以下两个方面：

1. 环境方面

2023 年 6 月，安盛集团宣布了其投资组合的新中期脱碳目标，主要包括：

(1) 碳强度减排目标:在2019年至2030年,将上市公司股票、债务以及房地产权益(在可行的情况下)的碳强度(范围1和范围2)减少50%。

(2) 加强企业管理层的参与活动:与对其投资组合碳足迹贡献最大的公司管理层进行更深入的互动,推动这些企业的脱碳努力。这些新目标旨在逐步将集团的投资活动与《巴黎协定》的目标保持一致,即到2050年将全球变暖潜力限制在1.5℃。

2. 人权方面

安盛集团实施了多项负责任投资政策,以减少可能的人权风险,包括对争议性武器领域的投资限制。此外,集团还建立了分析框架,用于识别可能对人权产生间接影响的投资活动。在对投资对象或潜在投资对象进行ESG评估时,安盛集团特别关注以下人权相关因素:

(1) 基本原则:包括联合国全球契约(UN Global Compact)、国际劳工组织(ILO)核心标准以及经合组织(OECD)的相关建议;

(2) 声誉及潜在争议:关注企业在人权领域的声誉及其可能引发的争议,以确保投资活动符合责任投资的标准。

资料来源:AXA Annual Financial Report 2023

第三节 ESG投资产品

随着ESG投资理念的不断推广与应用以及相关策略的持续发展,市场上涌现出ESG基金、ESG债券和ESG银行理财产品等多种金融工具,统称为"ESG投资产品"。这些投资产品在投资决策中将环境、社会和公司治理因素纳入考量,旨在实现经济收益与可持续发展目标的平衡。近年来,ESG投资产品的资产规模在全球范围内持续快速增长。根据晨星公司的统计数据,2024年全球ESG股票基金的资产规模约为1.9万亿美元,占全球股票基金总量的不到7%。债券类资产也逐渐崭露头角,绿色债券、社会责任债券和可持续发展挂钩债券等为投资者提供了多样化的选择。

中国ESG投资的潜力不断释放,市场规模持续扩大。截至2023年上半年,包括绿色信贷、可持续债券和ESG公募基金在内的广义可持续投资规模已从2020年的18.73万亿元人民币增至37.48万亿元人民币。根据万得(Wind)数据,截至2024年5月,中国市场上存续的ESG基金共有535只,净值总规模达5 064.42亿元人民币,如图8-3所示。主动型基金在中国ESG市场中占据主导地位,投资于新能源、绿色建筑和科技创新的ESG主题基金尤为受欢迎。同时,银行理财产品也积极推行ESG理念,推出了多款结合绿色金融、社会责任和可持续发展主题的理财产品。根据前瞻产业研究院的统计，截至2023年12月31日，中国市场上在售和存续的ESG主题理财产品数量已超过280款，且呈现上升趋势。此外，随着中国双碳目标的推进，更多金融机构将ESG标准融入其投资决策过程。政策支持和市场需求的双轮驱动为ESG投资带来了巨大潜力，ESG相关资产已成为金融资产中不可忽视的重要组成部分，并将在未来的资本市场中扮演更加重要的角色。

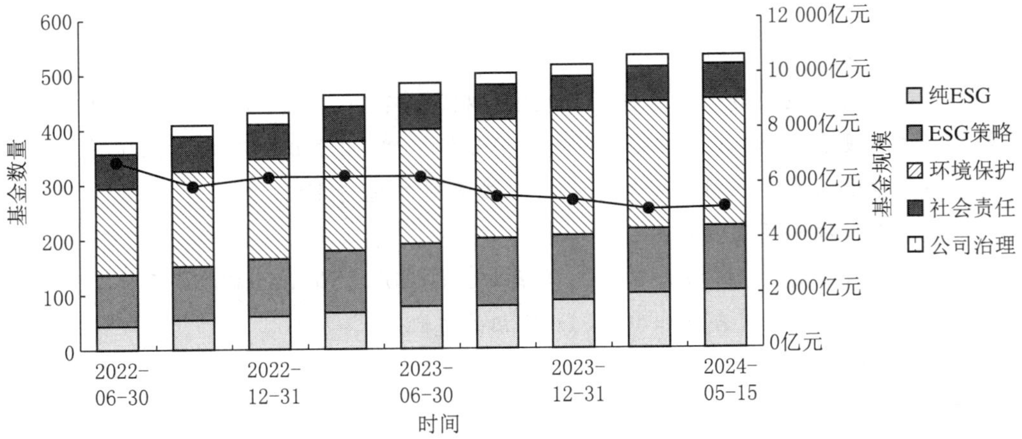

图8-3 中国ESG基金的数量及规模

资料来源：Wind数据库

一、基金

基金在广义上是指专门为了某种特定用途而设立的具有一定数量的、进行独立核算的资金，在狭义上特指投资于证券市场的证券投资基金。根据投资对象的不同，证券投资基金可被分为股票型基金、债券型基金、混合型基金、货币市场基金等。在本小节中，基金特指股票型基金，即将其绝大部分基金财产用于购买股票，以期通过股票升值和分红获取收益的基金。根据投资方式的不同，股票型基金可被分为被动型基金和主动型基金。

（一）被动型基金

被动型基金，主要是指交易型开放式指数基金（Exchange Traded Fund，ETF）及其联接基金，旨在通过将绝大部分基金资产投资于跟踪同一标的指数的ETF，紧密追踪标的指数的表现，力求最小化跟踪偏离度和跟踪误差。此类基金采用开放式运作方式。当被动型基金与ESG投资相结合时，通常选择包含ESG概念的基准指数作为标的指数。例如，在现有指数（如沪深300、中证500）的基础上，利用上市公司披露的ESG相关资料或第三方机构的ESG调查评估报告，对上市公司进行重新加权，构建整合ESG信息的标的指数，并跟踪其表现。

在构建ESG指数的过程中，常采用负面筛选策略和ESG整合策略。首先，根据上市公司在环境管理制度、碳排放、资源利用、污染与废物排放、清洁技术、绿色金融、责任管理、员工福利、消费者保障、供应链管理、慈善活动、社会贡献、信息披露质量、股东权益保障、财务风险与质量、公司治理结构与运作等方面的具体表现，进行综合评价，通过定量分析获得 ESG 评分。然后，剔除 ESG 评分最低的部分上市公司证券，如剔除 ESG 评分最低的 20%的公司。接着，使用涵盖 ESG 相关信息的 ESG 倾斜因子对各上市公司的权重进行调整。ESG 倾斜因子的计算公式如下：

$$\text{ESG 倾斜因子}=\begin{cases}1+\text{ESG 分数},\text{ESG 分数}>0\\ \dfrac{1}{1-\text{ESG 分数}},\text{ESG 分数}\leqslant 0\end{cases} \tag{8-1}$$

如式 8-1 所示，ESG 倾斜因子由上市公司的 ESG 评分决定。当某公司的 ESG 表现优异时，其 ESG 评分为正值，ESG 倾斜因子大于 1，基金对该公司的投资权重相较于不含 ESG 信息的标的指数有所增加。反之，当某公司的 ESG 表现不佳时，其 ESG 评分为负值，ESG 倾斜因子小于 1，基金对该公司的投资权重则相应减少。

在构建 ESG 标的指数后，基金通常采用完全复制策略，即按照标的指数的成分股及其权重构建基金的股票投资组合，并根据标的指数成分股及其权重的变化，及时调整投资组合，以实现基金的投资目标。标的样本和 ESG 倾斜因子通常每半年调整一次。

需要注意的是，调整上市公司权重以反映 ESG 相关信息的方法并非唯一。各基金可能根据自身策略和实际情况，选择适当的方法和计算公式。但无论采用何种方法，基金都会增加对 ESG 表现优异公司的资金投入，减少对 ESG 表现较差公司的资金投入，这正体现了 ESG 投资的核心理念。

（二）主动型基金

与紧密跟踪标的指数表现的被动型基金不同，主动型基金不依赖或不完全依赖标的指数，其投资策略与基金管理人的投资风格密切相关，具有更高的灵活性，目标是获取超越被动型基金的收益。然而，由于其对基金管理人判断的高度依赖，这种灵活性也意味着更高的风险。在引入 ESG 投资理念后，主动型基金通常结合负面筛选策略、正面筛选策略以及 ESG 整合策略，将企业的基本面与 ESG 表现相结合，以决定是否投资及投资比例。ESG 主动型基金主要可以分为两种类型：

（1）第一种是传统意义上的主动型基金，这类基金不依赖标的指数，而是完全依赖基金管理人的研究和分析来确定投资组合。首先，这类基金会剔除存在重大 ESG 负面记录的上市公司。其次，对未被剔除的公司从环境、社会和公司治理三个维度进行定量分析，生成 ESG 评分，并将 ESG 评分排名靠前的公司纳入股票备选库。这一过程与 ESG 指数的样本股选择方式相似，但在确定最终投资组合时，与传统主动型基金的方法有所不同。基金管理人会结合宏观经济走势、行业发展趋势、企业基本面和证券市场相对估值水平等因素，通过综合分析选择 ESG 表现优良且具有最佳发展潜力的公司。这种方法的优势在于能够根据市场变化灵活调整投资组合，从而可能获得更高的投资回报。然而，这种投资灵活性也带来风险，如果基金管理人判断失误，可能导致其收益低于被动型基金。

（2）第二种是指数增强型基金，这类基金介于主动型基金与被动型基金。指数增强型基金部分跟踪标的指数，同时通过量化投资策略来增强收益并控制风险。例如，该类基金可能通过历史数据回测和构建量化模型，在跟踪标的指数表现的基础上，进一步优化投资组合。如果基金管理人判断标的指数中的某些成分股因负面事件存在风险，则可以替换这些高风险成分股，以调整投资组合。这类基金能否超越标的指数表现，取决于量化策略的有效性、基金管理人的判断准确性及其与市场环境的适配性。

需要指出的是，由于 ESG 投资理念在我国的引入时间较短，仍存在诸多挑战。例如，ESG 信息披露规则尚不完善，上市公司披露的信息可能不够完整或准确，缺乏第三方机构对 ESG 信息的独立监督和验证，这些问题可能导致基金管理人所依据的信息与实际情况存在偏差，从而影响基金的预期收益。此外，ESG 评分方法尚在不断发展和完善中，这也可能影响基金投资决策的执行效果。因此，目前 ESG 概念股票型基金的实际收益可能与理想中的投资收益存在一定差距。完善相关制度和机制将是未来提升 ESG 基金绩效的关键。

二、债券

债券是政府或企业为筹集资金向投资者发行的债权凭证。在约定期限内，债务人需按照既定利率向债权人支付利息，并依据协议条件偿还本金。其中，与 ESG 概念密切相关的债券主要包括绿色债券、社会责任债券、可持续发展债券和可持续发展挂钩债券，这些债券统称为 GSS＋（Green，Social，and Sustainable＋）债券。根据中国绿色债券标准委员会发布的《中国绿色债券原则》以及国际资本市场协会（International Capital Market Association，ICMA）发布的《绿色债券原则》（Green Bond Principles，GBP），《社会责任债券原则》（Social Bond Principles）和《可持续发展债券指引》（Sustainability Bond Guidelines），绿色债券、社会责任债券和可持续发展债券属于资金用途限定的债券，因此合称为 GSS（Green，Social，and Sustainable）债券。而可持续发展挂钩债券则不限制资金用途，其特点在于与发行企业的环境或社会相关绩效指标挂钩。

根据气候债券倡议组织（Climate Bonds Initiative，CBI）发布的《全球可持续债务市场报告 2023》，截至 2023 年年底，全球 GSS＋债券的累计发行量已达 5.5 万亿美元。其中，2023 年全年符合 CBI 数据库标准的债券交易总额达到 8 700 亿美元，比 2022 年的 8 428 亿美元增长了 3％。其中，绿色债券以 5 320 亿美元的发行量占据最大比例，约为 61％；而社会责任债券和可持续发展债券的发行量分别为 1 460 亿美元和 1 420 亿美元，分别占比 17％和 16％。可持续发展挂钩债券的发行量为 500 亿美元，占比 6％。以下将详细介绍这些债券的内涵及其特点。

(一) GSS 债券

1. 绿色债券

在我国，绿色债券是 ESG 主题债券中最为重要的一类，指通过法定程序发行并按约定还本付息的有价证券，其募集资金须专用于支持符合规定条件的绿色产业、绿色项目或绿色经济活动。根据万得(Wind)数据，截至 2024 年 5 月，中国已发行 GSS+债券共 3 979 只，剔除未披露发行总额的债券后，存量规模达 6.05 万亿元人民币。其中，绿色债券余额规模占比最高，达到 61.51%。2023 年，中国共发行 802 只绿色债券，发行总额达 11 180.5 亿元，占整体债券市场的比例为 1.17%，呈现出持续增长趋势，为绿色投资和环境保护提供了有力支持，我国 GSS+债券的数量及规模如图 8-4 所示。

绿色债券的种类包括普通绿色债券(专项用于支持符合规定条件的绿色项目)、蓝色债券(募集资金投向可持续型海洋经济领域)、碳中和债券(募集资金用于绿色低碳循环领域)以及乡村振兴债券等。判断某债券是否属于绿色债券范畴需从以下四个核心方面入手：募集资金用途、项目评估与遴选流程、募集资金管理以及存续期信息披露。上述要求来源于《中国绿色债券原则》，其定义与国际资本市场协会对绿色债券的定义基本一致。具体而言，首先，绿色债券的募集资金需 100%用于符合绿色低碳发展要求的项目，这些项目应有助于改善环境且具备明确的环境效益。其次，发行人需对绿色项目进行项目评估与遴选，并披露相关流程，包括制定依据、职责划分、具体实施过程以及绿色项目环境效益的测算标准、方法和依据。再次，募集资金需通过专户或专项台账进行管理，确保资金到账、拨付及使用全过程可追踪，并严格按照发行文件中约定的用途使用。最后，在募集资金全部投放完毕前，发行人或资金监管机构需定期更新募集资金使用信息，并每年披露上一年度的使用情况。需要注意的是，以上四项核心要求属于自律规则，旨在规范绿色债券市场运行并促进其健康发展。合格的绿色债券需严格满足上述要求，若某一要素缺失，投资者应谨慎评估是否购买。

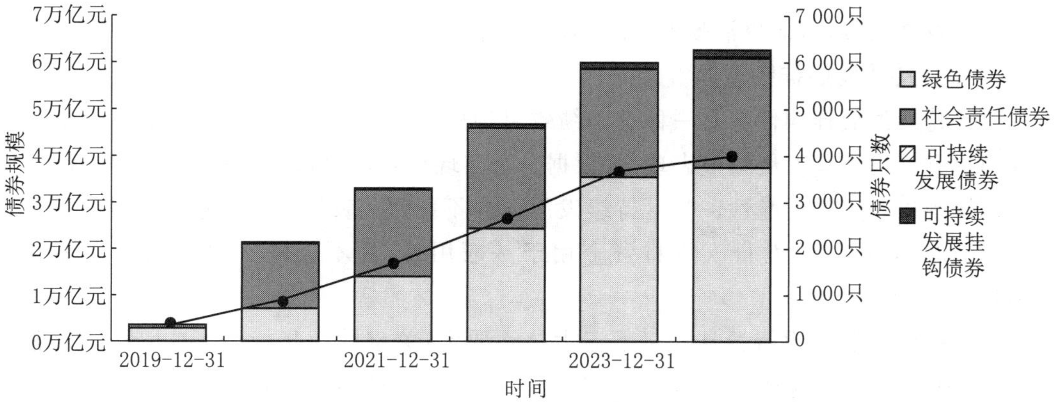

图 8-4 中国 GSS+债券的数量及规模

资料来源：Wind 数据库，有改动

8

2. 社会责任债券

社会责任债券，是指将募集资金或等值金额专用于为新增或现有合格社会责任项目提供融资或再融资的债券工具，包括乡村振兴债券、扶贫债券、区域发展债券和社会事业债券等。这类债券以支持社会项目为核心目的。与绿色债券类似，社会责任债券需满足以下四项核心要素：募集资金用途、项目评估与遴选流程、募集资金管理以及信息报告。首先，社会责任债券的募集资金须 100％用于具有明确社会效益的合格社会责任项目，目标在于帮助特定人群，如贫困人口、失业群体、低教育水平者、老龄化人群及残障人士等弱势群体。这些项目致力于提供或改善基础生活设施、可负担住房、安全食品、就业机会等，以解决或缓解相关社会问题。

发行人需向投资者详细说明募投项目对应的社会责任目标，包括项目如何符合社会责任类别的判断依据以及识别和管理与项目相关的社会及环境风险的具体流程。同时，募集资金应纳入独立子账户或以其他适当方式进行管理和追踪，并在募集资金全部投放完毕前，定期记录和更新资金的使用信息。发行人还需确保募集资金严格用于社会责任项目的相关贷款或投资，并向投资者提供透明的资金使用报告。通过这些规范化要求，社会责任债券得以推动社会可持续发展，并为投资者提供清晰的资金流向及项目效益保障。

3. 可持续发展债券

可持续发展债券，是指将募集资金专门用于绿色项目和社会责任项目融资或再融资的债券工具。某些社会责任项目可能同时具有环境效益，例如，基础设施的建设促使更多人选择公共交通，从而减少碳排放。同样，一些绿色项目也可能带来社会效益，例如，新能源的发展可创造大量就业机会，缓解失业问题。可持续发展债券是绿色债券与社会责任债券的结合体。因此，可持续发展债券需同时满足绿色债券和社会责任债券的相关原则要求，包括从募集资金用途、项目评估与遴选流程、募集资金管理以及信息披露四个方面进行全面评估，以判断是否符合相应规范。可以通过分析募集资金所投项目的首要目标，判断该债券应归类为绿色债券、社会责任债券还是可持续发展债券，从而更清晰地反映其核心特性。

4. 可持续发展挂钩债券

可持续发展挂钩债券是一种基于绩效目标的债券工具，发行人需承诺在预定时间内提升其可持续发展绩效表现，并根据是否实现承诺调整债券的财务和结构特性，从而体现出一定的前瞻性。与可持续发展债券不同，可持续发展挂钩债券不限制募集资金的具体用途，发行人可将资金用于一般用途，而不仅限于绿色或社会责任项目。

可持续发展挂钩债券具有以下五大核心要素：关键绩效指标（Key Performance Indicator，KPI）的遴选、可持续发展绩效目标（SPT）的校验、债券特性、报告和验证。第一，关键绩效指标（KPI）的遴选。KPI 是可持续发展挂钩债券市场信誉的基础，其选择需具备高度相关性和可量化性，能够通过外部验证并进行基准对比。KPI 应与发行人核心业务密切关联，并能够准确反映其可持续发展表现，以确保债券的有效性和成功运作。第二，可持续发展绩效目标（SPT）的校验。每个KPI需对应一个或多个SPT，且这些目标需设定在高标准之上，体现较大的提升幅度。SPT应通过基准标杆对比，并参考行业内同类企业水平，以确保其具备挑战性和实际意义。若SPT的设定过低，使发行人不需要付出努力即可达成，债券将失去其ESG意义，与普通债券无异。第三，债券特性。可持续发展挂钩债券的结构和条款需与KPI和SPT的实现情况挂钩。如果发行人在规定时限内未能达到SPT，可能触发条款调整，如提高票面利率或强制提前赎回债券。这种机制为债权人提供了保护和激励，同时对发行人形成压力，减少其违背承诺的可能性。第四，报告。发行人需每年披露所选KPI的绩效结果及基准数据，确保信息透明化。这些报告需详细说明绩效表现的进展情况以及与SPT的对比结果。第五，验证。发行人的绩效表现应由独立的第三方机构验证，以确保KPI的实现情况符合设定的SPT目标。这一环节增强了市场信心，也确保了债券的公信力。

（二）债券型基金

债券型基金，是指将基金资产的大部分用于购买债券，以通过债券升值和利息获得收益的一种基金类型。ESG债券型基金是将E、S、G因素纳入投资决策的债券基金，采用ESG投资策略进行债券投资。其投资范围不仅限于绿色债券、社会责任债券、可持续发展债券和可持续发展挂钩债券，还可以包括通过ESG评级筛选出的表现优异的债券发行人所发行的非GSS＋债券，如企业债、公司债、短期融资券、中期票据、商业银行债和金融债等。因此，这些基金同样属于ESG债券型基金的范畴。

与股票型基金类似，ESG债券型基金也分为被动型和主动型两类。

（1）被动型ESG债券基金。被动型基金以跟踪标的指数的表现为目标。ESG债券指数的编制方法与ESG股票指数类似，包括对公司进行筛选。但不同之处在于，ESG债券指数编制还需要考察债券的信用评级，通常仅选择评级较高的债券（如AA级及以上）纳入指数样本。

（2）主动型ESG债券基金。主动型基金通过多种投资策略构建投资组合，包括筛选策略、ESG整合策略和可持续发展主题投资策略。基金管理人在筛选出目标公司和样本债券后，结合传统债券投资策略（如久期策略、期限结构策略、相对价值判断策略等），挑选适合的债券以优化投资组合的预期收益率。

通过基于ESG表现筛选债券发行人，并投资于环境和社会有益的GSS＋债券，ESG债券型基金能够有效降低相关发行人的债券融资成本。当企业的ESG表现较好时，ESG投资策略推动市场以较低的债券利率回报这些发行人；反之，当企业的ESG表现较差时，市场则通过较高的债券利率对其予以“惩罚”。从长期看，这种机制促使企业将外部性成本内化：当提高ESG表现的成本低于节约的融资成本时，企业将有动力改善其ESG表现，从而优化决策行为，实现更广泛的环境与社会效益。

三、银行理财产品

除了基金以外，市场上还存在基于 ESG 理念的银行理财产品。这些银行理财产品由商业银行通过募集资金进行投资，通常更加注重稳健性，主要面向希望在保本基础上获得稳定收益的投资者。因此，大部分募集资金会配置于债券而非股票，其投资特性与债券型基金相似。

部分 ESG 银行理财产品虽然以债券为主要投资方向，但也会将一部分资金分配至股票资产，这类产品以固定收益类资产为主，辅以权益类资产，特性类似于同时投资于股票和债券的混合型基金，兼具两种基金类型的特征。总体来看，ESG 银行理财产品的风险较低，通常不会像基金那样出现大幅亏损，但相应的预期收益率也略低。

在管理模式方面，银行理财产品与基金有所区别。例如，基金通常支持随时购买和赎回，而银行理财产品则往往要求投资者持有一段固定期限后才能赎回本金和收益，持有期限可能为三个月、半年或一年。在理财产品到期后，投资者可以选择赎回或继续持有以获得更多收益。一些理财产品的赎回规则较为灵活，允许投资者在到期后随时赎回；而另一些产品则设有更严格的规定，要求投资者在短时间内作出赎回决定。若未及时赎回，需再次持有与之前相同的期限后才能赎回。例如，初次持有期为一年，则下一次赎回也需要等待一年。此外，还有定期型理财产品，会在指定日期自动赎回，客户无法提前选择赎回时间。

ESG 银行理财产品的推出，进一步丰富了 ESG 投资工具的种类，为不同需求的客户提供了多样化的投资选择。这些产品不仅为投资者在构建投资组合时提供了新的可能性，也对 ESG 投资的普及和发展起到了积极的推动作用。

四、保险产品

根据联合国环境规划署金融倡议（UNEP FI）发布的《可持续保险原则》（Principles for Sustainable Insurance），保险业需通过更全面、更具前瞻性的风险管理提升自身韧性，同时助力构建可持续社会。这要求保险公司将 ESG 因素纳入核心决策，并更好地管理与之相关的议题。《可持续保险原则》倡导保险公司践行以下四点：第一，将与保险业务相关的 ESG 议题融入决策过程；第二，提高对 ESG 议题的认知，管理相关风险并寻求解决方案；第三，与政府、监管机构及其他关键利益相关方合作，共同推动全社会在 ESG 领域的广泛行动；第四，构建问责机制并提升信息透明度，定期披露在实施《可持续保险原则》方面的进展情况。

在实现第一点的过程中，保险公司应开发既能降低风险又能对 ESG 议题产生积极影响，同时提升风险管理能力的产品和服务，即 ESG 保险产品。中国保险行业的 ESG 产品主要体现在绿色保险，旨在支持绿色产业和绿色发展，助力节能环保、清洁能源等领域。从更广义的角度来看，若保险资金的运用侧重环境效益，也可被视为绿色保险的范畴。换言之，保险公司在为绿色产业提供保险服务的同时，也通过资金支持绿色发展，两者均属于绿色保险的范畴。

具体而言，绿色保险包括为风电、水电等清洁能源设施在运营期间可能面临的自然灾害和意外事故提供风险保障；为种植业和畜牧业应对洪水、干旱、高温等极端气象灾害提供保险，减少因自然灾害导致的经济损失。在保险资金的绿色运用方面，其逻辑类似于各类 ESG 基金及理财产品，不同之处在于，保险公司既是资金的管理者，也是资金的所有者，这与仅帮助投资人管理资金的基金公司形成了显著区别。

案例 8-3　ESG 农业守护：新疆旱灾中的保险担当

一、案例背景

2020 年 5 月至 7 月，新疆塔城、昌吉、五家渠、伊犁等地遭遇持续高温少雨天气，导致严重干旱，影响了当地小麦等农作物的生长。此次旱灾波及范围广，受灾程度深，引起了各级政府和农户的高度关注。中华联合财产保险股份有限公司（以下简称“中华财险”）新疆分公司作为当地主要的农业保险承保机构，承保了新疆 18 个地州市及兵团师市的 324 万亩小麦作物。其中，五家渠市第六师奇台农场投保小麦面积为 133 787 亩，包括春小麦 13 249 亩，冬小麦 120 538 亩。

二、理赔过程

旱灾发生后，中华财险新疆分公司迅速启动应急机制，成立由省、地州、县分（支）公司查勘人员及农业专家组成的查勘小组，深入受灾地区开展查勘定损工作。同时，紧急调拨防灾减损资金 100 万元，指导农户开展抗旱自救，尽可能地减少损失。

1. 灾害原因分析

由于 2019 年冬季降雪量偏少，2020 年春季气温回升后，开垦河上游来水量较常年减少约 60%，导致土壤墒情不足，出现严重旱情。

2. 查勘方法

查勘小组采用“天、空、地”一体化查勘模式，利用卫星遥感、无人机航拍和手持 GPS 设备等科技手段，精准测定受灾面积和受损程度。同时，与乡镇、连队、农户共同查勘，确保定损结果的准确性和公正性。

3. 损失核定

经过近两个月的全面查勘，确定中华财险承保的小麦受灾面积约 43.22 万亩，涉及农户 1.84 万户，赔款金额 7 675.55 万元。其中，奇台农场受灾面积 40 863.07 亩，涉及农户 845 户，赔款金额 1 285.25 万元。

在完成查勘定损后，中华财险新疆分公司按照保险合同约定，及时向受灾农户支付赔款，帮助他们尽快恢复生产，降低因旱灾造成的经济损失。

三、案例点评

此次新疆旱灾案例充分体现了 ESG 保险产品在推动可持续发展中的重要作用。农业保险作为 ESG 保险产品的重要组成部分，不仅为受灾农户提供了及时的经济补偿，还展现了保险业在应对环境风险、支持社会稳定方面的独特优势。从更广泛的层面来看，ESG 保险产品不仅是对农业、清洁能源等重点领域的支持工具，更是应对全球气候变化、维护生态平衡的重要手段。此类产品的推广将有助于提升全社会的风险应对能力，为实现可持续发展目标提供重要保障。

资料来源：中国保险行业协会，《2021 年旱灾案例：ESG 农业保险的实践与启示》

核心概念

ESG 投资策略；负面筛选策略；ESG 整合策略；主动型基金；绿色债券；ESG 保险

思考与练习

1. ESG 投资能够通过哪些途径降低传统投资所面临的风险？
2. ESG 投资与 CSR 投资有哪些联系与区别？请举例说明。
3. 如果要使用负面筛选策略，你会选择剔除哪些类型的公司？理由是什么？
4. 可持续发展挂钩债券与可持续发展债券相比有何异同？
5. 债券型 ESG 基金对于公司融资有何影响？

第九章

ESG 协同社会治理

本章导读：

在中国情境下，ESG及其引致的社会治理实践，实质上构成一种广义治理，即通过规范公司及利益相关者的正式及非正式制度，引导资本向善并且实现社会价值创造。本章将深入探讨ESG如何促进企业、政府与社会组织协同治理，推动经济、社会和环境的平衡发展，从而实现多元共建共享的良好局面。首先，本章回顾协同治理理论的起源、特征与意义，分析多主体参与社会治理的必要性。其次，随着社会治理共同体概念的提出，企业从传统的经济活动参与者转变为治理的推动者，本章梳理了ESG实践助力社会治理的作用机制，并提出了基于ESG实践的协同治理框架。最后，基于ESG协同治理框架，本章分析了企业融入社会治理的典型案例，以帮助读者增强对ESG协同社会治理的理解。

通过本章学习，读者可以跳出传统的企业主体视角，从更高的视野来理解ESG理念深入推进后所引发的经济社会变革。

第一节　协同治理理论基础

一、治理理论

20世纪90年代以来，治理(Governance)逐渐成为公共管理领域的重要理论框架。不同于传统的"统治"(Government)概念，治理更加注重公共管理参与的多元性。从广义上讲，治理涵盖了政府权威和政府治理专业化内外的社会福利供给，不仅涉及政府和公共机构的运作，还包含企业、社会组织与社区等多元主体之间的合作与协调。根据联合国全球治理委员会的定义，治理涉及公共和私人机构以及个人通过多种途径共同管理事务的整体过程。这一过程不仅包括各主体利益的协调，还重点关注不同主体之间的合作与协调行动。治理理论的演进深受全球化及社会结构变迁的影响。在全球化的背景下，传统国家权力的主导地位逐渐削弱，政府不再是唯一的公共管理主体，而是与社会组织、企业、公民等多方力量共同参与治理。Stoker(2000)强调，治理不仅是政府的职能，还是一个涉及多个主体的共同参与过程。

治理理论的一个关键概念是元治理(Meta-governance)，由学者Bob Jessop作了重点论述：治理理论可以弥补国家和市场在调控和协调过程中的某些不足，但治理不是万能的，也存在着许多内在的局限，即合作与竞争的矛盾、开放与封闭的矛盾、原则性与灵活性的矛盾、责任与效率的矛盾等(Jessop，2000)。因此，为了解决四种两难选择，元治理强调政府在治理中的角色不仅是直接管理者，更是治理的治理者，需要通过设计和调整治理机制来引导社会其他主体的参与。可见，元治理并非传统统治的延伸，而是一种通过政府与社会组织、企业、公民协同合作来实现公共目标的新模式。与治理相对应，善治(Good governance)不仅要求政府在政策制定和执行过程中具备效率，还要求政府在决策过程中体现民主、透明和参与。善治的过程是政府与公民之间良性互动的体现。在善治的框架下，国家权力通过与公民的良性互动来实现社会管理目标。从实际应用的角度来看，治理理论的精髓在于实现政府、社会组织、企业以及公民等不同利益相关者之间的平等对话与合作。治理过程不再是单向的吸纳或控制，而是通过双向的平等交流来达成共识。这种模式体现了治理的多维性、决策的多方参与以及关系的平等性。对政府而言，治理的实践已经超越了单纯的管理和规划范畴，扩展到了与公民、社会组织与企业的合作，构建起一个互动的网络体系。在社会治理的实践中，这意味着治理主体的范围已经扩展到包括非政府行动者，展现出多元化和异质性的特点。

实际上，社会治理本质上是一种基于网络的治理模式，它能够灵活适应社会的发展变化。网络治理的概念源于对传统治理模式的反思，传统的治理模式通常是单一层级、集中化的，而网络治理则强调去中心化、多层次和跨界合作。网络治理强调通过多元主体的互动和合作，促进不同组织和机构之间通过网络进行合作，以解决复杂的社会问题，共同管理社会事务。网络治理不像传统的集中式治理模式那样由单一权威机构主导。相反，它依赖于各方参与者的自主组织能力和互相协作，通过去中心化的结构实现更灵活地应对社会治理存在的变化和不确定性。同时，网络治理涉及多个层次的参与者，包括地方、国家、全球层面。不同层次的参与者在实现信息共享和透明性的前提下，根据各自的专长和资源，进行不同领域的治理活动。郁建兴和王诗宗(2010)指出，网络治理打破了传统自上而下的管理模式，形成了以公私伙伴关系为基础的横向合作体系。这种治理模式不仅提高了公共管理的效率，还增强了治理的责任性和透明度。在实践层面，网络治理要求政府与社会各界在持续的双向互动中进行调整与适应。在这一框架下，政府的角色已不再局限于单一的管理者，而是转变为资源协调的中介者。网络治理模式不仅要求保持传统的垂直权力结构，还应通过建立横向的合作伙伴关系来提升治理效能(鄞益奋，2007)。换言之，网络治理模式通过公私合作伙伴关系来整合社会组织、创新商业关系，并进一步提升公共价值。

在网络治理基础上，协同治理（Collaborative Governance）作为一种新兴的治理理念，引起了学术界和政策制定者的关注。协同治理的兴起反映了社会事务的复杂化和多元化趋势。面对这些复杂问题，单一的政府行为常显得力不从心，而协同治理通过整合不同主体的资源和能力，能够提供更加全面和有效的解决方案。这种治理模式不仅是一种实践方式，更是一种理念，强调合作、信任、透明和共同责任。

二、协同治理的概念

Ansell 和 Gash（2008）将协同治理定义为“一个或多个公共机构在政府和非政府利益相关者之间通过共同决策的方式进行的治理模式”。这个定义揭示了协同治理的两个核心特征：多元主体的参与和共同决策。与传统治理模式相比，协同治理更加注重合作与协商，而非简单的权力行使或利益博弈。传统治理模式通常是对抗性的，政策制定和执行往往是在各方利益博弈中进行的，而协同治理则强调通过合作与协商来达成共识和解决问题，各方主体在治理过程中不仅仅是利益相关者，更是合作伙伴。

协同治理强调治理主体与治理结构的多元化和多样化，并特别关注系统中各要素之间的动态协作，旨在突破公共、私人及公民的传统边界，使各利益相关方能够共同参与到公共政策的制定与执行中，以实现更广泛的社会目标（Emerson，2012）。从根本上讲，协同治理重视多元主体及其互动关系，关注如何在复杂的系统环境中实现这些主体的协同效应。

（一）多方参与

协同治理的关键特征之一是多方参与，这不仅是协同治理的特征，更是其前提。该模式不再将政府视为唯一的公共事务管理者，而是强调企业、非营利组织、社会团体、家庭和公民等多元主体共同参与治理过程。由于这些主体在社会资源、价值判断和利益需求上存在差异，它们在社会系统中既保持竞争又进行合作。在现代社会，没有任何单一组织或行为体能单独实现目标，因此多方参与不仅提高了治理的包容性和代表性，也使得治理过程更具灵活性和适应性（Ansell & Gash，2008）。同时，治理权威的多元化也随之而来，协同治理要求打破传统政府中心的权威格局，其他社会主体在一定范围内也可以在公共事务治理中发挥作用。在实践中，政府的角色更多是协调者或促进者，而非传统的管理者，从而为其他各利益相关方提供平等参与的机会。

（二）协商共识

在协同治理中，决策通常是通过协商达成共识，而非依赖单方面的权威决策。在现代社会，丰富且细化的知识与资源被不同组织掌握，组织必须依赖其他主体来实现集体行动，且这些组织之间存在谈判协商和资源交换。协商的核心在于主体之间的互动与合作，通过开放、包容的对话机制，使各方利益得以表达，并最终达成共同接受的决策（Emerson，2012）。与传统的自上而下决策模式相比，协同治理更重视民主参与和决策合法性。协商与共识机制能够有效减少决策冲突，提高政策执行的可行性和效果。通过协商，各方不仅能更好地理解彼此的需求和利益，还能在此基础上形成稳固的合作关系，这有助于提升政策执行效果，并为长期合作奠定基础。在协商过程中，除了资源交换外，还取决于各方遵守的规则与环境。因此，协同治理强调各主体之间的自愿平等与合作。在某些特定的交换过程中，某些组织可能占据主导地位，但这种主导并非单方面发号施令的形式。总的来说，协同治理强调通过政府与社会组织、企业等主体之间的协商对话和合作关系来共同管理社会公共事务，而非依赖单纯的强制力。

（三）共担责任

协同治理强调各方共同参与决策并共同承担决策结果的责任。共担责任是协同治理的一个重要原则。该模式基于理性假设，认为理性能够化解不同主体之间的冲突和分歧。然而，当非理性因素导致各方根本利益不可调和时，协同治理的有效性则可能受限。因此，各方不仅共同参与决策过程，还共同承担决策结果的责任。责任共担机制有助于增强各方的参与动力，同时提高治理过程的透明度和问责性（Bryson，2006）。在传统治理模式中，责任通常由政府单独承担；而在协同治理中，责任被分摊到所有参与主体，这不仅减轻了政府负担，也增强了其他主体的责任感和参与意愿。这种共同决策与责任共担模式在公共服务提供中尤为显著。

（四）信任与透明度

信任是协同治理成功的关键，透明度是建立信任的基础。二者相互促进：透明度增强信任，因为信息透明使参与者能更清晰地理解其他方的行为与意图；信任也促进透明度，因为信任使得参与者更愿意分享信息并积极参与公开讨论。在多方参与的治理过程中，利益冲突不可避免，信任有助于缓解这些冲突。当参与者信任彼此时，他们更倾向于通过谈判和妥协解决分歧，而非通过对抗或单方面行动。透明度确保信息在各方之间公平流通，是治理中不可或缺的机制。在协同治理中，各方应共享政策、决策过程和实施情况的信息。透明度有助于避免信息不对称，使所有参与者能够基于相同信息作出决策。透明的信息流动有助于提高决策质量，使参与者更好地理解决策背景和逻辑，并促进反馈和建议，提升决策的全面性和科学性。

三、协同治理的社会意义

协同治理为政府、企业及社会各界提供了一个全新的治理框架，具有推动公共政策的制定与实施、促进社会创新与可持续发展以及加强企业在公共事务中的参与度等独特优势。

（一）增强公共政策的科学性与执行力

协同治理提升了公共政策的有效性与适应性。传统治理模式中，政府作为权力中心，政策制定与执行通常呈现较强的自上而下特点，但这一模式往往忽视基层声音与实际需求，导致政策效果不佳。协同治理打破了这一局限，将政府从单一的决策者转变为协调者与促进者。在这一框架下，政策制定者不仅依赖内部研究，还通过建立广泛的互动与合作机制，广泛吸纳学术界、行业专家、民间组织和公众的意见与数据，从而确保政策的科学性。政府通过与市场、社会组织、公民团体等多方合作，依据企业的技术建议及公众反馈，更精准地识别和回应社会需求。例如，在环保政策制定过程中，政府通过与企业、环保组织及社区合作，确保政策既能实现环境保护目标，又不对经济活动本身造成过大影响。通过引入多元视角，协同治理提升了政策的科学性与可操作性，进而提高了公共服务质量与效率。这种灵活的执行机制使政策能够迅速适应社会变化，增强其在复杂环境中的适应能力。

政策的成功不仅依赖于科学性，还需要有力的执行。协同治理通过明确各方角色与责任，优化资源配置，提高政策执行效率与效果。不同利益相关者的共同参与与监督，确保了政策措施的有效落实。例如，在城市规划中，政府、开发商和社区居民的合作能够确保规划既符合专业标准，又满足居民需求，从而提升政策执行效果。此外，协同治理为政策执行提供了有效的反馈机制。通过与各方持续沟通，政策制定者可以及时发现并解决执行中的问题，并进行调整与改进，这种动态反馈机制有助于确保政策持续适应变化的环境与需求，提高政策的灵活性与适应性。

（二）驱动社会创新与应对复杂挑战

协同治理为社会创新提供了广阔的平台。在应对环境保护、公共健康、教育等领域的复杂问题时，单一主体往往难以找到有效的解决方案。协同治理鼓励不同主体参与，促进创新的产生。不同背景与经验的参与者通过共同讨论与解决问题，能够激发新的思路与创意。协同治理通过跨部门、跨领域的合作，将政府、企业及社会组织等各方的资源与知识进行整合，共同开发创新性解决方案。例如，在城市可持续发展项目中，协同治理已被广泛应用，通过多方合作，不仅推动了生态环境的改善，还促进了社会的包容性发展。协同治理的另一个核心价值在于推动可持续发展。全球性挑战如气候变化和资源匮乏需要各方共同努力，协同治理通过责任共担和资源共享，帮助各方形成“合力”，共同应对这些挑战。实践表明，协同治理在推动社会、经济与环境的协调发展中发挥着重要作用。

（三）推动企业社会实践与公共事务参与

协同治理强调多元主体在治理过程中的协作与互动，其中企业作为经济主体，不仅贡献资源、技术和管理经验，还能够推动社会实践创新与进步。传统治理模式通常将企业视为政策的执行者，而在协同治理框架下，企业成为了政策制定与社会创新的重要合作伙伴。企业通过在协同治理中的积极参与，不仅能够促进自身的可持续发展，还能够更大范围地推动社会的进步和创新。通过与政府、社会组织和公民的合作，企业成为社会公共事务的重要推动者，既实现自身价值，也为社会的整体发展贡献力量。协同治理还促使企业内部治理结构和文化的转变，推动企业从传统的单一管理模式向多方协作模式演进。这一转变不仅提升了企业的内部管理弹性，还增强了企业组织文化的开放性与包容性，提高了其社会影响力和长期发展能力，为企业基于 ESG 实践助力社会治理提供了基础。

第二节　ESG融入社会治理的分析框架

党的二十大报告明确指出，社会治理需要多方主体的参与，并倡导构建社会治理共同体，实现政府治理、社会调节和居民自治的良性互动。这一政策导向凸显了市场机制在社会治理中的作用，要求企业在承担社会责任的同时，积极地融入社会治理全过程，与政府、社会组织和公众形成协同合作的治理格局。

社会治理共同体的核心理念是通过党委的领导，将政府、市场和社会等多种主体融入社会治理的全过程，实现优势互补、资源共享和协同互益。社会治理共同体模式旨在通过各方的合作与互动，推动社会和谐发展，提升治理效果。在《中华人民共和国国民经济和社会发展第十四个五年规划和 2035 年远景目标纲要》里，企业的社会治理中角色得到了进一步阐述和鼓励。这不仅体现了国家对企业社会责任的重视，也标志着企业在社会治理中的作用从传统的经济活动参与者转变为治理的实施者和推动者。

一、企业协同社会治理的重要性

企业的角色正在经历显著变化。传统上，企业主要关注自身的经济效益和市场竞争，但如今它们正经历一场深刻的“身份转换”。企业从单纯的治理接受者转变为治理实施者，从自我管理走向更广泛的社会治理，并由竞争走向合作共治。这一转变重新定义了企业在推动国家治理体系和治理能力现代化中的角色、任务和价值，反映了企业深层次社会责任观念的转变。

从理论上看，企业协同社会治理具有坚实的理论基础。传统的“国家—市场”关系视角将政府与市场视为相对独立的实体，企业主要通过经济行为参与社会发展。然而，随着社会问题的复杂化，单纯依赖政府或市场的力量已不足以应对社会治理的挑战。在社会治理中，企业与政府、社会组织之间的资源依赖关系促使它们通过合作实现共同目标，从而优化资源配置，推动多方共赢。同时，企业协同社会治理还受到权力和信任的影响。权力关系在政府与企业之间影响着合作的深度与质量（Casciaro & Piskorski，2005）。企业通过与政府和社会组织的合作建立信任，提升了合作效果和可持续性（梁俊山，2022）。

从战略上看，企业的 ESG 实践与国家战略的对接具有重要意义。党的十九届五中全会提出的共同富裕目标明确了国家发展的长期方向，并要求企业在发展过程中积极融入国家战略，通过实施有效的 ESG 实践支持这一目标的实现。企业通过将 ESG 战略与国家目标对接，既促进了国家战略的实现，也增强了自身的社会影响力和市场竞争力。例如，通过优化资源配置、降低碳排放、改善劳动条件等措施，企业能够为环境保护和社会福利作出贡献。同时，国家战略的实施往往伴随政策引导与激励，企业在遵循政策的过程中，能够获得支持并优化战略布局，从而在国家战略实施中发挥积极作用。

从目标上看，共同富裕与 ESG 在目标上高度一致，均旨在提升社会整体福利。共同富裕作为中国社会主义发展的核心目标，强调全体人民的共同富裕，而非少数人的富裕。该目标要求通过经济政策和社会措施实现财富公平分配，推动社会全面发展。ESG 实践要求企业在追求经济效益的同时，兼顾环境保护、社会贡献和公司治理等责任。通过积极实施 ESG 战略，企业能够有效支持共同富裕目标的实现。例如，改善员工福利、参与公益事业、推动社会创新等方式，不仅能提升社会福利，还能增强社会责任感。企业通过此类实践有助于实现经济效益与社会价值的双赢，推动社会的可持续发展与长期稳定。

企业参与社会治理能够显著提升其长期发展潜力。通过履行社会责任、参与公益慈善、提供优质就业机会等，企业不仅能够改善社会福利，还能增强自身的长期市场竞争力和发展能力。首先，积极的社会治理实践有助于企业建立和提升社会资本。良好的社会形象和品牌声誉是企业长期成功的关键因素。通过实施有效的 ESG 策略，企业能够获得社会的广泛认可，提升市场竞争力，并增强员工的归属感和忠诚度。其次，企业参与社会治理有助于降低运营风险。关注环境保护和社会责任可以减少因环境问题、社会争议等带来的法律风险和声誉风险，从而确保企业的可持续发展，避免突发事件对企业造成的负面影响。最后，企业参与社会治理，能够推动业务创新和市场拓展。社会需求的变化和政策的引导为企业提供了新的业务机会。企业通过实施 ESG 实践，能够及时把握市场趋势，推动业务创新。例如，研发环保技术、推出社会公益项目等，企业不仅能够提升社会价值，还能够开拓新的市场和业务领域，实现经济效益与社会责任的双赢。

综合来看，企业参与社会治理不仅符合国家战略要求，还能实现共同富裕和可持续发展目标。积极的社会治理参与不仅有助于社会的整体进步，还为企业的长期发展创造有利条件。

二、ESG 助力企业参与社会治理

企业活动已经深入渗透到社会的方方面面，不仅塑造了经济格局，也影响了社会分层、政治发展，甚至个人的日常生活（吕鹏、刘学，2021）。随着 ESG 理念的兴起，企业被赋予了更多的社会责任，从单纯的经济增长推动者转变为社会治理的重要参与者。ESG不仅仅是企业的战略选择，更是其参与社会治理的天然路径。ESG实践与社会治理目标的内在一致性，它要求企业在经营活动中自觉地融入社会价值、环境价值和公司治理价值，从而实现企业与社会的和谐共生。

传统的企业经营模式以利润最大化为核心目标，但随着社会责任和可持续发展理念的深入人心，企业的角色正在发生深刻变化。如今，企业不再仅仅是经济效益的追求者，而是社会治理中不可或缺的重要力量。以ESG为导向的企业实践，推动了经济、社会和环境三维度的平衡发展，为企业融入社会治理提供了天然路径。综合现有的ESG研究视角以及已有治理研究成果可知，企业借助ESG融入社会治理的核心在于其能否真正做到"推进基层精细治理、激活社会治理主体"，即能够使得自身的ESG实践能够推进社会治理精细化，在不同社会治理情境下有效促进"党委领导、政府负责、社会协同、公众参与"的多元主体协调体系，理顺企业主体与党组织、基层行政部门、社会组织与公众的各自定位。目前而言，企业ESG融入社会治理可能的方向有以下几个方面。

（一）推动社区治理与社会服务创新

通过ESG实践，企业能够深入参与并推动社区治理和社会服务的创新。张桂蓉（2016）指出，企业在社区治理中的作用不仅限于资源投入，还包括对社区发展和治理体系的全面支持。企业通过提供人力、物力等资源，致力于提高社区居民的生活质量和促进社区自我发展，从而使企业由单纯的经济实体转变为社会价值的创造者和推动者。

企业在社区治理中的作用体现在多方面的社会价值创造上。通过与社会组织的合作，企业能够形成资源互补的关系，推动社区治理的创新。社会组织作为受信任的第三方，能够在企业与社区之间起到沟通协调的作用，不仅可以实现有效配置资源，还可以通过建立互惠规则和信任机制，增强企业与社区之间的凝聚力。实际操作中，合作模式表现为企业资助社会组织承接政府社会服务项目，参与公共政策的制定与实施，从而更深层次地介入社会治理。例如，企业通过支持教育和卫生等领域的社会服务项目，不仅提升了社区的自我管理能力，还推动了社会整体福利的提升。

（二）技术治理与数字治理转型

技术创新是企业ESG实践中不可或缺的关键因素，尤其在"互联网＋"背景下，企业凭借技术优势推动社会治理现代化。宋煜与王正伟（2015）指出，智慧社区建设是企业通过技术创新参与社会治理的典型案例。通过数字平台，企业促进了多元治理主体之间的信息互联与共享，增强了社区治理的整体性与协调性。智慧社区的核心在于构建基于信息技术的治理模式，强调数据资源的共享和社会需求的导向性（张佳慧，2017）。在智慧社区建设过程中，企业逐步从传统的边缘角色转变为数字治理生态中的重要主体。特别是，数字平台企业通过收集和分析公共交通、教育、卫生等领域的数据，为政府的科学决策提供了有力支持，推动了社会治理主体结构与治理模式的重构(孟天广,2022)。

在数字政府建设方面,企业与政府的合作逐步拓展,涵盖了数字政府建设、城市大脑、数据治理等多个领域。企业与政府的协同不仅推动了社会治理的数字化转型,还为企业创造了新的商业机会,促进了政企合作的良性循环。特别是在重大疫情防控等突发事件中,企业利用技术手段帮助政府实现精准防控与高效管理,充分展示了 ESG 实践在社会治理中的价值。这种技术治理的现代化不仅提升了社会治理效率,还为企业创造了经济和社会双重价值。

(三)增强公共福祉与环境保护

企业通过 ESG 实践,不仅在经济层面创造可持续的商业价值,还在社会与环境层面作出重要贡献。首先,企业通过减少环境污染、优化资源管理等举措,直接改善了社区的生活质量。例如,通过减少温室气体排放和采用可持续供应链管理,企业不仅降低了对自然环境的负面影响,还为社会的可持续发展奠定了基础。

在社会价值方面,企业通过提供公平的劳动条件和促进员工职业发展,增强了社会责任感,这不仅促进了企业内部的稳定与发展,也为社会的整体福祉做出了贡献。张桂蓉(2016)发现,企业通过改善员工福利、支持社区发展等措施,不仅改善了员工的工作与生活环境,还推动了社区的整体进步。这种社会责任的履行使企业在创造经济效益的同时,也为社会的可持续发展贡献了力量。

在环境价值层面,企业通过提供环境友好型产品和服务,直接推动了社会福利的提升。企业在可再生能源、绿色建筑、环保技术等领域的投资,不仅满足了市场需求,还帮助解决了气候变化、资源枯竭等社会问题。例如,企业通过投资可再生能源项目,不仅提供了清洁能源,还推动了社会能源转型,为社会的长期可持续发展做出了贡献。此外,企业通过推广绿色产品和服务,不仅扩大了市场份额,还吸引了更多关注环保的消费者。

总而言之,ESG 实践为企业参与社会治理提供了潜在的发展路径,帮助企业在实现经济利益的同时,推动社会的可持续发展。然而,关于社会治理的概念长期存在争议,学者们对于社会治理的基本内涵、参与主体和影响因素等方面尚未达成一致结论。基于概念化和操作化的考虑,本章采纳了 Baiocchi 等(2011)关于基层治理的三维度定义分析和把握社会治理,三维度即公共生活场域、公共意志表达和公共物品供给。因此,从广义角度来看,社会治理质量的提升可理解为涉及上述三个方面治理机制的建立与改善。

进一步结合 ESG 中的环境、社会和公司治理三个维度的基本含义和实践,本章构建了 ESG 实现社会治理的作用机制,如表 9-1 所示。以社会治理的三大核心维度(公共生活场域、公共意志表达和公共物品供给)为基础,开展企业参与社会治理的体系设计研究。通过典型案例的研究,考察如何在社会治理中通过 ESG 标准规范企业,探索政府与公众如何与企业主体协同共创,帮助企业实现环境建设、社会责任及公司治理等目标。

表 9-1　　　　　　ESG 实践促进社会治理的作用机制

ESG 维度	可能实践	作用机制	社会治理效果
环境保护	践行碳信用(碳中和) 内化负外部性(减少污染) 发行绿色债券 参与社区服务	合法性机制 信号机制 声誉机制	公共物品 供给达成
社会影响	减少社会剥削 改善供应链条件 设置社区代表独立董事	合法性机制 声誉机制	公共生活 场域改善
公司治理架构	强化性别平等机制 非管理层员工持股计划	权力机制 合法性机制	公共意志 表达实现

三、ESG 实践协同社会治理框架

协同治理理论强调政府、企业、社会组织之间通过协调与合作实现有效治理。企业的 ESG 实践为多主体合作提供了新的契机。通过 ESG 实践，企业不仅在经济领域内追求利润最大化，更在环境保护和社会责任方面积极作为，促成了跨部门、跨主体的协同合作，推动了社会治理模式的创新。ESG 实践不仅仅是企业的自主行为，更是通过多主体协作实现混合价值创造的过程。企业、政府、社会组织及社区等主体通过协同作用，共同参与社会治理，实现社会、经济与环境目标的平衡。基于此，本章提出 ESG 协同治理框架，以阐释多主体协作共创混合价值、实现有效治理的机制与过程，具体如图 9-1 所示。

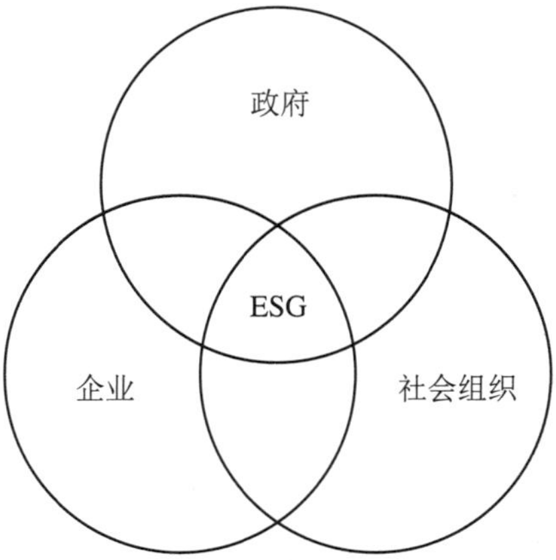

图 9-1　ESG 协同社会治理框架

在 ESG 协同治理框架中，政府、企业和社会组织各自承担着不同但相互补充的责任，它们的角色对于实现有效社会治理至关重要。

(一) 政府角色

作为公共政策的制定者和执行者，政府在 ESG 协同治理中发挥着核心作用。其首要责任是通过立法和制定政策进行引导，为企业的 ESG 实践制定必要的环境、社会责任和公司治理标准。这些法规和标准为企业提供了行为准则，并规范了其运营模式。例如，政府可以通过立法限制企业的污染物排放，从而减少对环境的破坏。在社会责任方面，政府可通过引入保护劳工权益和促进社区参与的政策，确保企业经营活动对社会产生积极影响。在公司治理层面，政府通过证券监管和公司法改革，提高企业信息披露的透明度，并保障利益相关者的权益。

作为激励机制的设计者，政府通过制定和实施税收优惠、补贴和奖励等激励措施，推动企业在 ESG 领域的投资和创新。这些激励措施旨在引导企业将更多资源投入环境保护和社会责任的履行。例如，政府可通过税收减免政策鼓励企业采用绿色能源技术或升级环保设施。此外，政府通过设立奖励机制，表彰在环境、社会责任和公司治理方面表现突出的企业，从而提升其社会声誉和市场竞争力。这些激励措施不仅引导企业加大 ESG 投资，还推动整个行业在 ESG 实践中取得实质性进展。

作为公共服务产品的提供者，政府的责任是为企业和社会组织的 ESG 实践提供基础设施和服务支持。政府可通过投资建设环保基础设施，如污水处理设施和废弃物回收系统，为企业的环保措施提供必要的支持。在社会责任领域，政府可通过政策支持和基础设施建设，推动养老、医疗和教育等社会服务的发展，为企业创造更好的服务环境。例如，政府在养老服务领域的投资和政策支持，不仅有助于社会应对社会老龄化问题，还为企业开发相关产品和服务提供了政策保障和市场需求。

（二）企业角色

在 ESG 协同治理框架中，企业作为主要执行者和资源提供者，肩负着多重责任。通过制定并实施 ESG 战略，企业积极履行环境、社会责任和公司治理职责，如减少碳排放、采用清洁技术、改善员工福利和加强公司治理结构等措施。

企业在协同治理过程中，充当创新驱动者的角色。通过技术创新和商业模式转型，企业在推动 ESG 战略实施时，创造了经济、社会和环境领域的多重价值。例如，企业通过推广绿色产品、开发可再生能源技术和参与循环经济模式，不仅提升了市场竞争力，也为社会整体进步提供了新动力。这类社会创新实践能够有效应对环境挑战，并推动社会的长期繁荣。

此外，企业还在跨部门、跨行业合作中发挥了桥梁作用。通过与政府、社会组织及其他企业的合作，企业能够整合资源、共享信息，共同应对复杂的社会挑战。作为连接各方的纽带，企业通过参与多方合作项目，如与政府制定行业标准或与非政府组织合作开展社会公益项目，推动社会治理的灵活性和创新性。通过这种合作，企业不仅增强了自身的影响力，也为实现更广泛的社会、经济与环境目标做出了重要贡献。

（三）社会组织角色

社会组织在 ESG 协同治理中，担负着重要的倡导和监督责任。作为倡导者，社会组织通过开展研究、推动政策倡导、实施公益项目等方式，致力于提升企业和政府在 ESG 领域的透明性与有效性。作为监督者，社会组织通过独立研究与分析，能够揭示企业在环境、社会责任及公司治理方面的表现，从而推动更高标准的践行。例如，社会组织能够通过发布公开报告、利用舆论监督的力量，迫使企业改进其 ESG 表现，确保其遵循更高的社会和环境责任标准。社会组织的监督作用使企业在 ESG 实践中更具透明度，并有效减少不当行为发生。

社会组织不仅在倡导和监督层面发挥作用，还可以通过动员公众参与，推动社会治理的多元化和民主化。通过策划和实施社区项目，这些组织促进了企业、政府与公众的协同合作，强化了社会治理的广泛参与。例如，通过环保宣传活动，社会组织能够吸引社区居民的积极参与，推动企业和地方政府共同参与环境保护工作。这种模式不仅增强了社会组织在社会治理中的影响力，还为企业和政府在 ESG 领域的合作提供了坚实的社会基础。通过动员和组织公众，社会组织有效地推动了社会共治的实现，使社会治理更加多元和包容。

社会组织在 ESG 实践中还充当了资源整合者和支持者的角色。它们通过整合社会各界资源，为企业和社区的 ESG 实践提供了宝贵的支持。例如，慈善机构能够通过募款和捐赠，为企业的环保项目或社会公益活动提供资金支持；科研机构则能够通过技术研发和创新，为企业的可持续发展目标提供科学依据和技术解决方案。通过这种资源整合，社会组织不仅提升了 ESG 实践的效果，还为社会治理的创新提供了可持续动力。社会组织通过汇集和分配社会资源，为推动社会、经济与环境目标的实现做出了重要贡献，成为 ESG 协同治理中不可或缺的一环。

案例 9-1　龙湖集团的 ESG 实践

龙湖集团从 2020 年起便在企业内部构建了 ESG（环境、社会及公司治理）框架，并成立了可持续发展（ESG）委员会。“一老一小”友好社区建设项目，是龙湖集团践行 ESG、推动社会治理的创新之举。

近年来，中国政府高度重视老龄化社会问题，并通过多项政策推动社区养老和托育服务的发展。例如，《“十四五”积极应对人口老龄化工程和托育建设实施方案》明确提出，到 2025 年要构建完善的社区养老和托育服务体系。这为龙湖集团的“一老一小”友好社区项目提供了政策支持和实施框架。为此，龙湖集团于 2022 年正式启动“一老一小”友好社区建设项目，目标是在社区内打造老年人和儿童友好的生活环境。2023 年以来，龙湖集团围绕“一老一小”友好社区的建设，在北京、重庆、深圳的 7 个社区完成了硬件改造工作。改造工作包括适儿、适老的社交活动空间、康体健身空间、静谧休闲空间等，以无障碍通道、休憩坐凳、园艺空间等设施的焕新为核心，提升社区环境的友好度和便利性。在服务层面，龙湖集团在北京和重庆的 10 个社区、深圳的 79 个社区，围绕老小困弱群体，设计了 4 大主题、40 余个专题服务方案，并将这些方案标准化为服务包。通过 150 余次的服务活动，龙湖集团直接服务了超过 5 200 人次，为社区居民提供了实实在在的帮助。这些服务不限于单一的活动，而是涵盖了医疗、文化、自治等多个方面，真正将友好社区的理念落到了实处。

龙湖集团在探索“一老一小”友好社区的过程中，逐步摸索出了一套包含“四个一”（即一个指南、一个模式、一个机制、一个计划）的可复制服务方案。“一个指南”：从制度友好、文化友好、环境友好、服务友好四个维度确定了社区发展的目标，并通过设立二级和三级指标，评估社区的友好程度。这一指南为社区的友好化建设提供了清晰的目标和操作标准。“一个模式”：针对社区建设中存在的实际需求，龙湖集团从安全、健康、文化、自治四个方面入手，通过需求调研、人才赋能培育、空间打造建设、社区服务等措施，建立了一个以社区主导、专业支持、居民参与为特征的服务模式。这一模式既保证了社区的自主性，又通过外部支持提升了服务质量。“一个机制”：依托试点社区，龙湖集团建立了社会力量参与社区慈善的三级协作机制。在市级层面，龙湖集团通过社区服务孵化平台链接社区需求端和社会服务供给端，建立服务标准并提供监测与人才培训。在街道和社区层面，龙湖集团通过任务制和共创机制，深化社会服务团队与社区的合作，从而实现了各类资源的高效整合与利用。“一个计划”：为了确保友好社区服务的可持续推进，龙湖集团设计了八个标准步骤和24个标准动作的服务计划。这一计划通过对社区与城市关系的梳理，以及对具体改造项目的精细化管理，确保了项目的可复制性和推广性。

龙湖集团“一老一小”友好社区建设项目实施后，社区居民的生活质量显著提升，尤其是在老年人和儿童群体中，这种改善尤为明显。例如，通过无障碍通道的设置和社交活动空间的改造，老年人出行更为便利，社交活动也更加丰富，社区的整体氛围更加温馨、友好。与此同时，龙湖集团的这一系列ESG实践也为其赢得了社会各界的广泛认可。截至2024年上半年，龙湖公益基金会累计帮扶超过228万人，集团及其创始人累计捐赠超过19亿元，获得了诸多社会荣誉，如中华慈善奖和深圳市市级社会组织评估的5A级最高等级评定。通过对社区环境与服务的全面改造与提升，龙湖集团不仅有效推动了社会治理共同体建设，也为其他企业树立了一个标杆，展示了企业ESG在社会治理领域的巨大潜力。

第三节 ESG助力社会治理的实践路径

企业ESG实践协同社会治理的关键在于找到能够与政府、社会一起创造特定混合性价值的可能性。哈佛大学波特（Michael Porter）教授和高级研究员克莱默（Mark Kramer）先后在《哈佛商业评论》（Harvard Business Review）上先后发表了《战略与社会：竞争优势与企业社会责任》(2006)和《创造共享价值：如何改造资本主义并释放创新和增长浪潮》(2011)两篇关键性论文，提出了共享价值(Shared value)创造概念。其中，共享价值被定义为在提升企业竞争力的同时改善企业经营所处社区经济和社会条件的政策和经营实践(Porter & Kramer，2011)。从企业ESG角度考量，只有经济效益、社会效益和环境效益都得到提升，才是真正意义上的共享价值创造。

近年来，ESG被引入公共治理领域之中并有所实践。例如，2021年，加拿大的多伦多市就发布了《多伦多环境、社会和绩效(ESG)报告》，以期通过这一理念来实现对众多利益相关者的公共服务承诺。在2022年，清华大学课题组发布了《中国地方政府ESG评级指标体系研究报告》，强调了地方政府借助ESG实现可持续、绿色发展的潜在价值，以及实现高质量社会治理的可能性。可见，企业参与公共治理的最重要内容是与传统的基层社会治理领域结合，从而完成自身公共身份的重新建立。从实践来看，目前大致上有助力基层治理、培训社会创业以及促进共同富裕三种主要的模式来实现。

一、助力基层治理

企业参与基层治理需要融入至地方政府的现有治理架构之中，其中的一种方式是借助公益创投机制。公益创投机制是一种有效撬动社会创新发展的投资工具，对初创期的社会企业和社会创新组织有着积极的意义。公益创投的本质是用创新金融手段推动资源有效配置、推动社会发展、建立强大社会组织，其主要通过向公益组织提供财务和非财务的支持，扩大组织的社会影响力。其中，被支持的组织可以是慈善机构、社会企业或社会效益驱动型的商业组织。企业借助公益创投向多层次的支持对象，有利于推动社会治理，以创新项目提升社会服务，进而全面提升公益创投项目质量。

公益创业大致上可以分为两大类：一类是希望孵化出专业的、有一定创新潜力的社会组织，从而较好地实现其公益属性的影响力；另一类是将社会治理作为公益创投的最关键目标，其核心思路是本地和外地企业的赞助，来推进当地的公益创投项目，实现社会价值的共同创造，如表9-2所示。本章主要讨论第二类模式。

表9-2　两类公益创投的对比

维度	传统公益创投	社会治理型公益创投
筹资来源	政府、社会天使、企业以及基金等	政府、企业(家)
投资主体	社会天使、企业以及基金等	枢纽型社会组织
承接主体	社会企业、社会创新机构	社区社会组织
运行形式	合伙制、信托制	项目制
主要目标	社会影响力	基层治理
信息公开	不完全公开	完全公开

从基层治理角度看，社会治理型公益创投存在着两类潜在优势：一是由于公益创投项目在创新性方面的要求，迫使社区负责人发挥相应的创造性，不再使用传统的、僵化的宣传或者动员手段来解决一些治理难题；二是面对上级政府不愿转移部分职能至社会组织的局面，公益创投作为政府购买服务的一种特殊形式，借助社区及其创设的社会组织，部分实现了资源和责任的让渡。换言之，公益创投在很大程度上成为了能够为化解社区治理问题、提供资源与合法性的“管道”，可见，企业完全可以通过借助公益创投等新兴形式，参与到社会治理之中，从而帮助当地社会实现较好的治理质量。

案例 9-2　浙江省湖州市长兴县“红色创投”

浙江省湖州市长兴县在企业资助公益创投从而促进社会治理方面作出的成绩较为突出。2014 年以来，在当地社会组织综合党委牵头下，各个地方政府部门陆续投入资金，委托南太湖社会创新中心开展一些试点型的公益创投，主要的投资对象为草根型社会组织。2016 年，南太湖社会创新中心已经形成了系统的评选和投资经验，开始在全县全面展开相关的项目招投标活动，2016—2023 年，共有 300 多个公益项目通过评审，获得资金支持。其中，每个项目金额为 2 万元到 6 万元，实施时间原则上不超过一年，大部分项目涉及的领域包含弱势群体、孤寡老人以及社区治理等内容。这一公益创投模式之后转型为“红色创投”项目。

相关数据显示，长兴县的红色创投项目，目前重点扶持了相关核心组织（如携手、向阳花、阳光等），并且围绕着几个核心主题（如青少年、志愿者和社区等）展开。上述项目的逐步推进，将极大地提高了社会组织开展以人为本、助人自助公益服务项目的积极性，培育和发展了公益性社会组织，促进了其规范治理、提升了专业服务能力，推进了其发育和成长，不断提升了其参与社会治理的能力，进而推动政府购买公共服务理念的提升与扩散，并建立了党组织、企业和社会组织合作共赢的新机制，实现了治理体系和社会治理能力现代化。红色创投项目指向明确、受益群体清晰、公益色彩突出，各项目机构均达到项目预期。项目形成的服务模式有可复制性、可持续发展性与可推广性，各红色创投项目在实施后产生了良好的社会影响，为以后开展社会组织公益创投项目积累了丰富的实践经验。党的组织为社会组织发展提供了切实的组织保障。

在“党建＋创投”的工作模式下，长兴县积极探索“党建促治理”“党建促服务”“党建促监督”等模式，积极引导社会组织参与社会治理并承接政府职能。通过上述举措，逐步引导和推进社会组织内部的党组织建设，实现了党的政治监督与社会治理发展的双重目标，其中，“党建＋创投”这一社会创新形式尤其值得关注和重视。以“党建＋创投”作为基层治理的新方案，通过加大党代表、党组织在公益创投志愿活动的参与度的方式，有效扩大党的组织和党的工作在社会工作中的有效覆盖，真正实现以党的建设推动社会和谐善治，使基层党组织和广大党员更好地服务群众、凝聚民心、推动发展、促进和谐，更好地把党的组织优势转化为推动社会治理创新发展的强大力量。同时，红色创投旨在助力基层党组织从志愿服务切入发挥作用，将党的建设和公益志愿服务捆绑在一起，搭建展示党建效益的平台，提升党组织的凝聚力与吸引力，实现"党建＋创投"的基层治理新方法。

资料来源：湖州长兴南太湖社会创新中心年报

二、培育社会创业

社会创业的核心是尝试以市场化和创新性手段来实现特定社会问题的化解，从而有效实现混合价值。但是，社会创业本身难度较大，特别是在创业的早期，组织需要有充足的资源和资金扶持才有可能成功，否则很难有所成就。从理念上来看，社会创业与 ESG 理念的核心目标高度一致。ESG 关注企业的环境、社会和公司治理绩效，而社会创业则旨在解决社会问题、满足社会需求并创造社会价值。社会创业有多种形式存在，如社会企业、社会组织转型以及企业社会责任项目等。借助社会创业项目，不少企业能够与政府、社会组织建立灵活的合作关系，实现资源共享和优势互补，进而提升项目的综合效益与社会影响力。

一般而言，企业通过实施 ESG 战略，可以在社会创业中发挥重要作用。例如，宜家通过实施员工福利政策、社区参与项目以及透明度和供应链管理，在市场中树立了负责任企业的形象。同样地，联合利华通过实现碳中和目标、水资源管理、健康产品推广和社区发展项目，增强了市场竞争力，促进了可持续发展。这些案例展示了 ESG 在助力社会创业方面的积极作用。

企业参与社会创业实践的关键在于创造共享价值的战略，确保组织能够真正意义上"在地化"参与多元利益相关行动。共享价值的创造并非简单分配已有资源或价值，而是企业合理运用技术、组织等方面的优势，融入所在社区，降低成本并创造新市场，进而实现企业总体运营成本的下降和社会价值的创造。学者们据此探讨了政府、党组织与企业在促进社会治理的关键主体——社会组织的状况改善和功能发挥方面的积极作用，分析企业如何在社会组织的协调下，基于自身 ESG 实践培育社会创业。

同时，ESG 理念的底层逻辑是回归企业与社会关系，将企业的身份重新定义为负责任的社会公民。良好的社会创业能够更有效地整合资源，通过战略合作、项目合作和资源共享等多种路径，与其他各利益相关方建立合作关系，实现社会价值的最大化。通过跨部门合作践行 ESG，企业不仅能够提升自身的可持续发展能力，还能在解决社会问题、满足社会需求方面发挥积极作用。因此，ESG 与社会创业的结合，为实现社会创新提供了新的实践路径。

案例 9-3　浙江省湖州市快递业的助残实践

2018 年以来，在浙江省湖州市残联和仁与社会创新发展中心的协调和协助下，当地的多位残疾人参与到相应的社会创业活动中，从而实现了这一群体的社会价值创造，其中各家快递企业的 ESG 实践起到重要的助推作用。

仁与社会创新发展中心成立于 2016 年，是一家专门为社工人才与社工机构提供服务的枢纽型社会组织。2018 年，仁与社会创新发展中心通过公益创投，向 H 市民政局申请助残脱贫项目资金 2 万元。然而，在项目实践过程中，仁与社会创新发展中心发现残疾人致贫不仅是身体缺陷所导致的就业困难，更有其自身心理问题。于是，仁与社会创新发展中心逐渐意识到单一的社工志愿服务、技能培训与创造社区就业机会难以有效化解残疾人脱贫问题。在开展工作的过程中，仁与社会创新发展中心参与了社工组织对口的联合党委，对于组织的内部治理活动进行了一系列指导，并且帮助其对接了相应的工作。同时，组织所在的社区党组织，也对其进行了指导和监督。

为了有效解决残疾人脱贫问题，在综合党委的协调帮助下，仁与社会创新发展中心逐渐从残疾人就业技能培训转向帮扶残疾人主动参与社会创业，并将社区快递点建设作为其核心创业项目。在创业初期，仁与社会创新发展中心首先意识到心理辅导对于残疾人主动脱贫的重要性，通过湖州市心理咨询市协会的心理辅导服务，加强残疾人心理康复工作，其目的在于让残疾人正视自己的劳动能力，勇于走向社会。

其次，面对如何解决社区快递点仓储设置的问题，仁与社会创新发展中心主动找到市残联，积极发动市残联负责人向工商部门进行协商，以备案制的形式，在社区内租赁闲置车库作为快递仓储，在此基础上，仁与社会创新发展中心与湖州市快递协会开展项目合作。仁与社会创新发展中心以购买快递协会人工服务的形式，让快递协会对残疾人进行技能培训，对快递派件与寄件的工作流程、设备使用进行业务指导。同时，仁与社会创新发展中心借助与快递协会的项目合作，对市辖区内各品牌快递的关系网络进行高效整合，不仅保证了社区快递点的业务增长，更使那些原本不送进社区内部的快递公司开始为社区快递点“开绿灯”，保障了社区快递点的正常运行。

为了保证项目的长效运行，仁与社会创新发展中心推动快递企业与社区社会组织建立合作伙伴关系，借助社区志愿者力量，满足了残疾人无法搬运大件行李业务与节假日工作量繁重的需求。

三、促进共同富裕

党的二十大报告指出，“我们要实现好、维护好、发展好最广大人民群众的根本利益……扎实推进共同富裕。”共同富裕的关键在于引导资源向资源贫乏的群体转移（贾明等，2024）。可见，提高资源贫乏群体的收益正是解决收入分配不公、建立资源分配公平体系、实现共同富裕的关键所在。正如德鲁克（2008）所言：“企业的目的存在于企业自身之外——由于企业是社会的重要部分，因而企业的目的应当存在于社会之中。”企业在创造财富、推动社会进步的同时，也应当积极承担促进共同富裕的责任。ESG与共同富裕存在着目标一致性。除了传统意义上关注企业内部的收入分配，即企业通过提高员工的福利待遇、改善工作环境和提供职业发展机会等方式来促进共同富裕外，ESG实践通过社会责任行为，如支持当地经济发展、捐助慈善机构、提供培训和职业发展机会等，帮助企业建立起具有履行长期承诺能力的社会形象，从而在企业创新这种高风险投资活动中获得更多合作机会。

政策支持为企业ESG实践提供了有力保障，进一步推动共同富裕的实现。例如，以教育帮扶领域为例，政府、社会组织与企业在教育帮扶过程中扮演了不同的角色，并形成了协同治理的动态机制。首先，政府在教育帮扶中担任着规划、监督和资源调配的重要角色，为教育帮扶项目提供了政策支持以及整体资源的调配，确保了项目的顺利推进。企业在教育帮扶中主要负责项目发起与资源提供。其次，企业依托ESG战略，通过捐赠高考升学金、提供助学礼品、改造校舍等方式，积极参与教育帮扶项目，为贫困地区学生提供了实际帮助。社会组织在教育帮扶项目中主要协助企业的项目实施。最后，作为企业的合作伙伴，社会组织在项目实施过程中发挥着重要的作用：社会组织能够深入到基层，了解实际的需求和情况，为项目提供有效的支持和指导；社会组织可以协助企业与当地政府和学校等相关机构进行沟通和协调，促进项目的顺利开展；社会组织还可以帮助企业进行项目监督和评估，确保项目达到预期的效果。

案例9-4　卫星化学助力少数民族共同富裕

浙江省嘉兴市的卫星化学成立于2005年，企业以打造低碳化学新材料为主要自身定位，以绿色低碳和科技创新为原则，致力于推动企业实现高质量发展。企业自身高度重视履行ESG责任，追求企业与社会实现和谐发展，积极发挥企业在社会公益中的影响力。

卫星化学以少数民族地区贫困学生为主要帮扶对象，设计了详细的教育帮扶工作方案，采取了强有力的措施，将帮扶事项具体化、数据化与规范化，用企业自身资源引领少数民族地区教育加快发展。在此基础之上，卫星化学建立了“立体式结对型”教育帮扶模式，联合政府、社会组织与学校，构建“政、社、企、校”四位一体教育帮扶体系。近年来，卫星化学以推广普通话、捐赠升学金、改造教育基础设施以及爱心助学的方式，累计投入资金4 000万元，惠及学生1 600余人次。

通过与政府、社会组织的协同，卫星化学借助ESG实践来促进共同富裕。第一，推广普通话。在少数民族地区推广普及普通话，是用国家通用语言巩固脱贫攻坚成果、助力乡村振兴的重要方式。卫星化学以“推广普通话，共筑中国梦”为题，投资500万元设立了普通话教育推广培训项目。企业联合当地政府与社会组织，以“企业出资、社会组织出力、政府指导”的协同模式，搭建学习校舍，招募优秀退休资深教师，切实提升了少数民族地区学生的普通话水平。第二，开展爱心助学活动。卫星化学决定每年在高考前夕，通过设立专项基金的方式，向该地区的高三年级贫困学生捐赠高考升学金。这些资金旨在帮助学生解决学费、生活费等方面的困难，鼓励他们坚持学业，实现个人梦想。企业设立了“一对一结对帮扶”导师计划，为贫困高中生与大学生提供学习和生活上的指导和支持，帮助他们更好地适应学习生活。截至2023年12月，卫星化学共计向当地教育局捐赠笔记本电脑120余台，教育用书2 000余本，并委托当地教育局将助学礼品转赠给有需要的学生，这不仅解决了学生学习用品的需求，还为他们提供了更多的学习资源和工具。第三，改造贫困地区校舍。卫星化学与当地政府部门及民间社会组织共同合作，联合投入资金和技术力量，对贫困地区的学校进行校舍改造。这项工作包括修缮教室、图书馆、实验室等设施，提升学校的教学条件和环境。在新校舍建成后，卫星化学还组织员工参与志愿活动，与学生一起进行校园美化、环境保护等实践活动，营造了积极向上的校园氛围。

核心概念

协同治理；社会治理；ESG价值共创；公益创投；共同富裕；社会创业

思考与练习

1. 为什么ESG在当今的社会治理中变得越来越重要？请列举至少三个理由。
2. 在ESG协同治理框架下，企业应如何平衡自身的经济利益与社会责任？企业的角色如何在政府和社会组织的共同作用下得到有效发挥？
3. 你认为如何设计机制来化解企业、政府与社会组织在协同治理中的潜在冲突，确保协作的持续性与有效性？

主要参考文献

[1] 弗里曼，等. 战略管理：利益相关者方法[M].上海：上海译文出版社，2006.

[2] 鲍健强，苗阳，陈锋.低碳经济：人类经济发展方式的新变革[J].中国工业经济，2008(04)：153—160.

[3] 鲍恩.商人的社会责任[M].北京：经济管理出版社，2015.

[4] 陈海嵩.环保督察制度法治化：定位、困境及其出路[J].法学评论，2017，35(03)：176—187.

[5] 冯军.改革开放 40 年我国质量发展历程与变革[J].中国质量技术监督，2019(04)：24—29.

[6] 胡珺，黄楠，沈洪涛.市场激励型环境规制可以推动企业技术创新吗?：基于中国碳排放权交易机制的自然实验[J].金融研究，2020(01)：171—189.

[7] 胡学龙，杨倩.我国环境保护税制度改进及征收管理研究[J].税务研究，2018(08)：119—122.

[8] 黄溶冰，2020：企业漂绿行为影响审计师决策吗？[J].审计研究，第 3 期.

[9] 黄溶冰，赵谦.演化视角下的企业漂绿问题研究：基于中国漂绿榜的案例分析[J].会计研究，2018，第 4 期.

[10] 江必新.论行政规制基本理论问题[J].法学，2012(12)：17—29.

[11] 李海舰，原磊.论无边界企业[J].中国工业经济，2005(04)：94—102.

[12] 李立卓，崔琳昊.ESG 表现如何影响企业声誉：信号传递视角[J].企业经济，2023，42(11)：28—39.

[13] 李志青，符翀.ESG 理论与实务[M].上海：复旦大学出版社，2021.

[14] 梁俊山.以政企信任关系的构建推动营商环境优化：基于山西省企业投资项目承诺制的实践案例[J].中国行政管理，2022(12)：150—152.

[15] 刘超.环境风险行政规制的断裂与统合[J].法学评论，2013，31(03)：75—82.

[16] 刘伟，满彩霞.企业社会责任：一个亟待公共管理研究关注的领域[J].中国行政管理，2019(11)：145—151.

[17] 柳光强.税收优惠、财政补贴政策的激励效应分析：基于信息不对称理论视

角的实证研究[J].管理世界,2016(10):62—71.

[18] 吕鹏,刘学.企业项目制与生产型治理的实践:基于两家企业扶贫案例的调研[J].中国社会科学,2021(10):126—144+207.

[19] 孟天广.数字治理生态:数字政府的理论迭代与模型演化[J].政治学研究,2022(05):13—26+151—152.

[20] 马苓,高记.企业社会责任行为驱动机制与影响效应研究[M]. 北京:科学出版社,2023.

[21] 任胜钢,郑晶晶,刘东华,等.排污权交易机制是否提高了企业全要素生产率:来自中国上市公司的证据[J].中国工业经济,2019(05):5—23.

[22] 沈洪涛,黄珍,郭肪汝.告白还是辩白——企业环境表现与环境信息披露关系研究[J].南开管理评论,2014, 17(02):56—63+73.

[23] 沈满洪,何灵巧.外部性的分类及外部性理论的演化[J].浙江大学学报(人文社会科学版),2002(01):152—160.

[24] 宋华琳.论政府规制中的合作治理[J].政治与法律,2016(08):14—23.

[25] 宋煜.社区治理视角下的智慧社区的理论与实践研究[J].电子政务,2015(06):83—90.

[26] 涂正革,谌仁俊.排污权交易机制在中国能否实现波特效应? [J].经济研究,2015, 50(07):160—173.

[27] 彭华岗.环境、社会及治理(ESG)基础教材[M].北京:经济管理出版社,2023.

[28] 齐绍洲,林屾,崔静波.环境权益交易市场能否诱发绿色创新?:基于我国上市公司绿色专利数据的证据[J].经济研究,2018, 53(12):129—143.

[29] 王大地,黄洁.ESG 理论与实践[M].北京:经济管理出版社,2021.

[30] 王建明.环境信息披露、行业差异和外部制度压力相关性研究:来自我国沪市上市公司环境信息披露的经验证据[J].会计研究,2008(06):54—62+95.

[31] 王岭,刘相锋,熊艳.中央环保督察与空气污染治理:基于地级城市微观面板数据的实证分析[J].中国工业经济,2019(10):5—22.

[32] 王馨,王营.绿色信贷政策增进绿色创新研究[J].管理世界,2021, 37(06):173—188+11.

[33] 温素彬,方苑.企业社会责任与财务绩效关系的实证研究:利益相关者视角的面板数据分析[J].中国工业经济,2008(10):150—160.

[34] 武丽芳. 基于利益相关者理论的公司治理研究[D].内蒙古工业大学,2007.

[35] 仵志忠.信息不对称理论及其经济学意义[J].经济学动态,1997(01):66—69.

[36] 徐林,宋程成,王诗宗.农村基层治理中的多重社会网络[J].中国社会科学,2017(01):25—45.

[37] 鄞益奋.网络治理:公共管理的新框架[J].公共管理学报,2007(01):89—96.

[38] 向昀，任健.西方经济学界外部性理论研究介评[J].经济评论，2002(03)：58—62.

[39] 肖芬蓉，黄晓云.企业“漂绿”行为差异与环境规制的改进[J].软科学，第 8 期.

[40] 许文.环境保护税与排污费制度比较研究[J].国际税收，2015(11)：49—54.

[41] 郁建兴，王诗宗.当代中国治理研究的新议程[J].新华文摘，2017(09)：10—12.

[42] 徐桂华，杨定华.外部性理论的演变与发展[J].社会科学，2004(03)：26—30.

[43] 胥玲，王冬婷.我国公益慈善捐赠税收优惠政策完善研究：基于华为无形资产捐赠案例的分析[J].财政科学，2021(12)：109—116.

[44] 尹明生.劳动者休息权制度的基础法理探析[J].西南石油大学学报(社会科学版)，2015，17(04)：84—89.

[45] 郁建兴，王诗宗.治理理论的中国适用性[J].哲学研究，2010(11)：114—120.

[46] 于连超，张卫国，毕茜.环境保护费改税促进了重污染企业绿色转型吗?：来自《环境保护税法》实施的准自然实验证据[J].中国人口·资源与环境，2021，31(05)：109—118.

[47] 张桂蓉.企业社区参与：外在压力抑或内在需求？[J].国外理论动态，2015(10)：127—134.

[48] 张桂蓉.社区治理中企业与非营利组织的合作机制研究[J].行政论坛，2018，25(01)：129—136.

[49] 张兆国，刘晓霞，张庆.企业社会责任与财务管理变革：基于利益相关者理论的研究[J].会计研究，2009(03)：54—59＋95.

[50] 张永奇.企业公民理论的生成与流变[J].商业时代，2014(01)：81—83.

[51] 曾刚，万志宏.碳排放权交易：理论及应用研究综述[J].金融评论，2010，2(04)：54—67＋124—125.

教师教学资源服务指南

关注微信公众号“**高教财经教学研究**”，可浏览云书展了解最新经管教材信息、申请样书、下载课件、下载试卷、观看师资培训课程和直播录像等。

课件及资源下载

电脑端进入公众号点击导航栏中的“教学服务”，点击子菜单中的“资源下载”，或浏览器输入网址链接http://101.35.126.6/，注册登录后可搜索相应资源并下载。

样书申请及培训课程

点击导航栏中的“教学服务”，点击子菜单中的“云书展”，了解最新教材信息及申请样书。

点击导航栏中的“教师培训”，点击子菜单中的“培训课程”即可观看教师培训课程和“名师谈教学与科研直播讲堂”的录像。

联系我们

联系电话：（021）56718921